English-Italian
Italian-English

Word to Word®
Bilingual Dictionary

Compiled by:
C. Sesma M.A.

Translated by:
Manuela Fanna
Sara Concas
Tabitha Bartolini

Bilingual Dictionaries, Inc.

Italian Word to Word® Bilingual Dictionary
1st Edition © Copyright 2010

All rights reserved. No part of this book may be reproduced or transmitted in any form or by any means.

Published in the United States by:

Bilingual Dictionaries, Inc.
PO Box 1154
Murrieta, CA 92562
T: (951) 461-6893 • F: (951) 461-3092
www.BilingualDictionaries.com

ISBN13: 978-0-933146-51-8
ISBN: 0-933146-51-5

Preface

Bilingual Dictionaries, Inc. is committed to providing schools, libraries and educators with a great selection of bilingual materials for students. Along with bilingual dictionaries we also provide ESL materials, children's bilingual stories and children's bilingual picture dictionaries.

Sesma's Italian Word to Word Bilingual Dictionary was created specifically with students in mind to be used for reference and testing. This dictionary contains approximately 18,500 entries targeting common words used in the English language.

List of Irregular Verbs

present - past - past participle

arise - arose - arisen
awake - awoke - awoken, awaked
be - was - been
bear - bore - borne
beat - beat - beaten
become - became - become
begin - began - begun
behold - beheld - beheld
bend - bent - bent
beseech - besought - besought
bet - bet - betted
bid - bade (bid) - bidden (bid)
bind - bound - bound
bite - bit - bitten
bleed - bled - bled
blow - blew - blown
break - broke - broken
breed - bred - bred
bring - brought - brought
build - built - built
burn - burnt - burnt *
burst - burst - burst
buy - bought - bought
cast - cast - cast
catch - caught - caught
choose - chose - chosen
cling - clung - clung

come - came - come
cost - cost - cost
creep - crept - crept
cut - cut - cut
deal - dealt - dealt
dig - dug - dug
do - did - done
draw - drew - drawn
dream - dreamt - dreamed
drink - drank - drunk
drive - drove - driven
dwell - dwelt - dwelt
eat - ate - eaten
fall - fell - fallen
feed - fed - fed
feel - felt - felt
fight - fought - fought
find - found - found
flee - fled - fled
fling - flung - flung
fly - flew - flown
forebear - forbore - forborne
forbid - forbade - forbidden
forecast - forecast - forecast
forget - forgot - forgotten
forgive - forgave - forgiven
forego - forewent - foregone
foresee - foresaw - foreseen
foretell - foretold - foretold

forget - forgot - forgotten
forsake - forsook - forsaken
freeze - froze - frozen
get - got - gotten
give - gave - given
go - went - gone
grind - ground - ground
grow - grew - grown
hang - hung * - hung *
have - had - had
hear - heard - heard
hide - hid - hidden
hit - hit - hit
hold - held - held
hurt - hurt - hurt
hit - hit - hit
hold - held - held
keep - kept - kept
kneel - knelt * - knelt *
know - knew - known
lay - laid - laid
lead - led - led
lean - leant * - leant *
leap - lept * - lept *
learn - learnt * - learnt *
leave - left - left
lend - lent - lent
let - let - let
lie - lay - lain

light - lit * - lit *
lose - lost - lost
make - made - made
mean - meant - meant
meet - met - met
mistake - mistook - mistaken
must - had to - had to
pay - paid - paid
plead - pleaded - pled
prove - proved - proven
put - put - put
quit - quit * - quit *
read - read - read
rid - rid - rid
ride - rode - ridden
ring - rang - rung
rise - rose - risen
run - ran - run
saw - sawed - sawn
say - said - said
see - saw - seen
seek - sought - sought
sell - sold - sold
send - sent - sent
set - set - set
sew - sewed - sewn
shake - shook - shaken
shear - sheared - shorn
shed - shed - shed

shine - shone - shone
shoot - shot - shot
show - showed - shown
shrink - shrank - shrunk
shut - shut - shut
sing - sang - sung
sink - sank - sunk
sit - sat - sat
slay - slew - slain
sleep - sleep - slept
slide - slid - slid
sling - slung - slung
smell - smelt * - smelt *
sow - sowed - sown *
speak - spoke - spoken
speed - sped * - sped *
spell - spelt * - spelt *
spend - spent - spent
spill - spilt * - spilt *
spin - spun - spun
spit - spat - spat
split - split - split
spread - spread - spread
spring - sprang - sprung
stand - stood - stood
steal - stole - stolen
stick - stuck - stuck
sting - stung - stung
stink - stank - stunk

stride - strode - stridden
strike - struck - struck (stricken)
strive - strove - striven
swear - swore - sworn
sweep - swept - swept
swell - swelled - swollen *
swim - swam - swum
take - took - taken
teach - taught - taught
tear - tore - torn
tell - told - told
think - thought - thought
throw - threw - thrown
thrust - thrust - thrust
tread - trod - trodden
wake - woke - woken
wear - wore - worn
weave - wove * - woven *
wed - wed * - wed *
weep - wept - wept
win - won - won
wind - wound - wound
wring - wrung - wrung
write - wrote - written

Those tenses with an * also have regular forms.

English-Italian

Bilingual Dictionaries, Inc.

Abbreviations

a - article
n - noun
e - exclamation
pro - pronoun
adj - adjective
adv - adverb
v - verb
iv - irregular verb
pre - preposition
c - conjunction

A

a *a* un, uno
abandon *v* abbandonare
abandonment *n* abbandono
abate *v* diminuire, ridurre
abbey *n* abbazia
abbot *n* abate
abbreviate *v* abbreviare
abbreviation *n* abbreviazione
abdicate *v* abdicare
abdication *n* abdicazione
abdomen *n* addome
abduct *v* sequestrare
abduction *n* sequestro
aberration *n* aberrazione
abhor *v* aborrire
abhorrent *adj* detestabile
abide by *v* obbedire, attenersi a
ability *n* abilità
ablaze *adj* ardente, infiammato
able *adj* capace
abnormal *adj* anormale
abnormality *n* anormalità
aboard *adv* a bordo
abolish *v* abolire
abominable *adj* abominevole

abort *v* abortire
abortion *n* aborto
abound *v* abbondare
about *pre* su, di, circa
about *adv* circa
above *pre* sopra, su
abreast *adv* in linea
abridge *v* ridurre
abroad *adv* all'estero
abrogate *v* annullare, abrogare
abrupt *adj* brusco
abruptly *adv* bruscamente
absence *n* assenza
absent *adj* assente
absolute *adj* assoluto
absolution *n* assoluzione
absolve *v* assolvere
absorb *v* assorbire
absorbent *adj* assorbente
abstain *v* astenersi
abstinence *n* astinenza
abstract *adj* astratto
absurd *adj* assurdo
abundance *n* abbondanza
abundant *adj* abbondante
abuse *v* abusare di
abuse *n* abuso
abusive *adj* offensivo

abysmal

abysmal *adj* pessimo, abissale
abyss *n* abisso
academic *adj* accademico
academy *n* accademia
acceed *v* accedere
accelerate *v* accelerare
accelerator *n* acceleratore
accent *n* accento
accept *v* accettare
acceptable *adj* accettabile
acceptance *n* accettazione
access *n* accesso
accessible *adj* accessibile
accident *n* incidente
accidental *adj* casuale
acclaim *v* acclamare
acclimate *v* acclimatare
accommodate *v* favorire, agevolare
accompany *v* accompagnare
accomplice *n* complice
accomplish *v* realizzare
accomplishment *n* risultato
accord *n* accordo, consenso
accordance *n* accordo
according to *pre* secondo
accordion *n* fisarmonica
accost *v* accostare, abbordare
account *n* conto corrente

account for *v* spiegare
accountable *adj* responsabile
accountant *n* contabile
accounting *n* contabilità
accrue *v* accumulare
accumulate *v* accumulare
accuracy *n* precisione
accurate *adj* accurato
accursed *adj* maledetto
accusation *n* accusa
accuse *v* accusare
accustom *v* abituare
ace *n* asso
ache *n* dolore
achieve *v* realizzare
achievement *n* realizzazione
acid *n* acido
acidity *n* acidità
acknowledge *v* riconoscere
acolyte *n* accolito
acorn *n* ghianda
acoustic *adj* acustico
acquaint *v* informare
acquaintance *n* conoscente
acquiesce *v* accosentire
acquire *v* acquisire
acquisition *n* acquisizione
acquit *v* assolvere

adorable

acquittal *n* assoluzione
acre *n* acro
acrobat *n* acrobata
across *pre* attraverso
act *v* agire
action *n* azione
activate *v* attivare
activation *n* attivazione
active *adj* attivo
activity *n* attivitá
actor *n* attore
actress *n* attrice
actual *adj* reale
actually *adv* in realtá
acute *adj* acuto
adamant *adj* inflessibile
adapt *v* adattare
adaptable *adj* adattabile
adaptation *n* adattamento
adapter *n* adattatore
add *v* aggiungere
addicted *adj* assuefatto
addiction *n* assuefazione
addition *n* addizione
additional *adj* supplementare
address *n* indirizzo
address *v* indirizzare
addressee *n* destinatario

adequate *adj* adeguato
adhere *v* aderire
adhesive *adj* adesivo
adjacent *adj* adiacente
adjective *n* aggettivo
adjoining *adj* adiacente, contiguo
adjourn *v* aggiornare, rinviare
adjust *v* modificare
adjustable *adj* regolabile
adjustment *n* adattamento
administer *v* amministrare
admirable *adj* ammirevole
admiral *n* ammiraglio
admiration *n* ammirazione
admire *v* ammirare
admirer *n* ammiratore
admissible *adj* ammissibile
admission *n* ingresso
admit *v* ammettere
admittance *n* ammissione
admonish *v* ammonire
admonition *n* ammonimento
adolescence *n* adolescenza
adolescent *n* adolescente
adopt *v* adottare
adoption *n* adozione
adoptive *adj* adottivo
adorable *adj* adorabile

adoration

adoration *n* adorazione
adore *v* adorare
adorn *v* adornare
adrift *adj* alla deriva
adroit *adj* destro, abile
adulation *n* adulazione
adult *n* adulto
adulterate *v* adulterare
adulterer *n* adultero
adultery *n* adulterio
advance *v* avanzare
advance *n* avanzamento
advantage *n* vantaggio
advantegous *adj* vantaggioso
Advent *n* Avvento
adventure *n* avventura
adverb *n* avverbio
adversary *n* avversario
adverse *adj* avverso
adversity *n* avversità
advertise *v* pubblicizzare
advertising *n* pubblicità
advice *n* consiglio
advisable *adj* consigliabile
advise *v* consigliare
adviser *n* consigliere
advocate *n* avvocato, difensore
advocate *v* sostenere

aeroplane *n* aeroplano
aesthetic *adj* estetico
afar *adv* lontano
affable *adj* affabile
affair *n* affare
affect *v* influire su
affection *n* affetto
affectionate *adj* affettuoso
affiliate *v* affiliare
affiliation *n* affiliazione
affinity *n* affinità
affirm *v* affermare
affirmative *adj* affermativo
affix *v* apporre
afflict *v* affliggere
affliction *n* afflizione
affluence *n* ricchezza
affluent *adj* ricco, opulento
afford *v* permettersi
affordable *adj* abbordabile
affront *v* insultare, offendere
affront *n* affronto
aflame *adj* in flamme
afloat *adv* a galla
afraid *adj* impaurito
afresh *adv* da capo
after *pre* dopo
aftermath *n* conseguenze

alcoholic

afternoon *n* pomeriggio
afterwards *adv* dopo
again *adv* nuovamente
against *pre* contro
age *n* età
agency *n* agenzia
agenda *n* agenda
agent *n* agente
agglomerate *v* agglomerare
aggravate *v* aggravare
aggravation *n* aggravamento
aggregate *v* aggregare
aggression *n* aggressione
aggressive *adj* aggressivo
aggressor *n* aggressore
aggrieve *v* affliggere
aghast *adj* stupefatto
agile *adj* agile
agitator *n* agitatore
agnostic *n* agnostico
agonize *v* agonizzare
agonizing *adj* straziante
agony *n* agonia
agree *v* concordare
agreeable *adj* piacevole
agreement *n* accordo
agricultural *adj* agricolo
agriculture *n* agricoltura

ahead *pre* avanti
aid *n* aiuto
aid *v* aiutare
aide *n* aiutante, assistente
ailing *adj* ammalatto
ailment *n* malattia
aim *n* mira, intento
aim *v* mirare
air *n* aria
air *v* arieggiare, ventilare
aircraft *n* aereo
airfare *n* tariffa aerea
airliner *n* linea aerea
airmail *n* posta aerea
airplane *n* aereo
airport *n* aeroporto
airspace *n* spazio aereo
airstrip *n* pista di atterraggio
airtight *adj* ermetico
aisle *n* navata laterale
ajar *adj* socchiuso
akin *adj* simile, afine
alarm *v* allarmare
alarm *n* allarme
alarm clock *n* sveglia
alarming *adj* allarmante
alcohol *n* alcol
alcoholic *adj* alcolico

alcoholism

alcoholism *n* alcolismo
alert *adj* attento, vigile
alert *n* allerta, allarme
alert *v* allertare, avvisare
algebra *n* algebra
alien *n* straniero, estraneo
alienate *v* alienare
alight *v* scendere
align *v* allineare
alignment *n* allineamento
alike *adj* simili, uguali
alive *adj* vivo
all *adj* tutto, intero
allegation *n* asserzione
allege *v* asserire
allegiance *n* fedeltà
allegory *n* allegoria
allergic *adj* allergico
allergy *n* allergia
alleviate *v* alleviare
alley *n* vicolo
alliance *n* alleanza
allied *adj* alleato
alligator *n* alligatore
allocate *v* allocare
allot *v* assegnare
allotment *n* assegnazione
allow *v* permettere

allowance *n* indennità
alloy *n* lega
allude *v* alludere
allure *v* affascinare
allure *n* fascino
alluring *adj* seducente
allusion *n* allusione
ally *n* alleato
ally *v* allearsi
almanac *n* almanacco
almighty *adj* onnipotente
almond *n* mandorla
almost *adv* quasi
alms *n* elemosina
alone *adj* solo
along *pre* lungo, durante
alongside *pre* accanto, di fianco
aloof *adj* a distanza, lontano
alphabet *n* alfabeto
already *adv* già, di già, ormai
alright *adv* bene
also *adv* anche
altar *n* altare
alter *v* alterare
alteration *n* alterazione
altercation *n* alterco
alternate *v* alternare
alternate *adj* supplente, alterno

ancestry

alternative *n* alternativa
although *c* malgrado, benché
altitude *n* altitudine
altogether *adv* tutto, interamente
aluminum *n* alluminio
always *adv* sempre
amass *v* ammassare
amateur *adj* dilettante
amaze *v* stupire
amazement *n* stupore
amazing *adj* sorprendente
ambassador *n* ambasciatore
ambiguous *adj* ambiguo
ambition *n* ambizione
ambitious *adj* ambizioso
ambivalent *adj* ambivalente
ambulance *n* ambulanza
ambush *v* imboscare
umbush *n* agguato, imboscata
amenable *adj* coinciliante
amend *v* modificare
amendment *n* emendamento
amenities *n* servizi, comodità
American *adj* americano
amiable *adj* amabile
amicable *adj* amichevole
amid *pre* in mezzo a, tra
ammonia *n* ammoniaca

ammunition *n* munizioni, armi
amnesia *n* amnesia
amnesty *n* amnistia
among *pre* tra, fra
amoral *adj* amorale
amorphous *adj* amorfo
amortize *v* ammortare
amount *n* quantità
amount to *v* ammontare a
amphibious *adj* anfibio
amphitheater *n* anfiteatro
ample *adj* ampio
amplifier *n* amplificatore
amplify *v* amplificare
amputate *v* amputare
amputation *n* amputazione
amuse *v* divertire, svagare
amusement *n* divertimento
amusing *adj* divertente
an *a* un/uno/una/un'
analogy *n* analogia
analysis *n* analisi
analyze *v* analizzare
anarchist *n* anarchico
anarchy *n* anarchia
anatomy *n* anatomia
ancestor *n* antenato
ancestry *n* ascendenza

anchor *n* ancora
anchovy *n* acciuga
ancient *adj* antico
and *c* e
anecdote *n* aneddoto
anemia *n* anemia
anemic *adj* anemico
anesthesia *n* anestesia
anew *adv* di nuovo
angel *n* angelo
angelic *adj* angelico
anger *v* arrabbiarsi
anger *n* rabbia, ira
angina *n* angina pectoris
angle *n* angolo
Anglican *adj* anglicano
angry *adj* arrabbiato, adirato
anguish *n* angoscia
animal *n* animale
animate *v* animare
animation *n* animazione
animosity *n* animosità
ankle *n* caviglia
annex *n* allegato
annexation *n* annessione
annihilate *v* annientare
anniversary *n* anniversario
annotate *v* annotare

annotation *n* annotazione
announce *v* annunciare
announcement *n* annuncio
announcer *n* annunciatore
annoy *v* infastidire
annoying *adj* fastidioso
annual *adj* annuale
annul *v* annullare
annulment *n* annullamento
anoint *v* ungere
anonymity *n* anonimità
anonymous *adj* anonimo
another *adj* un altro, altro
answer *v* rispondere
answer *n* risposta
ant *n* formica
antagonize *v* inimicarsi
antecedent *n* antecedente
antecedents *n* antecedente
antelope *n* antilope
antenna *n* antenna
anthem *n* inno
antibiotic *n* antibiotico
anticipate *v* anticipare
anticipation *n* aspettativa, attesa
antidote *n* antidoto
antipathy *n* antipatia
antiquated *adj* antiquato

apprehend

antiquity *n* antichità
anvil *n* incudine
anxiety *n* ansia
anxious *adj* ansioso
any *adj* nessuno, alcuno
anybody *pro* nessuno
anyhow *pro* comunque
anyone *pro* chiunque
anything *pro* qualunque cosa
apart *adv* lontano, distante
apartment *n* appartamento
apathy *n* apatia
ape *n* scimmia
aperitif *n* aperitivo
apex *n* sommità, apice
aphrodisiac *adj* afrodisiaco
apiece *adv* ciascuno, a testa
apocalypse *n* apocalisse
apogee *n* apogeo
apologize *v* scusarsi
apology *n* scuse
apostle *n* apostolo
apostolic *adj* apostolico
apostrophe *n* apostrofo
appall *v* sgomentare
appalling *adj* spaventoso
apparel *n* abito, vestito
apparent *adj* apparente

apparently *adv* apparentemente
apparition *n* apparizione
appeal *n* appello
appeal *v* appellarsi, pregare
appealing *adj* attraente
appear *v* apparire
appearance *n* apparizione
appease *v* placare
appeasement *n* appagamento
appendicitis *n* appendicite
appendix *n* appendice
appetite *n* appetito
appetizer *n* antipasto
applaud *v* applaudire
applause *n* applauso
apple *n* mela, pomo
appliance *n* apparecchio
applicable *adj* applicabile
applicant *n* richiedente
application *n* applicazione
apply *v* applicare
appoint *v* nominare
appointment *n* carica, nomina
appraisal *n* valutazione
appraise *v* valutare
appreciate *v* apprezzare
appreciation *n* apprezzamento
apprehend *v* arrestare

apprehension *n* timore
apprehensive *adj* apprensivo
apprentice *n* apprendista
approach *v* approcciare
approach *n* approccio
approachable *adj* accessibile
approbation *n* approvazione
appropriate *adj* appropriato
approval *n* approvazione
approve *v* approvare
approximate *adj* approssimato
approximate *v* approssimarsi
apricot *n* albicocca
April *n* aprile
apron *n* grembiule
apt *adj* appropriato
aptitude *n* disposizione
aquarium *n* acquario
aquatic *adj* acquatico
aqueduct *n* acquedotto
Arabic *adj* arabo
arable *adj* coltivabile
arbiter *n* arbitro
arbitrary *adj* arbitrario
arbitrate *v* arbitrare
arbitration *n* arbitrato
arc *n* arco
arch *n* arco, arcata

archaeology *n* archeologia
archaic *adj* arcaico
archbishop *n* arcivescovo
architect *n* architetto
architecture *n* architettura
archive *n* archivio
arctic *adj* artico
ardent *adj* ardente
ardor *n* ardore
arduous *adj* arduo
area *n* area
arena *n* arena
argue *v* litigare, discutere
argument *n* litigio, argomento
arid *adj* arido
arise *iv* provenire, sorgere
aristocracy *n* aristrocrazia
aristocrat *n* aristocratico
arithmetic *n* aritmetica
ark *n* arca
arm *n* braccio
arm *v* armare, armarsi
armaments *n* armamenti
armchair *n* poltrona
armed *adj* armato
armistice *n* armistizio
armor *n* armatura
armpit *n* ascella**

assailant

army *n* esercito
aromatic *adj* aromatico
around *pro* intorno a, attorno a
arouse *v* suscitare, destare
arraign *v* citare, accusare
arrange *v* organizzare
arrangement *n* accordo
array *n* ordine, mostra
array *v* adornare, ordinare
arrest *v* arrestare
arrest *n* arresto
arrival *n* arrivo
arrive *v* arrivare
arrogance *n* arroganza
arrogant *adj* arrogante
arrow *n* freccia
arsenal *n* arsenale
arsenic *n* arsenico
arson *n* incendio doloso
arsonist *n* incendiario
art *n* arte
artery *n* arteria
arthritis *n* artrite
article *n* articolo
articulate *v* articolare
articulation *n* articolazione
artificial *adj* artificiale
artillery *n* artiglieria

artisan *n* artigiano
artist *n* artista
artistic *adj* artistico
artwork *n* illustrazioni
as *c* come, quanto
as *adv* così, tanto, come
ascend *v* ascendere, salire
ascendancy *n* ascendente
ascertain *v* verificare, accertare
ascetic *adj* ascetico
ascribe *v* imputare, attribuire
ash *n* cenere
ashamed *adj* imbarazzato
ashore *adv* a riva, a terra
ashtray *n* portacenere
aside *adv* da parte, di lato
aside from *adv* olte a, a parte
ask *v* domandare
asleep *adj* addormentato
aspect *n* aspetto
asphalt *n* asfalto
asphyxiate *v* asfissiare
asphyxiation *n* asfissia
aspiration *n* aspirazione
aspire *v* aspirare
aspirin *n* aspirina
assail *v* aggredire, assalire
assailant *n* assalitore

assassin *n* assassino
assassinate *v* assassinare
assassination *n* assassinio
assault *n* assalto, attacco
assault *v* assalire, attaccare
assemble *v* assemblare
assembly *n* assemblea
assent *v* approvare, assentire
assert *v* affermare, sostenere
assertion *n* affermazione
assess *v* valutare
assessment *n* valutazione
asset *n* vantaggio, qualità
assets *n* attivo
assign *v* assegnare
assignment *n* assegnazione
assimilate *v* assimilare
assimilation *n* assimilazione
assist *v* assistere
assistance *n* assistenza
associate *v* associare
association *n* associazione
assorted *adj* assortito
assortment *n* assortimento
assume *v* assumere
assumption *n* supposizione
assurance *n* sicurezza
assure *v* assicurarsi

asterisk *n* asterisco
asteroid *n* asteroide
asthma *n* asma
asthmatic *adj* asmatico
astonish *v* stupire
astonishing *adj* sorprendente
astound *v* stupire
astounding *adj* sbalorditivo
astray *v* traviare, smarrirsi
astrologer *n* astrologo
astrology *n* astrologia
astronaut *n* astronauta
astronomer *n* astronomo
astronomic *adj* astronomico
astronomy *n* astronomia
astute *adj* astuto
asylum *n* asilo, rifugio
at *pre* a, in, da, in
atheism *n* ateismo
atheist *n* ateo, ateista
athlete *n* atleta
athletic *adj* atletico
atmosphere *n* atmosfera
atmospheric *adj* atmosferico
atom *n* atomo
atomic *adj* atomico
atone *v* pagare, espiare
atonement *n* espiazione

atop *adv* in cima
atrocious *adj* atroce
atrocity *n* atrocità
atrophy *v* atrofizzarsi
attach *v* attaccare
attached *adj* allegato, attaccato
attachment *n* attacco, allegato
attack *n* attacco
attack *v* attaccare
attacker *n* assalitore
attain *v* realizzare
attainable *adj* ottenibile
attainment *n* risultato
attempt *v* tentare
attempt *n* tentativo
attend *v* attendere
attendance *n* presenza
attendant *n* addetto, guardiano
attention *n* attenzione
attentive *adj* attento
attenuate *v* attenuare
attenuating *adj* attenuante
attest *v* attestare
attic *n* soffitta, mansarda
attitude *n* atteggiamento
attorney *n* avvocato
attract *v* attrarre
attraction *n* attrazione

attractive *adj* attraente
attribute *v* attribuire
auction *n* asta
auctioneer *n* banditore
audacious *adj* audace
audacity *n* audacia
audible *adj* udibile
audience *n* pubblico
audit *v* verificare
auditorium *n* auditorium
augment *v* aumentare
August *n* agosto
aunt *n* zia
auspicious *adj* favorevole
austere *adj* austero
austerity *n* austerità
authentic *adj* autentico
authenticate *v* autenticare
authenticity *n* autenticità
author *n* autore
authoritarian *adj* autoritario
authority *n* autorità
authorize *v* autorizzare
auto *n* auto
autograph *n* autografo
automatic *adj* automatico
automobile *n* automobile
autonomous *adj* autonomo

autonomy *n* autonomia
autopsy *n* autopsia
autumn *n* autunno
auxiliary *adj* ausiliario
avail *v* avvalersi, servire
availability *n* disponibilità
available *adj* disponibile
avalanche *n* valanga
avarice *n* avidità
avaricious *adj* avido
avenge *v* vendicare
avenue *n* viale, strada
average *n* media
averse *adj* avverso
aversion *n* avversione
avert *v* evitare
aviation *n* aviazione
aviator *n* aviatore
avid *adj* avido
avoid *v* evitare
avoidable *adj* evitabile
avoidance *n* elusione
avow *v* confessare
avowal *n* confessione
avowed *adj* dichiarato
await *v* aspettare
awake *iv* svegliare, svegliarsi
awake *adj* sveglio

awakening *n* risveglio
award *v* premiare, dare
award *n* ricompensa, premio
aware *adj* consapevole
away *adv* via, lontano
awe *n* timore, rispetto
awesome *adj* imponente
awful *adj* terribile
awkward *adj* imbarazzante
awning *n* tendone, tenda
ax *n* accetta, scure
axiom *n* assioma
axis *n* asse
axle *n* asse di ruota

B

babble *v* farfugliare
baby *n* bambino
babysitter *n* babysitter
bachelor *n* scapolo
back *adj* posteriore
back *n* dorso
back *adv* indietro
back *v* indietreggiare

back down *v* rinunciarci
back off *v* ritirarsi
backbone *n* spina dorsale
backfire *v* fallire
background *n* sfondo
backing *n* sostegno
backlash *n* contraccolpo
backlog *n* arretrato
backpack *n* zaino
backup *n* backup, rinforzo
backward *adj* indietro, a ritroso
backwards *adv* indietro
backyard *n* cortile
bacon *n* pancetta
bacteria *n* batteri
bad *adj* cattivo
badge *n* distintivo
badly *adv* male, malamente
baffle *v* confondere
bag *n* borsa
baggage *n* valigia, bagaglio
baggy *adj* ampio, gonfio
baguette *n* baguette
bail *n* cauzione
bait *n* esca, lusinga
bake *v* infornare
baker *n* panettiere, fornaio
bakery *n* panificio, panetteria

balance *v* bilanciare
balance *n* bilancia, equilibrio
balcony *n* balcone
bald *adj* calvo
bale *n* balla
ball *n* pallone, palla
balloon *n* palloncino
ballot *n* votazione
ballroom *n* sala da ballo
balm *n* balsamo
balmy *adj* balsamico
bamboo *n* bambù
ban *n* proibizione, divieto
ban *v* proibire
banality *n* banalità
banana *n* banana
band *n* banda
bandage *n* benda
bandage *v* bendare, fasciare
bandit *n* bandito
bang *v* scoppiare, colpire
banish *v* esiliare, bandire
banishment *n* bando, esilio
bank *n* banca, banco
bankrupt *v* fallire
bankrupt *adj* fallito
bankruptcy *n* fallimento
banner *n* stendardo, striscione

banquet n banchetto
baptism n battesimo
baptize v battezzare
bar n barra, sbarra
bar v sprangare
barbarian n barbaro
barbaric adj barbarico
barbarism n barbarismo
barbecue n barbecue
barber n barbiere
bare adj nudo
barefoot adj scalzo
barely adv appena
bargain n patto, affare
bargain v negoziare
bargaining n contrattazione
barge n chiatta, barcone
bark v abbaiare
bark n abbaio, scorza
barley n orzo
barmaid n barista
barman n barista
barn n granaio
barometer n barometro
barracks n caserma
barrage n sbarramento
barrel n barile
barren adj sterile, arido

barricade n barricata
barrier n barriera
barring pre eccetto, salvo
bartender n barista, barman
barter v barattare
base n base
base v basare, fondare
baseball n baseball
baseless adj infondato
basement n piano seminterrato
bashful adj timido, vergognoso
basics n basi
basin n bacinella
basis n base
bask v crogiolarsi
basket n cestino
bastard n bastardo
bat n pipistrello; mazza
batch n partita, gruppo
bath n bagno
bathe v bagnarsi, nuotare
bathrobe n accappatoio
bathroom n bagno
bathtub n vasca da bagno
baton n bacchetta, bastone
battalion n battaglione
batter v battere, colpire
battery n batteria, pila

battle *n* battaglia
battle *v* battagliare, lottare
battleship *n* corazzata
bay *n* baia
bayonet *n* baionetta
bazaar *n* bazar
be *iv* essere, esistere
be born *v* nascere
beach *n* spiaggia
beacon *n* faro
beak *n* falò, faro
beam *n* trave
bean *n* fagiolo
bear *n* orso
bear *iv* portare; tollerare
bearable *adj* sopportabile
beard *n* barba
bearded *adj* barbuto
bearer *n* portatore
beast *n* bestia
beat *iv* battere
beat *n* battito
beaten *adj* battuto, sconfitto
beating *n* bastonata
beautiful *adj* bello
beautify *v* abbellire
beauty *n* bellezza
beaver *n* castoro

because *c* perché
because of *pre* a causa di
beckon *v* fare cenni
become *iv* diventare
bed *n* letto
bedding *n* lenzuola
bedroom *n* camera da letto
bedspread *n* copriletto
bee *n* ape
beef *n* manzo
beef up *v* rinforzare
beehive *n* alveare
beer *n* birra
beet *n* barbabietola
beetle *n* coleottero, scarabeo
before *adv* prima, avanti
before *pre* prima di, davanti a
beforehand *adv* in anticipo
beg *v* mendicare
beggar *n* mendicante
begin *iv* cominciare
beginner *n* principiante
beginning *n* inizio
beguile *v* ingannare, incantare
behave *v* comportarsi
behavior *n* comportamento
behead *v* decapitare
behind *pre* dietro, in ritardo

behold *iv* vedere
being *n* essere, creatura
belated *adj* tardivo
belch *v* ruttare
belch *n* rutto
belfry *n* campanile
Belgian *adj* belga
Belgium *n* Belgio
belief *n* fede, credenza
believable *adj* credibile
believe *v* credere, pensare
believer *n* credente
belittle *v* sminuire, deprezzare
bell *n* campana
bell pepper *n* peperone
belligerent *adj* bellicoso
belly *n* pancia, ventre
belly button *n* ombelico
belong *v* appartenere
belongings *n* beni, cose
beloved *adj* diletto, amato
below *adv* sotto, di sotto
below *pre* sotto, al di sotto di
belt *n* cintura
bench *n* panchina
bend *iv* curvare, piegarsi
bend down *v* chinarsi
beneath *pre* sotto, più in basso di

benediction *n* benedizione
benefactor *n* benefattore
beneficial *adj* vantaggioso
beneficiary *n* beneficiario
benefit *n* vantaggio
benefit *v* beneficiare
benevolence *n* benevolenza
benevolent *adj* benevolo
benign *adj* benigno
bequeath *v* lasciare (in eredità)
bereaved *adj* in lutto
bereavement *n* lutto
beret *n* berretto
berserk *adv* furioso, furibondo
berth *n* cuccetta, cabina
beseech *iv* supplicare
beset *iv* assediare
beside *adv* oltre, inoltre
besides *pre* oltre a
besiege *iv* assediare
best *adj* migliore
bestial *adj* bestiale
bestow *v* conferire
bet *iv* scommettere
bet *n* scommessa
betray *v* tradire
betrayal *n* tradimento
better *adj* meglio

between *pre* fra, tra
beverage *n* bevanda
beware *v* guardarsi da
bewilder *v* disorientare
bewitch *v* stregare
beyond *adv* dall'altra parte
bias *n* inclinazione
bible *n* bibbia
biblical *adj* biblico
bibliography *n* bibliografia
bicycle *n* bicicletta
bid *n* offerta
bid *iv* offrire
big *adj* grande
bigamy *n* bigamia
bigot *adj* bigotto
bigotry *n* fanatismo
bike *n* bicicletta, moto
bile *n* bile
bilingual *adj* bilingue
bill *n* conto; bolletta
billiards *n* biliardo
billion *n* miliardo, bilione
billionaire *n* miliardario
bimonthly *adj* bimensile
bin *n* bidone
bind *iv* legare
binding *adj* legame

binoculars *n* binocoli
biography *n* biografia
biological *adj* biologico
biology *n* biologia
bird *n* uccello
birth *n* nascita
birthday *n* compleanno
biscuit *n* biscotto
bishop *n* vescovo
bison *n* bisonte
bit *n* poco, pezzetto
bite *iv* mordere
bite *n* morso
bitter *adj* amaro
bitterly *adv* amaramente
bitterness *n* amarezza
bizarre *adj* bizzarro
black *adj* nero
blackberry *n* mora
blackboard *n* lavagna
blackmail *n* ricatto
blackmail *v* ricattare
blackness *n* nerezza
blackout *n* svenimento
blacksmith *n* fabbro
bladder *n* vescica
blade *n* lama
blame *n* colpa

blame

blame *v* incolpare
blameless *adj* innocente
bland *adj* blando, insipido
blank *adj* bianco, in bianco
blanket *n* coperta
blaspheme *v* maledire
blasphemy *n* bestemmia
blast *n* scoppio, esplosione
blaze *v* ardere
bleach *v* sbiancare
bleach *n* candeggina
bleak *adj* spgolio, desolato
bleed *iv* sanguinare
bleeding *n* emorragia
blemish *n* macchia
blemish *v* macchiare
blend *n* miscela, mistura
blend *v* miscelare
blender *n* frullatore
bless *v* benedire
blessed *adj* benedetto
blessing *n* benedizione
blind *v* accecare
blind *adj* cieco
blindfold *n* benda
blindfold *v* bendare
blindly *adv* ciecamente
blindness *n* cecità

blink *v* sbattere gli occhi
bliss *n* beatitudine
blissful *adj* beato
blister *n* vescica
blizzard *n* bufera di neve
bloat *v* gonfiare, gonfiarsi
bloated *adj* gonfio
block *n* blocco, cubo
block *v* bloccare, arrestare
blockade *v* bloccare
blockade *n* blocco
blockage *n* blocco
blond *adj* biondo
blood *n* sangue
bloodthirsty *adj* sanguinario
bloody *adj* insanguinato
bloom *v* fiorire, sbocciare
blossom *v* sbocciare
blot *n* macchia
blot *v* macchiare
blouse *n* camicetta, blusa
blow *n* colpo
blow *iv* soffiare
blow out *iv* esplodere, spegnere
blow up *iv* gonfiare, ingrandire
bludgeon *v* minacciare, intimidire
blue *adj* blu
blueprint *n* piano, programma

bluff *v* bluffare, ingannare
blunder *n* gaffe
blunt *adj* spuntato, schietto
bluntness *n* rudezza, franchezza
blur *v* confondere, offuscare
blurred *adj* confuso
blush *v* arrossire
blush *n* rossore
boar *n* cinghiale
board *n* tavola
board *v* imbarcarsi
boast *v* vantarsi, vantare
boat *n* barca
bodily *adj* fisico
body *n* corpo
bog *n* palude, pantano
bog down *v* impantanarsi
boil *v* bollire
boil down to *v* ridursi a
boil over *v* traboccare
boiler *n* bollitore
boisterous *adj* tumultuoso
bold *adj* audace
boldness *n* audacia
bolster *v* rinforzare
bolt *n* catenaccio
bolt *v* sprangare
bomb *n* bomba

bomb *v* bombardare
bombshell *n* bomba
bond *n* legame
bondage *n* schiavitù
bone *n* osso
bone marrow *n* midollo osseo
bonfire *n* falò
bonus *n* indennità, gratifica
book *n* libro
bookcase *n* scaffale
bookkeeper *n* contabile
bookkeeping *n* contabilità
booklet *n* opuscolo
bookseller *n* libraio
bookstore *n* libreria
boom *n* esplosione
boom *v* rimbombare
boost *v* stimolare
boost *n* spinta
boot *n* stivale
booth *n* cabina
booty *n* bottino, preda
booze *n* bevanda alcolica
border *n* frontiera
border on *v* confinare
borderline *adj* di confine
borderline *n* linea di confine
bore *v* forare

bored

bored *adj* annoiato
boredom *n* noia
boring *adj* noioso
borough *n* quartiere
borrow *v* prendere in prestito
bosom *n* petto, seno
boss *n* capo, padrone
boss around *v* dare ordini
bossy *adj* autoritario
botany *n* botanica
botch *v* rattoppare
both *adj* entrambi
bother *v* infastidire
bothersome *adj* fastidioso
bottle *n* bottiglia
bottle *v* imbottigliare
bottleneck *n* strettoia
bottom *n* fondo
bottomless *adj* senza fondo
bough *n* ramo
boulder *n* masso
boulevard *n* viale
bounce *v* rimbalzare
bounce *n* rimbalzo
bound *adj* legato
bound for *adj* sulla via di
boundary *n* limite
boundless *adj* illimitato

bounty *n* dono, generosità
bourgeois *adj* borghese
bow *n* arco, curva, inchino
bow *v* inchinarsi, curvare
bow out *v* ritirarsi
bowels *n* intestini, viscere
bowl *n* scodella
box *n* scatola
box office *n* botteghino
boxer *n* pugile
boxing *n* pugilato, boxe
boy *n* fanciullo
boycott *v* boicottare
boyfriend *n* amico
boyhood *n* fanciullezza
bra *n* reggiseno
brace for *v* affrontare
bracelet *n* braccialetto
bracket *n* parentesi
brag *v* vantarsi
braid *n* treccia
brain *n* cervello
brake *n* freno
brake *v* frenare
branch *n* ramo
branch office *n* filiale
branch out *v* espandersi
brand *n* marchio, firma

brand-new *adj* nuovo di zecca
brandy *n* brandy
brat *adj* monello
brave *adj* coraggioso
bravery *n* coraggio
brawl *n* rissa
breach *n* rottura, breccia
bread *n* pane
breadth *n* larghezza
break *n* rottura, interruzione
break *iv* rompere
break away *v* scappare
break down *v* rompersi, guastarsi
break free *v* evadere
break in *v* irrompere
break off *v* rompere, troncare
break out *v* esclamare
break up *v* rompersi
breakable *adj* fragile
breakdown *n* rottura, collasso
breakfast *n* colazione
breakthrough *n* progresso
breast *n* seno, petto
breath *n* respiro, fiato
breathe *v* respirare
breathing *n* respirazione
breathtaking *adj* mozzafiato
breed *iv* riprodursi, figliare

breed *n* razza, stirpe
breeze *n* brezza, stirpe
brethren *n* fratelli
brevity *n* brevità
brewery *n* fabbrica di birra
bribe *v* corrompere
bribe *n* bustarella
bribery *n* corruzione
brick *n* mattone
bricklayer *n* muratore
bridal *adj* nuziale
bride *n* sposa
bridegroom *n* sposo
bridesmaid *n* damigella
bridge *n* ponte
bridle *n* briglia
brief *adj* breve
brief *v* informare
briefcase *n* cartella
briefing *n* briefing
briefly *adv* brevemente
briefs *n* slip
brigade *n* brigata
bright *adj* luminoso
brighten *v* illuminare
brightness *n* luminosità
brilliant *adj* brillante, geniale
brim *n* bordo**

bring

bring *iv* portare
bring back *v* riportare
bring down *v* abbassare
bring up *v* educare, tirar su
brink *n* orlo
brisk *adj* svelto
Britain *n* Gran Bretagna
British *adj* britannico
brittle *adj* fragile, friabile
broad *adj* ampio, largo
broadcast *v* trasmettere
broadcast *n* trasmissione
broaden *v* allargare
broadly *adv* largamente
brochure *n* opuscolo
broil *v* arrostire, bruciare
broiler *n* griglia
broken *adj* rotto
bronchitis *n* bronchite
bronze *n* bronzo
broom *n* scopa
broth *n* brodo
brothel *n* bordello, postribolo
brother *n* fratello
brotherhood *n* fraternitá
brother-in-law *n* cognato
brotherly *adj* fraterno
brow *n* fronte, ciglio

brown *adj* marrone
browse *v* navigare
browser *n* navigatore
bruise *n* contusione
bruise *v* ammaccarsi
brunch *n* colazione-pranzo
brunette *adj* bruna
brush *n* spazzola
brush *v* spazzolare
brush aside *v* ignorare
brush up *v* rinfrescare
brusque *adj* brusco
brutal *adj* brutale
brutality *n* brutalità
brutalize *v* brutalizzare
brute *adj* bruto
bubble *n* bolla
buck *n* cervo; dollaro
bucket *n* secchio
buckle *n* fibbia
buckle up *v* allacciare la cintura
bud *n* bocciolo, germoglio
buddy *n* amico
budge *v* spostare
budget *n* bilancio
buffalo *n* bufalo
bug *n* insetto
bug *v* seccare

build *iv* costruire
builder *n* costruttore
building *n* palazzo
buildup *n* aumento
built-in *adj* incorporato
bulb *n* lampadina
bulge *n* rigonfiamento
bulk *n* volume, massa
bulky *adj* voluminoso
bull *n* toro
bull fight *n* corrida
bulldoze *v* demolire
bullet *n* pallottola
bulletin *n* bollettino
bully *adj* prepotente, bullo
bulwark *n* baluardo, bastione
bum *n* sedere
bump *n* botta, colpo, urto
bump into *v* cozzare contro
bumper *n* paraurti
bumpy *adj* pieno di sobbalzi
bun *n* focaccina, panino
bunch *n* mazzo
bundle *n* fascio, fagotto
bundle *v* affastellare
bunk bed *n* letto a castello
bunker *n* bunker, fortino
buoy *n* boa

burden *n* carico, peso
burden *v* caricare, opprimere
burdensome *adj* gravoso
bureau *n* scrittoio; ufficio
bureaucracy *n* burocrazia
bureaucrat *n* burocrate
burger *n* hamburger
burglar *n* scassinatore
burglarize *v* scassinare
burial *n* sepoltura
burly *adj* corpulento
burn *iv* bruciare
burn *n* scottatura
burp *v* ruttare
burp *n* rutto
burrow *n* tana, buca
burst *n* esplosione
burst *iv* scoppiare
burst into *v* irrompere
bury *v* seppellire
bus *n* autobus
bus *v* trasportare in autobus
bush *n* cespuglio
business *n* affari, mestiere
businessman *n* uomo d'affari
bust *n* petto, torace
bustling *adj* animato
busy *adj* occupato

but *c* ma, però, tuttavia
butcher *n* macellaio
butchery *n* macelleria
butler *n* maggiordomo
butt *n* estremità, chiappe
butter *n* burro
butterfly *n* farfalla
button *n* bottone
buttonhole *n* asola, occhiello
buy *iv* comprare
buy off *v* corrompere
buyer *n* compratore
buzz *n* brusio, ronzio
buzz *v* ronzare
buzzard *n* poiana
buzzer *n* campanello, clacson
by *pre* vicino, a, presso, per
bye *e* arrivederci, ciao
bypass *n* deviazione, by-pass
bypass *v* bypassare, evitare
by-product *n* sottoprodotto
bystander *n* spettatore

C

cab *n* tassí
cabbage *n* cavolo
cabin *n* cabina
cabinet *n* armadietto
cable *n* cavo
cafeteria *n* tavola calda
caffeine *n* caffeina
cage *n* gabbia
cake *n* torta
calamity *n* disgrazia, calamità
calculate *v* calcolare
calculation *n* calcolo
calculator *n* calcolatrice
calendar *n* calendario
calf *n* vitello
caliber *n* calibro
calibrate *v* calibrare
call *n* chiamata, grido
call *v* chiamare
call off *v* annullare
call on *v* visitare
call out *v* gridare
calling *n* chiamata, vocazione
callous *adj* calloso, insensibile
calm *adj* calmo

captive

calm *n* calma, quiete
calm *v* calmare
calm down *v* calmarsi
calorie *n* caloria
calumny *n* calunnia
camel *n* cammello
camouflage *v* cammuffare
camouflage *n* mascheramento
camp *n* campeggio
camp *v* accamparsi
campaign *n* campagna
campfire *n* fuoco di bivacco
can *iv* potere
can *v* inscatolare
can *n* scatola
can opener *n* apriscatola
canal *n* canale
canary *n* canarino
cancel *v* cancellare
cancellation *n* cancellazione
cancer *n* cancro
cancerous *adj* canceroso
candid *adj* franco, sincero
candidacy *n* candidatura
candidate *n* candidato
candle *n* candela
candlestick *n* candeliere
candor *n* franchezza

candy *n* caramella
cane *n* bastone, canna
canister *n* barattolo
canned *adj* in scatola
cannibal *n* cannibale
cannon *n* cannone
canoe *n* canoa
canonize *v* canonizzare
cantaloupe *n* melone
canteen *n* mensa aziendale
canvas *n* tela
canvas *v* esaminare, sollecitare
canyon *n* canyon
cap *n* berretto, coperchio
capability *n* abilità, capacità
capable *adj* capace
capacity *n* capienza
cape *n* cappa
capital *n* capitale
capital letter *n* maiuscola
capitalism *n* capitalismo
capitalize *v* capitalizzare
capitulate *v* capitolare
capsize *v* capovolgersi
capsule *n* capsula
captain *n* capitano
captivate *v* accattivare, attrarre
captive *n* prigioniero

captivity

captivity *n* prigionia
capture *v* catturare
capture *n* cattura
car *n* macchina
carat *n* carato
caravan *n* carro coperto
carburetor *n* carburatore
carcass *n* carcassa
card *n* tessera, biglietto
cardboard *n* cartone
cardiac *adj* cardiaco
cardiology *n* cardiologia
care *n* cura
care *v* preoccuparsi
care about *v* interessarsi di
care for *v* voler bene a
career *n* carriera
carefree *adj* spensierato
careful *adj* attento
careless *adj* irresponsabile
carelessness *n* irresponsabilitá
caress *n* carezza
caress *v* accarezzare
caretaker *n* custode
cargo *n* carico
caricature *n* caricatura
caring *adj* premuroso
carnage *n* carneficina

carnal *adj* carnale
carnation *n* garofano
carol *n* canto di gioia
carpenter *n* falegname
carpentry *n* falegnameria
carpet *n* tappeto
carriage *n* carro
carrot *n* carota
carry *v* portare
carry on *v* continuare
carry out *v* eseguire, attuare
cart *n* carrello, carro
cart *v* trasportare
cartoon *n* cartone animato
cartridge *n* cartuccia
carve *v* scolpire
cascade *n* cascata
case *n* caso, causa
cash *n* contante
cashier *n* cassiere
casino *n* casinò
casket *n* scrigno, bara
casserole *n* casseruola
cassock *n* tonaca
cast *iv* gettare
castaway *n* naufrago
caste *n* casta
castle *n* castello

casual *adj* casuale
casualty *n* ferito, vittima
cat *n* gatto
cataclysm *n* cataclisma
catacomb *n* catacomba
catalog *n* catalogo
catalog *v* catalogare
cataract *n* cataratta
catastrophe *n* catastrofe
catch *n* presa, cattura
catch *iv* prendere
catch up *v* raggiungere
catching *adj* contagioso
catchword *n* slogan
catechism *n* catechismo
category *n* categoria
cater to *v* soddisfare
caterpillar *n* bruco
cathedral *n* cattedrale
catholic *adj* cattolico
Catholicism *n* cattolicesimo
cattle *n* bovini
cauliflower *n* cavolfiore
cause *n* causa
cause *v* causare
caution *n* cautela
cautious *adj* cauto
cavalry *n* cavalleria

cave *n* caverna
cave in *v* capitolare, franare
cavern *n* caverna
cavity *n* cavità
cease *v* cessare
ceiling *n* soffitto
celebrate *v* celebrare
celebration *n* celebrazione
celebrity *n* celebrità
celery *n* sedano
celestial *adj* celestiale
celibacy *n* celibato
celibate *adj* celibe
cellar *n* cantina
cellphone *n* cellulare
cement *n* cemento
cemetery *n* cimitero
censorship *n* censura
censure *v* censurare
census *n* censimento
cent *n* centesimo
centenary *n* centenario
center *n* centro
center *v* centrare
centimeter *n* centimetro
central *adj* centrale
centralize *v* centralizzare
century *n* secolo

ceramic *n* ceramica
cereal *n* cereale
cerebral *adj* cerebrale
ceremony *n* cerimonia
certain *adj* certo
certainty *n* certezza
certificate *n* certificato
certify *v* certificare
chagrin *n* mortificazione
chain *n* catena
chain *v* incatenare
chainsaw *n* motosega
chair *n* sedia
chair *v* presiedere
chairman *n* presidente
chalet *n* chalet
chalice *n* calice
chalk *n* gesso
chalkboard *n* lavagna
challenge *v* sfidare
challenge *n* sfida
challenging *adj* provocatorio
chamber *n* camera
champ *n* campione
champion *n* campione
champion *v* difendere
chance *n* probabilità
chancellor *n* cancelliere

chandelier *n* lampadario
change *v* cambiare
change *n* cambiamento
channel *n* canale
chant *n* canto
chaos *n* caos
chaotic *adj* caotico
chapel *n* cappella
chaplain *n* cappellano
chapter *n* capitolo
char *v* carbonizzare
character *n* carattere, indole
characteristic *adj* caratteristico
charade *n* sciarada, farsa
charcoal *n* carbone di legna
charge *v* ricaricare
charge *n* carico, accusa
charisma *n* carisma
charismatic *adj* carismatico
charitable *adj* caritatevole
charity *n* carità
charm *v* affascinare
charm *n* fascino
charming *adj* affascinante
chart *n* tabella
charter *n* statuto
charter *v* noleggiare
chase *n* inseguimento, preda

chase v inseguire
chase away v cacciare via
chasm n abisso
chaste adj casto
chastise v castigare
chastisement n castigo
chastity n castità
chat v chiacchierare
chauffeur n autista
cheap adj economico
cheat v truffare, imbrogliare
cheater n imbroglione
check n assegno
check v controllare
check in v registrarsi
check up n accertarsi, verificare
cheek n guancia
cheekbone n zigomo
cheeky adj sfacciato
cheer v acclamare
cheerful adj allegro
cheers n alla salute
cheese n fomaggio
chef n capocuoco, chef
chemical adj chimico
chemist n chimico, farmacista
chemistry n chimica
cherish v adorare

cherry n ciliegia
chess n scacchi
chest n petto
chestnut n castagna
chew v masticare
chick n pulcino
chicken n pollo
chicken pox n varicella
chide v rimproverare
chief n principale, capo
chiefly adv principalmente
child n bambino
childhood n infanzia
childish adj infantile
childless adj senza figli
children n bambini
chill n freddo
chill v raffreddare
chill out v rilassarsi
chilly adj fresco
chimney n camino
chimpanzee n scimpanzé
chin n mento
chip n scheggia, pezzetto
chisel n scalpello
chocolate n cioccolato
choice n scelta
choir n coro

choke

choke *v* soffocare
cholera *n* colera
cholesterol *n* colesterolo
choose *iv* scegliere
choosy *adj* difficile, esigente
chop *v* tagliare a pezzi
chop *n* colpo
chopper *n* elicottero
chore *n* lavoro
chorus *n* coro
christen *v* battezzare
christening *n* battesimo
christian *adj* cristiano
Christianity *n* Cristianità
Christmas *n* Natale
chronic *adj* cronico
chronicle *n* cronaca
chronology *n* cronologia
chubby *adj* grassoccio
chuckle *v* ridacchiare
chunk *n* grosso pezzo
church *n* chiesa
chute *n* scivolo
cider *n* sidro
cigar *n* sigaro
cigarette *n* sigaretta
cinder *n* tizzo, scoria, brace
cinema *n* cinema

cinnamon *n* cannella
circle *n* circolo, cerchio
circle *v* circondare
circuit *n* circuito, giro
circular *adj* circolare
circulate *v* circolare
circulation *n* circolazione
circumcise *v* circoncidere
circumcision *n* circoncisione
circumstance *n* circostanza
circus *n* circo
cistern *n* cisterna
citizen *n* cittadino
citizenship *n* cittadinanza
city *n* città
city hall *n* municipio
civic *adj* civico
civil *adj* civile
civilization *n* civilizzazione
civilize *v* civilizzare
claim *v* richiedere
claim *n* richiesta, pretesa
clam *n* vongola
clamor *v* proclamare
clamp *n* morsa
clan *n* clan
clandestine *adj* calndestino
clap *v* applaudire

close

clarification *n* chiarimento
clarify *v* chiarire
clarinet *n* clarinetto
clarity *n* chiarezza
clash *v* cozzare
clash *n* cozzo, urto
class *n* classe
classic *adj* classico
classify *v* classificare
classroom *n* classe
classy *adj* di classe
clause *n* clausola
claw *n* artiglio
claw *v* graffiare
clay *n* argilla
clean *adj* pulito
clean *v* pulire
cleaner *n* pulitore, detersivo
cleanliness *n* pulizia
cleanse *v* pulire
cleanser *n* detergente
clear *adj* chiaro
clear *v* chiarire
clearance *n* liquidazione
clear-cut *adj* ben definito
clearly *adv* chiaramente
clearness *n* chiarezza
cleft *n* fenditura

clemency *n* clemenza
clench *v* serrare
clergy *n* clero
clergyman *n* ecclesiastico
clerical *adj* impiegatizio
clerk *n* impiegato
clever *adj* intelligente
click *v* scattare
client *n* cliente
clientele *n* clientela
cliff *n* scogliera
climate *n* clima
climatic *adj* climatico
climax *n* culmine
climb *v* arrampicarsi
climbing *n* salita
clinch *v* concludere
cling *iv* aderire
clinic *n* clinica
clip *v* tagliare
clipping *n* taglio, tasatura
cloak *n* mantello
clock *n* orologio
clog *v* intasare
cloister *n* chiostro
clone *v* clonare
cloning *n* clonazione
close *v* chiudere

close

close *adj* vicino, prossimo
close to *pre* vicino a
closed *adj* chiuso
closely *adv* attentamente
closet *n* armadio
closure *n* chiusura
clot *n* grumo
cloth *n* tessuto
clothe *v* vestire
clothes *n* vestiti
clothing *n* abbigliamento
cloud *n* nuvola
cloudless *adj* sereno
cloudy *adj* nuvoloso
clown *n* pagliaccio
club *n* club, bastone
club *v* bastonare
clue *n* indizio
clumsiness *n* goffaggine
clumsy *adj* maldestro
cluster *n* gruppo, grappolo
cluster *v* raggrupparsi
clutch *n* stretta; frizione
coach *v* allenare, istruire
coach *n* pullman
coaching *n* allenamento
coagulate *v* coagulare
coagulation *n* coagulazione

coal *n* carbone
coalition *n* coalizione
coarse *adj* grossolano
coast *n* costa
coastal *adj* litoraneo, costiero
coastline *n* litorale
coat *n* cappotto
coax *v* persuadere
cob *n* pannocchia
cobblestone *n* ciottolo
cobweb *n* ragnatela
cocaine *n* cocaina
cock *n* gallo; maschio
cockpit *n* cabina
cockroach *n* scarafaggio
cocktail *n* cocktail
cocky *adj* presuntuoso
cocoa *n* cacao
coconut *n* cocco
cod *n* merluzzo
code *n* codice
codify *v* codificare
coefficient *n* coefficiente
coerce *v* costringere
coercion *n* coercizione
coexist *v* coesistere
coffee *n* caffè
coffin *n* bara

cohabit v convivere
coherent adj coerente
cohesion n coesione
coin n moneta
coincide v coincidere
coincidence n coincidenza
coincidental adj casuale
cold adj freddo
coldness n freddezza
colic n colica
collaborate v collaborare
collaborator n collaboratore
collapse v collassare, crollare
collapse n collasso, crollo
collar n collo, collare
collarbone n clavicola
collateral adj collaterale
colleague n collega
collect v collezionare
collection n collezione
collector n collezionista
college n università
collide v scontrarsi
collision n collisione
cologne n acqua di colonia
colon n colon; due punti
colonel n colonnello
colonial adj coloniale

colonization n colonizzazione
colonize v colonizzare
colony n colonia
color n colore
color v colorare
colorful adj colorito
colossal adj colossale
colt n puledro
column n colonna
coma n coma
comb n pettine
comb v pettinare
combat v combattere
combatant n combattente
combination n combinazione
combine v combinare
combustible n combustibile
combustion n combustione
come iv venire
come about v succedere
come apart v disfarsi, sfasciarsi
come back v ritornare
come down v scendere
come forward v farsi avanti
come from v provenire da
come in v entrare
come out v uscire
come over v venire, arrivare

come up *v* salire
comeback *n* ritorno
comedian *n* comico
comedy *n* commedia
comet *n* cometa
comfort *n* conforto
comfort *v* confortare
comfortable *adj* confortevole
comforter *n* trapunta, piumino
comical *adj* comico
coming *n* venuta
coming *adj* prossimo, futuro
comma *n* virgola
command *v* comandare
commander *n* comandante
commemorate *v* commemorare
commence *v* cominciare
commend *v* raccomandare
commendation *n* lode
comment *v* commentare
comment *n* commento
commerce *n* commercio
commercial *adj* commerciale
commission *n* commissione
commit *v* commettere
commitment *n* impegno
committed *adj* impegnato
committee *n* comitato

common *adj* comune
commotion *n* commozione
communicate *v* comunicare
communication *n* comunicazione
communion *n* comunione
communism *n* comunismo
communist *adj* comunista
community *n* comunità
commute *v* commutare
compact *adj* compatto
compact *v* comprimere
companion *n* compagno
companionship *n* cameratismo
company *n* compagnia
comparable *adj* paragonabile
comparative *adj* comparativo
compare *v* paragonare
comparison *n* paragone
compartment *n* compartimento
compass *n* compasso
compassion *n* compassione
compatibility *n* compatibilità
compatible *adj* compatibile
compatriot *n* compatriota
compel *v* costringere
compelling *adj* convincente
compendium *n* compendio
compensate *v* compensare

compensation n compensazione
compete v competere
competence n competenza
competent adj competente
competition n competizione
competitive adj competitivo
competitor n competitore
compile v compilare
complain v lamentarsi
complaint n lamentela
complement n complemento
complete adj completo
complete v completare
completely adv completamente
completion n completamento
complex adj complesso
complexion n carnagione
complexity n complessità
compliance n acquiescenza
compliant adj conforme
complicate v complicare
complication n complicazione
complicity n complicità
compliment n complimento
complimentary adj lusinghiero
comply v attenersi a
component n componente
compose v comporre

composed adj calmo, sereno
composer n compositore
composition n composizione
compost n compost
composure n calma
compound n composto
compound v combinare
comprehend v comprendere
comprehensive adj comprensivo
compress v comprimere
compression n compressione
comprise v comprendere
compromise n compromesso
compromise v compromettere
compulsion n compulsione
compulsive adj compulsivo
compulsory adj obbligatorio
compute v computare
computer n computer
comrade n collega, socio
con man n truffatore
conceal v nascondere
concede v ammettere
conceited adj presuntuoso
conceive v concepire
concentrate v concentrarsi
concentric adj concentrico
concept n concetto

conception

conception *n* idea, concetto
concern *v* preoccuparsi
concern *n* preoccupazione
concerning *pre* riguardo a
concert *n* concerto
concession *n* concessione
conciliate *v* conciliare
conciliatory *adj* conciliatorio
concise *adj* conciso
conclude *v* concludere
conclusion *n* conclusione
conclusive *adj* conclusivo
concoct *v* confezionare
concoction *n* mistura
concrete *n* calcestruzzo
concrete *adj* concreto
concur *v* essere d'accordo
concurrent *adj* simultaneo
concussion *n* scossa, urto
condemn *v* condannare
condemnation *n* condanna
condensation *n* condensazione
condense *v* condensare
condescend *v* accondiscendere
condiment *n* condimento
condition *n* condizione
conditional *adj* condizionato
conditioner *n* balsamo

condo *n* condominio
condolences *n* condoglianze
condone *v* condonare
conduct *n* condotta
conduct *v* condurre
conductor *n* conduttore
cone *n* cono
confer *v* conferire
conference *n* conferenza
confess *v* confessare
confession *n* confessione
confessional *n* confessionale
confessor *n* confessore
confidant *n* confidente
confide *v* confidarsi
confidence *n* confidenza
confident *adj* fiducioso
confidential *adj* confidenziale
confine *v* confinare
confinement *n* confinamento
confirm *v* confermare
confirmation *n* conferma
confiscate *v* confiscare
confiscation *n* confisca
conflict *n* conflitto
conflict *v* essere in conflitto
conflicting *adj* contraddittorio
conform *v* conformare

conformist *adj* conformista
conformity *n* conformità
confound *v* confondere
confront *v* confrontare
confrontation *n* confronto
confuse *v* confondere
confusing *adj* confuso
confusion *n* confusione
congenial *adj* congeniale
congested *adj* congestionato
congestion *n* congestione
congratulate *v* congratularsi
congratulations *n* congratulazioni
congregate *v* congregarsi
congregation *n* congregazione
congress *n* congresso
conjecture *n* congettura
conjugal *adj* coniugale
conjugate *v* coniugare
conjunction *n* congiunzione
conjure up *v* evocare
connect *v* connettere
connection *n* connessione
connote *v* significare, indicare
conquer *v* conquistare
conqueror *n* conquistatore
conquest *n* conquista
conscience *n* coscienza

conscious *adj* cosciente
conscript *n* coscritto
consecrate *v* consacrare
consecration *n* consacrazione
consecutive *adj* consecutivo
consensus *n* consenso
consent *v* consentire
consent *n* consenso
consequence *n* conseguenza
consequent *adj* conseguente
conservation *n* conservazione
conservative *adj* conservatore
conserve *v* conservare
conserve *n* conserva
consider *v* considerare
considerable *adj* considerevole
considerate *adj* rispettoso
consignment *n* consegna
consist *v* consistere
consistency *n* consistenza
consistent *adj* consistente
consolation *n* consolazione
console *v* consolare
consolidate *v* consolidare
consonant *n* consonante
conspicuous *adj* cospicuo
conspiracy *n* cospirazione
conspirator *n* cospiratore

conspire *v* cospirare
constancy *n* costanza
constant *adj* costante
constellation *n* costellazione
consternation *n* costernazione
constipate *v* costipare
constipated *adj* costipato
constipation *n* costipazione
constitute *v* costituire
constitution *n* costituzione
constrain *v* costringere
constraint *n* costrizione
construct *v* costruire
construction *n* costruzione
constructive *adj* costruttivo
consul *n* console
consulate *n* consolato
consult *v* consultare
consultation *n* consultazione
consume *v* consumare
consumer *n* consumatore
consumption *n* consumo
contact *v* contattare
contact *n* contatto
contagious *adj* contagioso
contain *v* contenere
container *n* contenitore
contaminate *v* contaminare

contamination *n* contaminazione
contemplate *v* contemplare
contemporary *adj* contemporaneo
contempt *n* disprezzo
contend *v* contendere
contender *n* concorrente
content *v* accontentare
contentious *adj* controverso
contents *n* contenuto
contest *n* lotta, combattimento
contestant *n* concorrente
context *n* contesto
continent *n* continente
continental *adj* continentale
contingency *n* contingenza
contingent *adj* contingente
continue *v* continuare
continuity *n* continuità
continuous *adj* continuo
contour *n* contorno
contraband *n* contrabbando
contract *v* contrattare
contract *n* contratto
contraction *n* contrazione
contradict *v* contraddire
contradiction *n* contraddizione
contrary *adj* contrario
contrast *v* contrastare

contrast *n* contrasto
contribute *v* contribuire
contribution *n* contribuzione
contributor *n* contributore
contrition *n* contrizione
control *n* controllo
control *v* controllare
controversial *adj* controverso
controversy *n* controversia
convalescent *adj* convalescente
convene *v* convenire
convenience *n* convenienza
convenient *adj* conveniente
convent *n* convento
convention *n* convenzione
conventional *adj* convenzionale
converge *v* convergere
conversation *n* conversazione
converse *v* conversare
conversely *adv* al contrario
conversion *n* conversione
convert *v* convertire
convey *v* trasportare, trasmetter
convict *v* condannare
conviction *n* condanna
convince *v* convincere
convincing *adj* convincente
convoluted *adj* complicato

convoy *n* convoglio
convulse *v* sconvolgere
convulsion *n* convulsione
cook *v* cucinare
cook *n* cuoco
cookie *n* biscotto
cool *adj* fresco
cool *v* rinfrescare
cool down *v* raffreddare
cooling *adj* rinfrescante
coolness *n* frescura
cooperate *v* cooperare
cooperation *n* cooperazione
cooperative *adj* cooperativo
coordinate *v* coordinare
coordination *n* coordinazione
coordinator *n* coordinatore
cop *n* poliziotto
cope *v* superare
copier *n* fotocopiatrice
copper *n* rame; poliziotto
copy *v* copiare
copy *n* copia
copyright *n* diritti d'autore
cord *n* corda
cordial *adj* cordiale
cordon *n* cordone
cordon off *v* bloccare

core n cuore; nocciolo
cork n sughero
corn n mais
corner n angolo
cornerstone n pietra angolare
cornet n cornetta
corollary n corollario
coronary adj coronarico
coronation n incoronazione
corporal adj corporale
corporal n caporale
corporation n corporazione
corpse n cadavere
corpulent adj corpulento
corpuscle n corpuscolo
correct v correggere
correct adj corretto
correction n correzione
correlate v correlare
correspond v corrispondere
corridor n corridoio
corroborate v corroborare
corrode v corrodere
corrupt v corrompere
corrupt adj corrotto
corruption n corruzione
cosmetic n cosmetico
cosmic adj cosmico

cosmonaut n cosmonauta
cost iv costare
cost n costo
costly adj costoso
costume n costume
cottage n casetta
cotton n cotone
couch n divano
cough n tosse
cough v tossire
council n consiglio
counsel v consigliare
counsel n consiglio
counselor n consigliere
count v contare
count n conteggio, conto
countenance n espressione
counter n banco
counter v contrastare, opporsi
counteract v controattaccare
counterfeit v contraffarre
counterfeit adj contraffatto
counterpart n controparte
countess n contessa
countless adj innumerevole
country n paese, nazione
countryman n campagnolo
countryside n campagna

county n contea
coup n colpo di stato
couple n coppia
coupon n coupon, buono
courage n coraggio
courageous adj coraggioso
courier n corriere
course n corso
court n corte
court v corteggiare
courteous adj cortese
courtesy n cortesia
courthouse n tribunale
courtyard n cortile
cousin n cugino
cove n cala, baia
covenant n patto, contratto
cover n coperta
cover v coprire
cover up v coprire
coverage n copertura
covert adj velato, segreto
coverup n copertura
covet v desiderare
cow n mucca
coward n vigliacco
cowardice n vigliaccheria
cowardly adv codardamente

cowboy n cowboy
cozy adj accogliente
crab n granchio
crack n crepa
crack v incrinare
cradle n culla
craft n arte; imbarcazione
craftsman n artigiano
cram v stipare
cramp n crampo
cramped adj ristretto, limitato
crane n gru
crank n manovella
cranky adj nervoso
crap n schifezza, merda
crappy adj schifoso
crash n scontro, cozzo
crash v fracassarsi
crass adj crasso
crater n cratere
crave v desiderare
craving n desiderio
crawl v gattonare
crayon n pastello
craziness n pazzia
crazy adj pazzo
creak v scricchiolare
creak n scricchiolio

cream n crema
creamy adj cremoso
crease n piega
crease v piegarsi
create v creare
creation n creazione
creative adj creativo
creativity n creatività
creator n creatore
creature n creatura
credibility n credibilità
credible adj credibile
credit n credito
creditor n creditore
creed n credo
creek n insenatura
creep v strisciare
creepy adj che fa rabbrividire
cremate v cremare
crematorium n crematorio
crest n cresta
crevice n fessura, crepa
crew n equipaggio
crib n culla
cricket n cricket; grillo
crime n crimine
criminal adj criminale
cripple adj storpio

cripple v storpiare
crisis n crisi
crisp adj croccante
crispy adj croccante
criterion n criterio
critical adj critico
criticism n criticismo
criticize v criticare
critique n critica
crockery n terrecotte
crocodile n coccodrillo
crony n fratello, amico
crook n truffatore
crooked adj storto, curvo
crop n raccolto
cross n croce
cross adj irritabile, contrario
cross v incrociare
cross out v cancellare
crossfire n fuoco incrociato
crossing n traversata
crossroads n incrocio, bivio
crossword n parole crociate
crouch v accovacciarsi
crow n corvo
crow v cantare
crowd n folla
crowd v affollare

curiosity

crowded *adj* affollato
crown *n* corona
crown *v* incoronare
crowning *n* incoronazione
crucial *adj* cruciale
crucifix *n* crocifisso
crucifixion *n* crocifissione
crucify *v* crocifissare
crude *adj* crudo
cruel *adj* crudele
cruelty *n* crudeltà
cruise *v* crociera
crumb *n* briciola
crumble *v* sbriciolare
crunchy *adj* croccante
crusade *n* crociata
crusader *n* crociato
crush *v* schiacciare
crushing *adj* schiacciante
crust *n* crosta
crusty *adj* crostoso
crutch *n* gruccia
cry *n* grido
cry *v* piangere
cry out *v* gridare
crying *n* pianto
crystal *n* cristallo
cub *n* lupetto; cucciolo

cube *n* cubo
cubic *adj* cubico
cubicle *n* cubicolo
cucumber *n* cetriolo
cuddle *v* coccolare
cuff *n* polsino
cuisine *n* cucina
culminate *v* culminare
culpability *n* colpevolezza
culprit *n* colpevole
cult *n* culto
cultivate *v* coltivare
cultivation *n* coltivazione
cultural *adj* culturale
culture *n* cultura
cumbersome *adj* ingombrante
cunning *adj* astuto
cup *n* tazza
cupboard *n* armadio, credenza
curable *adj* curabile
curator *n* curatore
curb *v* frenare
curb *n* freno
curdle *v* coagularsi
cure *v* curare
cure *n* cura
curfew *n* coprifuoco
curiosity *n* curiosità

curious *adj* curioso
curl *v* arricciare
curl *n* ricciolo
curly *adj* ricciuto
currency *n* moneta
current *adj* attuale
currently *adv* attualmente
curse *v* maledire
curtail *v* ridurre
curtain *n* tenda
curve *n* curva
curve *v* curvare
cushion *n* cuscino
cushion *v* proteggere
cuss *v* imprecare contro
custodian *n* custode
custody *n* custodia
custom *n* su misura
customary *adj* abituale
customer *n* cliente
customs *n* dogana
cut *n* taglio
cut *iv* tagliare
cut across *v* attraversare
cut back *v* ridurre
cut down *v* tagliare, ridurre
cut off *v* tagliare
cut short *v* tagliare corto

cute *adj* carino
cutlery *n* coltelleria
cutter *n* tagliatore
cyanide *n* cianuro
cycle *n* ciclo
cyclist *n* ciclista
cyclone *n* ciclone
cylinder *n* cilindro
cynic *adj* cinico
cynicism *n* cinismo
cypress *n* cipresso
cyst *n* ciste
czar *n* zar

D

dad *n* papà
dagger *n* pugnale
daily *adv* giornaliero
daisy *n* margherita
dam *n* diga
damage *n* danno
damage *v* danneggiare
damaging *adj* lesivo, offensivo
damn *v* dannare

damnation *n* dannazione
damp *adj* umido
dampen *v* inumidire
dance *n* ballo
dance *v* ballare
dancing *n* ballo
dandruff *n* forfora
danger *n* pericolo
dangerous *adj* pericoloso
dangle *v* penzolare
dare *v* osare, sfidare
daring *adj* audace
dark *adj* scuro
darken *v* oscurare, scurire
darkness *n* oscurità
darling *adj* caro
darn *v* rammendare
dart *n* dardo
dash *v* gettare
dashing *adj* affascinante
data *n* dati
database *n* database
date *v* datare
daughter *n* figlia
daughter-in-law *n* nuora
daunt *v* scoraggiare
daunting *adj* scoraggiante
dawn *n* alba

day *n* giorno
daydream *v* sognare
daze *v* stupire
dazed *adj* stupefatto
dazzle *v* abbagliare
dazzling *adj* abbagliante
de luxe *adj* di lusso
deacon *n* diacono
dead *adj* morto
dead end *n* senza uscita
deaden *v* attutire
deadline *n* scadenza
deadlock *adj* impasse
deadly *adj* mortale
deaf *adj* sordo
deafen *v* assordare
deafening *adj* assordante
deafness *n* sordità
deal *iv* pattuire, trattare di
deal *n* patto, accordo
dealer *n* commerciante
dealings *n* relazioni
dean *n* decano
dear *adj* caro
death *n* morte
deathbed *n* letto di morte
deathly *adj* mortale
debase *v* degradare

debatable *adj* discutibile
debate *v* dibattere, discutere
debate *n* dibattito
debit *n* debito
debrief *v* chiamare a rapporto
debris *n* detriti
debt *n* debito
debtor *n* debitore
debunk *v* ridicolarizzare
debut *n* debutto
decade *n* decade, decennio
decadence *n* decadenza
decapitate *v* decapitare
decay *v* decomporsi
decay *n* decomposizione
deceased *adj* deceduto
deceit *n* inganno
deceitful *adj* ingannatore
deceive *v* ingannare
December *n* dicembre
decency *n* decenza
decent *adj* decente
deception *n* inganno
deceptive *adj* ingannevole
decide *v* decidere
decimal *adj* decimale
decimate *v* decimare
decipher *v* decifrare

decision *n* decisione
decisive *adj* decisivo
deck *n* ponte
declaration *n* dichiarazione
declare *v* dichiarare
declension *n* declinazione
decline *v* declinare
decline *n* declino
decompose *v* decomporre
décor *n* decorazione
decorate *v* decorare
decorative *adj* decorativo
decorum *n* decoro
decrease *v* diminuire
decrease *n* diminuzione
decree *n* decreto
decree *v* decretare
decrepit *adj* decrepito
dedicate *v* dedicare
dedication *n* dedica
deduce *v* dedurre
deduct *v* detrarre
deductible *adj* deducibile
deduction *n* deduzione
deed *n* atto, azione, fatti
deem *v* credere, stimare
deep *adj* profondo, intenso
deepen *v* approfondire

deer n cervo
deface v deturpare
defame v diffamare
defeat v sconfiggere
defeat n sconfitta, disfatta
defect n difetto
defect v defezionare
defection n defezione
defective adj difettoso
defend v difendere
defendant n imputato
defender n difensore
defense n difesa
defenseless adj indifeso
defer v differire
defiance n sfida, disprezzo
defiant adj provocatorio
deficiency n deficienza
deficient adj deficiente
deficit n deficit
defile v contaminare
define v definire
definite adj definito
definition n definizione
definitive adj definitivo
deflate v deflazionare
deform v deformare
deformity n deformità

defraud v defraudare
defray v sostenere
defrost v sbrinare
deft adj abile, destro
defuse v disinnescare
defy v sfidare
degenerate v degenerare
degenerate adj degenere
degeneration n degenerazione
degradation n degradazione
degrade v degradare
degrading adj degradante
degree n laurea, grado
dehydrate v disidratare
deign v degnarsi
deity n divinità
dejected adj demoralizzato
delay v ritardare
delay n ritardo
delegate v delegare
delegate n delegato
delegation n delegazione
delete v eliminare
deliberate v ponderare
deliberate adj intenzionale
delicacy n delicatezza
delicate adj delicato
delicious adj delizioso

delight

delight *n* delizia
delight *v* deliziare
delightful *adj* delizioso
delinquency *n* delinquenza
delinquent *adj* delinquente
deliver *v* consegnare
delivery *n* consegna
delude *v* illudere
deluge *n* diluvio
delusion *n* illusione
demand *v* esigere
demand *n* domanda
demanding *adj* esigente, arduo
demean *v* umiliare, abbasare
demeaning *adj* umiliante
demeanor *n* condotta
demented *adj* demente
demise *n* decesso
democracy *n* democrazia
democratic *adj* democratico
demolish *v* demolire
demolition *n* demolizione
demon *n* demonio
demonstrate *v* dimostrare
demonstrative *adj* dimostrativo
demoralize *v* demoralizzare
demote *v* degradare
den *n* tana, covo

denial *n* negazione
denigrate *v* denigrare
Denmak *n* Danimarca
denominator *n* denominatore
denote *v* denotare
denounce *v* denunciare
dense *adj* denso
density *n* densità
dent *v* ammaccare
dent *n* ammaccare
dental *adj* dentale, dentario
dentist *n* dentista
dentures *n* dentiere
deny *v* negare
deodorant *n* deodorante
depart *v* partire, deviare da
department *n* dipartimento
departure *n* partenza
depend *v* dipendere
dependable *adj* affidabile
dependence *n* dipendenza
dependent *adj* dipendente
depict *v* dipingere
deplete *v* esaurire
deplorable *adj* deplorevole
deplore *v* deplorare
deploy *v* schierare, spiegare
deployment *n* spiegamento

deport v deportare
deportation n deportazione
depose v deporre
deposit n deposito
depot n magazzino
deprave adj depravare
depravity n depravazione
depreciate v deprezzarsi
depreciation n ammortamento
depress v deprimere
depressing adj deprimente
depression n depressione
deprivation n privazione
deprive v privare
deprived adj disagiato, povero
depth n profondità
derail v deragliare
derailment n deragliamento
deranged adj squilibrato
derelict adj abbandonato
deride v deridere
derivative adj derivato
derive v derivare
derogatory adj spregiativo
descend v discendere
descendant n discendente
descent n discesa
describe v descrivere

description n descrizione
descriptive adj descrittivo
desecrate v profanare
desegregate v desegregare
desert n deserto
desert v disertare
deserted adj diserto
deserter n disertore
deserve v meritare
deserving adj meritevole
design n progettare, creare
designate v disignare
desirable adj desiderabile
desire n desiderio
desire v desiderare
desist v desistere
desk n scrivania
desolate adj desolato
desolation n desolazione
despair n disperazione
desperate adj disperato
despicable adj spregevole
despise v disprezzare
despite c nonostante
despot n despota
despotic adj dispotico
dessert n dessert
destination n destinazione

destiny *n* destino
destitute *adj* indigenti
destroy *v* distruggere
destroyer *n* distruttore
destruction *n* distruzione
destructive *adj* distruttivo
detach *v* staccare
detachable *adj* staccabile
detail *n* dettaglio
detail *v* dettagliare
detain *v* detenere
detect *v* rilevare
detective *n* detective
detector *n* rivelatore
detention *n* detenzione
deter *v* dissuadere
detergent *n* detergente
deteriorate *v* deteriorarsi
deterioration *n* deterioramento
determination *n* determinazione
determine *v* determinare
deterrence *n* deterrenza
detest *v* detestare
detestable *adj* detestabile
detonate *v* detonare
detonation *n* detonazione
detonator *n* detonatore
detour *n* deviazione

detriment *n* detrimento, danno
detrimental *adj* dannoso
devaluation *n* svalutazione
devalue *v* svalutare
devastate *v* devastare
devastating *adj* devastante
devastation *n* devastazione
develop *v* sviluppare
development *n* sviluppo
deviation *n* deviazione
device *n* dispositivo
devil *n* diavolo
devious *adj* subdolo
devise *v* escogitare
devoid *adj* privo
devote *v* dedicare
devotion *n* devozione, affetto
devour *v* divorare
devout *adj* devote
dew *n* rugiada
diabetes *n* diabete
diabetic *adj* diabetico
diabolical *adj* diabolico
diagnose *v* diagnosticare
diagnosis *n* diagnosi
diagonal *adj* diagonale
diagram *n* diagramma
dial *n* quadrante

dial v chiamare
dialect n dialetto
dialogue n dialogo
diameter n diametro
diamond n diamante
diaper n pannolino
diarrhea n diarrea
diary n diario
dice n dadi
dictate v dettare
dictator n dittatore
dictatorial adj dittatoriale
dictatorship n dittatura
dictionary n dizionario
die v morire
die out v morire, estinguersi
diet n dieta
differ v differire
difference n differenza
different adj differente
difficult adj difficile
difficulty n difficoltà
diffuse v diffondere
dig iv scavare
digest v digerire
digestion n digestione
digestive adj digestivo
digit n dito, cifra

dignify v nobilitare
dignitary n dignitario
dignity n dignità
digress v divagare
dilapidated adj dilapidato
dilemma n dilemma
diligence n diligenza
diligent adj diligente
dilute v diluire
dim adj fioco, oscuro
dim v affievolire
dime n dieci centesimi
dimension n dimensione
diminish v diminuire
dine v cenare, pranzare
diner n cena, pranzo
dining room n sala da pranzo
dinosaur n dinosauro
diocese n diocesi
diphthong n dittongo
diploma n diploma
diplomacy n diplomazia
diplomat n diplomatico
diplomatic adj diplomatico
dire adj terribile
direct adj diretto
direct v dirigere
direction n direzione

director n direttore
directory n elenco
dirt n sporcizia, fango
dirty adj sporco
disability n incapacità
disabled adj disabile
disadvantage n svantaggio
disagreeable adj sgradevole
disagreement n disaccordo
disappear v scomparire
disappearance n scomparsa
disappoint v deludere
disappointing adj deludente
disappointment n delusione
disapprove v disapprovare
disarm v disarmare
disarmament n disarmo
disaster n disastro
disastrous adj disastroso
disband v sciogliere
disbelief n incredulità
disburse v sborsare
discard v scartare
discern v discernere
discharge v scaricare, assolvere
discharge n scaricamento
disciple n discepolo
discipline n disciplina

disclaim v negare
disclose v divulgare
discomfort n disagio
disconnect v sconnettere
discontent adj scontento
discontinue v interrompere
discord n discordia
discordant adj discordante
discount n sconto
discount v scontare
discourage v scoraggiare
discouraging adj scoraggiante
discourtesy n scortesia
discover v scoprire
discovery n scoperta
discredit v screditare
discreet adj discreto
discrepancy n discrepanza
discretion n discrezione
discriminate v discriminare
discuss v discutere
discussion n discussione
disdain n disprezzo
disease n malattia
disembark v sbarcare
disenchanted adj disincantato
disentangle v districare
disfigure v deturpare

disgrace n vergogna
disgrace v disonorare
disgraceful adj vergognoso
disgruntled adj scontento
disguise v mascherare
disguise n travestimento
disgust n disgusto
disgusting adj disgustoso
dish n piatto
dishearten v scoraggiare
dishonest adj disonesto
dishonesty n disonestà
dishonor n disonore
dishonorable adj disonorevole
dishwasher n lavastoviglie
disillusion n disillusione
disinfect v disinfettare
disinfectant n disinfettante
disinherit v diseredare
disintegrate v disintegrarsi
disintegration n disintegrazione
disinterested adj disinteressato
disk n disco
dislike v non piacere
dislike n antipatia
dislocate v slogare
dislodge v rimuovere, sloggiare
disloyal adj infedele

disloyalty n slealtà
dismal adj lugubre
dismantle v smantellare
dismay n costernazione
dismay v sgomentare
dismiss v congedare
dismissal n licenziamento
dismount v smontare
disobedience n disubbidienza
disobedient adj disubbidiente
disobey v disobbedire
disorder n disordine
disorganized adj disorganizzato
disoriented adj disorientato
disown v rinnegare
disparity n disparità
dispatch v inviare
dispel v dissipare
dispensation n dispensa
dispense v dispensare, esimere
dispersal n dispersione
disperse v disperdere
displace v spostare
display n sfoggio, mostra
display v sfoggiare
displease v dispiacere
displeasing adj spiacevole
displeasure n dispiacere

disposable *adj* disponibile
disposal *n* disposizione
dispose *v* disporre
disprove *v* confutare
dispute *n* controversia
dispute *v* disputare
disqualify *v* squalificare
disregard *v* ignorare
disrepair *n* degrado, rovina
disrespect *n* irriverenza
disrespectful *adj* irrispettoso
disrupt *v* interrompere
disruption *n* interruzione
dissatisfied *adj* insoddisfatto
disseminate *v* diffondere
dissent *v* dissentire
dissident *adj* dissidente
dissimilar *adj* dissimile
dissipate *v* dissipare
dissolute *adj* dissoluto
dissolution *n* dissoluzione
dissolve *v* sciogliere
dissonant *adj* dissonante
dissuade *v* dissuadere
distance *n* distanza
distant *adj* distante, lontano
distaste *n* ripugnanza
distasteful *adj* sgradevole

distill *v* distillare
distinct *adj* distinto
distinction *n* distinzione
distinctive *adj* distintivo
distinguish *v* distinguere
distort *v* distorcere
distortion *n* distorsione
distract *v* distrarre
distraction *n* distrazione
distraught *adj* turbato, stordito
distress *n* angoscia, pena
distress *v* affliggere
distressing *adj* penoso
distribute *v* distribuire
distribution *n* distribuzione
district *n* distretto, quartiere
distrust *n* sfiducia
distrust *v* diffidare
distrustful *adj* diffidente
disturb *v* disturbare
disturbance *n* perturbazione
disturbing *adj* inquietante
disunity ?? *n* disunione
disuse *n* disuso
ditch *n* fossa
dive *v* immergersi, tuffarsi
diver *n* tuffatore
diverse *adj* diverso

diversify v diversificare
diversion n diversione
diversity n diversità
divert v deviare
divide v dividere
dividend n dividendo
divine adj divino
diving n immersione
divinity n divinità
divisible adj divisibile
division n divisione
divorce n divorzio
divorce v divorziare
divorcee n divorziata
divulge v divulgare
dizziness n vertigine
dizzy adj vertiginoso
do iv fare
docile adj docile
docility n docilità
dock n darsena
dock v attraccare
doctor n medico, dottore
doctrine n dottrina
document n documento
documentary n documentario
dodge v evitare
dog n cane

dogmatic adj dogmatico
dole out v distribuire
doll n bambola
dollar n dollaro
dolphin n delfino
dome n cupola
domestic adj domestico
dominate v dominare
domination n dominazione
domineering adj dispotico
dominion n dominio
donate v donare
donation n donazione
donkey n asino
donor n donatore
doom n destino, morte
doomed adj condannato
door n porta
doorbell n campanello
doorway n porta
dope n droga
dope v drogare
dormitory n dormitorio
dosage n dosaggio, dose
dossier n dossier
dot n punto
double adj doppio
double v radoppiare

double-check

double-check v verificare
double-cross v tradire
doubt n dubbio
doubt v dubitare
doubtful adj dubbioso
dough n pasta,
dove n colomba
down adv giù, in basso
downcast adj abbattuto
downfall n caduta
downhill adv in discesa
downpour n acquazzone
downsize v ridurre
downstairs adv giù
down-to-earth adj realistico
downtown n centro città
downtrodden adj oppresso
downturn n contrazione
dowry n dote
doze n pisolo
doze v appisolarsi
dozen n dozzina
draft n corrente; schizzo
draft v abbozzare
draftsman n disegnatore
drag v strascicare
dragon n drago
drain v drenare, scolare

drainage n drenaggio, scolo
dramatic adj drammatico
drape n tenda, cortina
drastic adj drastico
draw n patta
draw iv disegnare
drawback n inconveniente
drawer n cassetto
drawing n disegno, sorteggio
dread v temere
dreaded adj temuto
dreadful adj orribile
dream iv sognare
dream n sogno
dress n abito
dress v vestire, vestirsi
dresser n credenza
dressing n condimento
dried adj essiccato
drift v andare alla deriva
drill v trapanare
drill n trapano; esercizio
drink iv bere
drink n bevanda
drinkable adj bevibile, potabile
drinker n bevitore
drip v sgocciolare
drip n sgocciolatura

drive *n* impulso, forza
drive *iv* condurre, spingere
drive at *v* voler dire
drive away *v* scacciare
driver *n* conducente
drizzle *v* piovigginare
drizzle *n* pioggerella
drop *n* goccia,
drop *v* gocciolare, cadere
drop in *v* entrare, calare
drop off *v* sparire
drop out *v* abbandonare
drought *n* siccità
drown *v* annegare
drowsy *adj* assonnato
drug *n* droga, narcotico
drug *v* drogare
drugstore *n* farmacia
drum *n* tamburo
drunk *adj* ubriaco
drunkenness *n* ubriachezza
dry *v* asciugare
dry *adj* asciutto
dryclean *v* pulire a secco
dryer *n* asciugatrice
dual *adj* doppio
dubious *adj* dubbio, dubbioso
duchess *n* duchessa

duck *n* anatra
duck *v* schivare
duct *n* dotto
due *adj* dovuto, atteso
duel *n* duello
dues *n* il dovuto, quota
duke *n* duca
dull *adj* ottuso, monotono
duly *adv* debitamente
dumb *adj* muto, stupido
dummy *n* manichino
dummy *adj* falso
dump *v* scaricare, gettare
dumping *n* scarico
dung *n* sterco
dupe *v* gabbare
duplicate *v* duplicare
duplication *n* duplicazione
durable *adj* durevole
duration *n* durata
during *pre* durante
dusk *n* crepuscolo
dust *n* polvere
dusty *adj* polveroso
Dutch *adj* olandese
duty *n* dovere
dwarf *n* nano
dwell *iv* abitare; indugiare

dwelling *n* abitazione
dwindle *v* diminuire
dye *v* tingere, colorare
dye *n* colorante, tinta
dying *adj* morente
dynamic *adj* dinamico
dynamite *n* dinamite
dynasty *n* dinastia

E

each *adj* ogni, ciascuno
each other *adj* ogni altra
eager *adj* desideroso
eagerness *n* desiderio, ansia
eagle *n* aquila
ear *n* orecchio; spiga
earache *n* mal d' orecchii
eardrum *n* timpano
early *adv* presto
early *adj* remoto, antico
earmark *v* contrassegnare
earn *v* guadagnare
earnest *adj* serio, fervente
earnings *n* guadagni

earphones *n* auricolari
earring *n* orecchino
earth *n* terra
earthquake *n* terremoto
earwax *n* cerume
ease *v* alleviare; facilitare
ease *n* sollievo, facilità
easily *adv* facilmente
east *n* est
eastbound *adj* diretto a est
Easter *n* Pasqua
eastern *adj* orientale
easterner *n* orientale
eastward *adv* verso est
easy *adj* facile
eat *iv* mangiare
eavesdrop *v* origliare
ebb *n* rifluso, decadenza
ebb *v* rifluire, decadere
eccentric *adj* eccentrico
echo *n* eco
eclipse *n* eclissi, eclisse
ecology *n* ecologia
economical *adj* economico
economize *v* risparmiare
economy *n* economia
ecstasy *n* estasi
ecstatic *adj* estatico

edge n bordo, margine
edgy adj nervoso, tagliente
edible adj commestibile
edifice n edificio
edit v revisionare
edition n edizione
educate v educare
educational adj educativo
eerie adj misterioso, pauroso
effect n effetto
effective adj efficace
effectiveness n efficacia
efficiency n efficienza
efficient adj efficiente
effigy n effigie
effort n sforzo
effusive adj effusivo
egg n uovo
egg white n albume
egoism n egoismo
egoist n egoista
eight adj otto
eighteen adj diciotto
eighth adj ottavo
eighty adj ottanta
either adj uno dei due, ambo
either adv neanche, inoltre
eject v espellere

elapse v trascorrere
elastic adj elastico
elated adj esultante
elbow n gomito
elder n anziano, maggiore
elderly adj anziano
elect v eleggere
election n elezione
electric adj elettrico
electrician n elettricista
electricity n elettricità
electrify v elettrificare
electrocute v fulmiare
electronic adj elettronico
elegance n eleganza
elegant adj elegante
element n elemento, fattore
elementary adj elementare
elephant n elefante
elevate v elevare
elevation n elevazione
elevator n ascensore
eleven adj undici
eleventh adj undicesimo
eligible adj eleggibile
eliminate v eliminare
elm n olmo
eloquence n eloquenza

else *adv* altrimenti
elsewhere *adv* altrove
elude *v* eludere
elusive *adj* elusivo
emaciated *adj* emaciato
emanate *v* emanare
emancipate *v* emancipare
embalm *v* imbalsamare
embark *v* imbarcare
embarrass *v* imbarazzare
embassy *n* ambasciata
embellish *v* abbellire
embers *n* braci
embezzle *v* appropriarsi
embitter *v* inasprire
emblem *n* emblema
embody *v* incarnare
emboss *v* sbalzare, goffrare
embrace *v* abbracciare
embrace *n* abbraccio
embroider *v* ricamare
embroidery *n* ricamo
embroil *v* coinvolgere
embryo *n* embrione
emerald *n* smeraldo
emerge *v* emergere
emergency *n* emergenza
emigrant *n* emigrante

emigrate *v* emigrare
emission *n* emissione
emit *v* emettere
emotion *n* emozione
emotional *adj* emotivo
emperor *n* imperatore
emphasis *n* enfasi
emphasize *v* accentuare
empire *n* impero
employ *v* impiegare
employee *n* dipendente
employer *n* datore di lavoro
employment *n* occupazione
empress *n* imperatrice
emptiness *n* vuoto
empty *adj* vuoto
empty *v* svuotare
enable *v* consentire
enchant *v* incantare
enchanting *adj* incantevole
encircle *v* circondare
enclave *n* enclave
enclose *v* racchiudere
enclosure *n* chiusura
encompass *v* comprendere
encounter *v* incontrare
encounter *n* incontro
encourage *v* incoraggiare

encroach v invadere
encyclopedia n enciclopedia
end n fine
end v finire
end up v finire
endanger v mettere in pericolo
endeavor v sforzarsi
endeavor n sforzo
ending n fine, finale
endless adj infinito
endorse v avallare, girare
endorsement n approvazione
endure v sopportare
enemy n nemico
energetic adj energico
energy n energia
enforce v applicare
engage v occupare, ingaggiare
engaged adj occupato
engagement n impegno
engine n motore
engineer n ingegnere
England n Inghilterra
English adj Inglese
engrave v incidere
engraving n incisione
engrossed adj assorto in
engulf v sommergere

enhance v migliorare
enjoy v godere di
enjoyable adj divertente
enjoyment n godimento
enlarge v ingrandire
enlargement n allargamento
enlighten v illuminare
enlist v arruolarsi
enormous adj enorme
enough adv abbastanza
enrage v infuriare
enrich v arricchire
enroll v iscrivere
enrollment n iscrizione
ensure v assicurare
entail v comportare
entangle v imbrogliare
enter v entrare
enterprise n impresa
entertain v intrattenere
entertaining adj divertente
entertainment n intrattenimento
enthrall v affascinare
enthralling adj coinvolgente
enthuse v entusiasmare
enthusiasm n entusiasmo
entice v attrare, tentare
enticement n attrazione

enticing *adj* seducente
entire *adj* intero
entirely *adv* interamente
entrance *n* ingresso
entreat *v* implorare
entree *n* entrata
entrenched *adj* trincerato
entrepreneur *n* imprenditore
entrust *v* affidare
entry *n* entrata
enumerate *v* enumerare
envelop *v* avvolgere
envelope *n* busta
envious *adj* invidioso
environment *n* ambiente
envisage *v* prevedere
envoy *n* inviato
envy *n* invidia
envy *v* invidiare
epidemic *n* epidemico
epilepsy *n* epilessia
episode *n* episodio
epistle *n* epistola
epitaph *n* epitaffio
epitomize *v* riassumere
epoch *n* epoca
equal *adj* pari, uguale
equality *n* parità

equate *v* equiparare
equation *n* equazione
equator *n* equatore
equilibrium *n* equilibrio
equip *v* equipaggiare
equipment *n* attrezzatura
equivalent *adj* equivalente
era *n* epoca
eradicate *v* sradicare
erase *v* cancellare
eraser *n* gomma
erect *v* erigere
erect *adj* eretto
err *v* errare
errand *n* commissione
erroneous *adj* erroneo
error *n* errore
erupt *v* erompere
eruption *n* eruzione, scoppio
escalate *v* aumentare
escalator *n* scala mobile
escapade *n* scappatella
escape *v* fuggire
escort *n* scorta
esophagus *n* esofago
especial *adj* speciale
espionage *n* spionaggio
essay *n* saggio

excellence

essence *n* essenza
essential *adj* essenziale
establish *v* stabilire
estate *n* tenuta
esteem *v* stimare
estimate *v* stimare, calcolare
estimation *n* stima
estranged *adj* estraniato
estuary *n* estuario
eternity *n* eternità
ethical *adj* etico
ethics *n* etica, morale
etiquette *n* etichetta
euphoria *n* euforia
Europe *n* Europa
European *adj* europeo
evacuate *v* evacuare
evade *v* eludere, evadere
evaluate *v* valutare
evaporate *v* evaporare
evasion *n* evasione
evasive *adj* evasivo
eve *n* vigilia
even *adj* pari, esatto
even if *c* anche se
even more *c* ancor più
evening *n* sera
event *n* evento

eventuality *n* eventualità
eventual *adv* finale
ever *adv* sempre, mai
everlasting *adj* eterno
every *adj* ogni, tutti
everybody *pro* tutti, ognuno
everyday *adj* quotidiano
everyone *pro* ognuno, tutti
everything *pro* ogni cosa, tutto
evict *v* sfrattare
evidence *n* prova
evil *n* male
evil *adj* cattivo
evoke *v* evocare
evolution *n* evoluzione
evolve *v* evolvere
exact *adj* esatto
exaggerate *v* esagerare
exalt *v* esaltare
examination *n* esame
examine *v* esaminare
example *n* esempio
exasperate *v* esasperare
excavate *v* scavare
exceed *v* superare
exceedingly *adv* estremamente
excel *v* eccellere
excellence *n* eccellenza

excellent *adj* eccellente
except *pre* salvo
exception *n* eccezione
exceptional *adj* eccezionale
excerpt *n* estratto
excess *n* eccesso
excessive *adj* eccessivo
exchange *v* scambiare
excite *v* eccitare
excitement *n* eccitazione
exciting *adj* eccitante
exclaim *v* esclamare
exclude *v* escludere
excruciating *adj* straziante
excursion *n* escursione
excuse *v* scusare
excuse *n* scusa
execute *v* eseguire
executive *n* esecutivo
exemplary *adj* esemplare
exemplify *v* esemplificare
exempt *adj* esente
exemption *n* esenzione
exercise *n* esercizio
exercise *v* esercitare
exert *v* esercitare
exertion *n* sforzo
exhaust *v* esaurire

exhausting *adj* estenuante
exhaustion *n* esaurimento
exhibit *v* mostrare
exhibition *n* esibizione
exhilarating *adj* esilarante
exhort *v* esortare
exile *v* esiliare
exile *n* esilio
exist *v* esistere
existence *n* esistenza
exit *n* uscita
exit *v* uscire
exodus *n* esodo
exonerate *v* esonerare
exorbitant *adj* esorbitante
exorcist *n* esorcista
exotic *adj* esotico
expand *v* espandere
expansion *n* espansione
expect *v* aspettare
expectancy *n* aspettativa
expectation *n* aspettativa
expediency *n* ventaggio
expedient *adj* ventaggioso
expedition *n* spedizione
expel *v* espellere
expenditure *n* spesa
expense *n* spesa, costo

expensive *adj* costoso
experience *n* esperienza
experiment *n* esperimento
expert *adj* esperto
expiate *v* espiare
expiation *n* espiazione
expiration *n* scadenza
expire *v* scadere
explain *v* spiegare
explicit *adj* esplicito
explode *v* esplodere
exploit *v* sfruttare
exploit *n* impresa
explore *v* esplorare
explorer *n* esploratore
explosion *n* esplosione
explosive *adj* esplosivo
exploitation *n* sfruttamento
export *v* esportare
expose *v* esporre
exposed *adj* esposto
express *adj* espresso; specifico
expression *n* espressione
expropriate *v* espropriare
expulsion *n* espulsione
exquisite *adj* squisito
extend *v* estendere
extension *n* estensione

extent *n* estensione
extenuating *adj* attenuante
exterior *adj* esterno
exterminate *v* sterminare
external *adj* esterno
extinct *adj* estinto
extinguish *v* spegnere
extort *v* estorcere
extortion *n* estorsione
extra *adv* extra
extract *v* estrarre
extradite *v* estradare
extradition *n* estradizione
extraneous *adj* estraneo
extravagance *n* stravaganza
extravagant *adj* stravagante
extreme *adj* estremo
extremist *adj* estremista
extremities *n* estremità
extricate *v* districare
extroverted *adj* estroverso
exude *v* trasudare
exult *v* esultare
eye *n* occhio
eyebrow *n* sopracciglio
eye-catching *adj* attraente
eyeglasses *n* occhiali
eyelash *n* ciglio

eyelid *n* palpebra
eyesight *n* vista
eyewitness *n* testimone

F

fable *n* favola
fabric *n* tessuto
fabricate *v* fabbricare
fabulous *adj* favoloso
face *n* volto, faccia
face *v* fare fronte
facet *n* faccetta, aspetto
facilitate *v* facilitare
facing *pre* di fronte
fact *n* fatto
factor *n* fattore
factory *n* fabbrica
factual *adj* di fatto, reale
faculty *n* facoltà
fad *n* capriccio
fade *v* scolorarsi, affievolirsi
faded *adj* sbiadito
fail *v* fallire
failure *n* fallimento

faint *v* svenire
faint *n* svenimento
faint *adj* leggero, vago
fair *n* fiera
fair *adj* giusto, leale
fairness *n* equità
fairy *n* fata
faith *n* fede
faithful *adj* fedele
fake *v* falsificare, fingere
fake *adj* falso
fall *n* caduta
fall *iv* cadere
fall back *v* ripiegare
fall down *v* cadere
fallacy *n* fallacia
fallout *n* ricaduta
falsehood *n* falsità
falsify *v* falsificare
falter *v* vacillare
fame *n* fama
familiar *adj* familiare
family *n* famiglia
famine *n* carestia
famous *adj* famoso
fan *n* ventaglio; tifoso
fan *v* sventagliare
fanatic *adj* fanatico

fancy *adj* fantasioso
fang *n* zanna; dente
fantastic *adj* fantastico
fantasy *n* fantasia
far *adv* lontano
faraway *adj* lontano
farce *n* farsa
fare *n* tariffa
farewell *n* addio
farm *n* fattoria, tenuta
farmer *n* agricoltore
farming *n* agricoltura
farmyard *n* aia
farther *adv* più lontano
fascinate *v* affascinare
fashion *n* moda
fashionable *adj* alla moda
fast *adj* veloce, fisso
fasten *v* allacciare
fat *n* grasso
fat *adj* grasso
fatal *adj* fatale
fate *n* destino
fateful *adj* fatidico
father *n* padre
fatherhood *n* paternità
father-in-law *n* suocero
fatherly *adj* paterno

fatigue *n* fatica
fatten *v* ingrassare
fatty *adj* grasso
faucet *n* rubinetto
fault *n* colpa, difetto
faulty *adj* difettoso
favor *n* favore
favorable *adj* favorevole
favorite *adj* favorito
fear *n* paura
fearful *adj* pauroso
feasible *adj* fattibile
feast *n* festa, banchetto
feat *n* impresa
feather *n* piuma
feature *n* caratterisitica
February *n* febbraio
fed up *adj* stanco e stuffo
federal *adj* federale
fee *n* onorario
feeble *adj* debole, fiacco
feed *iv* dar da mangiare
feedback *n* commento
feel *iv* sentire, sentirsi
feeling *n* sentimento
feelings *n* sentimenti
feet *n* piedi
feign *v* fingere

fellow

fellow *n* compagno, colega	**few** *adj* alcuni, pochi
fellowship *n* fraternità	**fewer** *adj* meno
felon *n* criminale	**fiancé** *n* fidanzato
felony *n* crimine	**fiber** *n* fibra
female *n* femmina	**fickle** *adj* volubile
feminine *adj* femminile	**fiction** *n* finzione
fence *n* recinto	**fictitious** *adj* fittizio
fencing *n* scherma	**fiddle** *n* violino
fend *v* difendere	**fidelity** *n* fedeltà
fend off *v* parare	**field** *n* campo
fender *n* parafango	**fierce** *adj* feroce
ferment *v* fermentare	**fiery** *adj* focoso
ferment *n* fermento	**fifteen** *adj* quindici
ferocious *adj* feroce	**fifth** *adj* quinto
ferocity *n* ferocia	**fifty** *adj* cinquanta
ferry *n* traghetto	**fig** *n* fico
fertile *adj* fertile	**fight** *iv* lottare
fertility *n* fertilità	**fight** *n* lotta
fertilize *v* fertilizzare	**fighter** *n* combattente
fervent *adj* fervente	**figure** *n* figura, numero
fester *v* suppurare	**figure out** *v* capire
festive *adj* festivo	**file** *v* archiviare
festivity *n* festività	**file** *n* archivio, file
fetid *adj* fetido	**fill** *v* riempire
fetus *n* feto	**filling** *n* riempimento
feud *n* antagonismo	**film** *n* film
fever *n* febbre	**filter** *n* filtro
feverish *adj* febbrile	**filter** *v* filtrare

flatten

filth *n* sporcizia
filthy *adj* sudicio
fin *n* pinna
final *adj* finale
finalize *v* ultimare
finance *v* finanziare
financial *adj* finanziario
find *iv* trovare
find out *v* scoprire
fine *n* multa
fine *v* multare
fine *adv* benissimo
fine *adj* bello, buono
finger *n* dito
fingernail *n* unghia
fingertip *n* polpastrello
finish *v* finire
Finland *n* Finlandia
Finnish *adj* finlandese
fire *v* sparare
fire *n* fuoco, incendio
firearm *n* arma da fuoco
firecracker *n* petardo
firefighter *n* pompiere
fireman *n* pompiere
fireplace *n* camino
firewood *n* legna da ardere
fireworks *n* fuochi d'artificio

firm *adj* fermo
firm *n* impresa
firmness *n* fermezza
first *adj* primo
fish *n* pesce
fisherman *n* pescatore
fishy *adj* sospettoso
fist *n* pugno
fit *n* attacco
fit *v* adattare
fitness *n* buona salute
fitting *adj* appropriato
five *adj* cinque
fix *v* riparare, fissare
fjord *n* fiordo
flag *n* bandiera
flamboyant *adj* sgargiante
flame *n* fiamma
flammable *adj* infiammabile
flank *n* fianco
flare *n* fiammata, chiarore
flare-up *v* divampare
flash *n* lampo
flashlight *n* lampo di flash
flashy *adj* appariscente
flat *n* appartamento
flat *adj* piatto
flatten *v* appiattire

flatter

flatter *v* lusingare
flattery *n* lusinga
flaunt *v* ostentare
flavor *n* sapore
flaw *n* difetto
flawless *adj* impeccabile
flea *n* pulce
flee *iv* fuggire
fleece *n* vello
fleet *n* flotta
fleeting *adj* fugace
flesh *n* carne
flex *v* flettere
flexible *adj* flessibile
flicker *v* tremolare
flier *n* volantino, aviatore
flight *n* volo
flimsy *adj* fragile
flip *v* sbattere in aria
flirt *v* flirtare
float *v* galleggiare
flock *n* gregge
flog *v* basttere, fustigare
flood *v* inondare
floodgate *n* chiusa
flooding *n* inondazione
floodlight *n* proiettore
floor *n* pavimento

flop *n* tonfo; fiasco
floss *n* filo interdentale
flour *n* farina
flourish *v* fiorire
flow *v* fluire
flow *n* flusso
flower *n* fiore
flowerpot *n* vaso da fiori
flu *n* influenza
fluctuate *v* fluttuare
fluently *adv* correntemente
fluid *n* fluido
flunk *v* bocciare
flush *v* arrossire
flute *n* flauto
flutter *v* svolazzare
fly *iv* volare
fly *n* volo
foam *n* schiuma
focus *n* punto centrale
focus on *v* concentrarsi su
foe *n* nemico
fog *n* nebbia
foggy *adj* nebbioso
foil *v* laminare
fold *v* piegare
folder *n* cartella
folks *n* gente

former

folksy *adj* rustico
follow *v* seguire
follower *n* seguace
folly *n* follia
fond *adj* appassionato
fondle *v* accarezzare
fondness *n* passione, debole
food *n* cibo
foodstuff *n* commestibili
fool *v* ingannare
fool *adj* stupido
foolproof *adj* infallibile
foot *n* piede
football *n* calcio
footprint *n* orma, pesta
footstep *n* passo
footwear *n* calzature
for *pre* per
forbid *iv* proibire
force *n* vigore, forza
force *v* forzare
forceful *adj* forte
forcibly *adv* con forza
forecast *iv* prevedere
forefront *n* avanguardia
foreground *n* primo piano
forehead *n* fronte
foreign *adj* straniero, estraneo

foreigner *n* straniero
foreman *n* caposquadra
foremost *adj* principale
foresee *iv* prevedere
foreshadow *v* presagire
foresight *n* previsione
forest *n* foresta
foretaste *n* pregustazione
foretell *v* predire
forever *adv* per sempre
forewarn *v* preavvertire
foreword *n* prefazione
forfeit *v* perdere
forge *v* forgiare
forgery *n* falsificazione
forget *v* dimenticare
forgivable *adj* perdonabile
forgive *v* perdonare
forgiveness *n* perdono
fork *n* forchetta
form *n* forma
formal *adj* formale
formality *n* formalità
formalize *v* formalizzare
formally *adv* formalmente
format *n* formato
formation *n* formazione
former *adj* anteriore

formerly *adv* gia, in passato
formidable *adj* formidabile
formula *n* formula
forsake *iv* abbandonare
fort *n* fortezza
forthcoming *adj* prossimo
forthright *adj* franco
fortify *v* fortificare
fortitude *n* fortezza
fortress *n* fortezza
fortunate *adj* fortunato
fortune *n* fortuna
forty *adj* quaranta
forward *adv* avanti
fossil *n* fossile
foster *v* promuovere
foul *adj* ripugnante
foundation *n* fondazione
founder *n* fondatore
foundry *n* fonderia
fountain *n* fontana
four *adj* quattro
fourteen *adj* quattordici
fourth *adj* quarto
fox *n* volpe
foxy *adj* astuto
fraction *n* frazione
fracture *n* frattura

fragile *adj* fragile
fragment *n* frammento
fragrance *n* fragranza
fragrant *adj* fragrante
frail *adj* fragile
frailty *n* fragilità
frame *n* cornice
frame *v* incorniciare
framework *n* struttura
France *n* Francia
franchise *n* franchigia
frank *adj* franco
frankly *adv* francamente
frankness *n* franchezza
frantic *adj* frenetico
fraternal *adj* fraterno
fraternity *n* fraternità
fraud *n* frode, truffa
fraudulent *adj* fraudolento
freckle *n* lentiggine
freckled *adj* lentigginoso
free *v* liberare
free *adj* libero
freedom *n* libertà
freeway *n* autostrada
freeze *iv* congelare
freezer *n* congelatore
freezing *adj* congelamento

freight *n* carico, porto
French *adj* Francese
frenetic *adj* frenetico
frenzied *adj* frenetico
frenzy *n* frenesia
frequency *n* frequenza
frequent *adj* frequente
frequent *v* frequentare
fresh *adj* fresco
freshen *v* rinfrescare
freshness *n* freschezza
friar *n* frate
friction *n* attrito, frizione
Friday *n* venerdì
fried *adj* fritto
friend *n* amico
friendship *n* amicizia
fries *n* patatine fritte
frigate *n* fregata
fright *n* spavento
frighten *v* spaventare
frightening *adj* spaventoso
frigid *adj* glaciale, apatico
fringe *n* frangia
frivolous *adj* frivolo
frog *n* rana
from *pre* da
front *n* fronte

front *adj* anteriore
frontage *n* facciata
frontier *n* frontiera
frost *n* gelo, brinata
frostbitten *adj* congelato
frosty *adj* gelido
frown *v* disapprovare
frozen *adj* ghiacciato, gelido
frugal *adj* frugale
frugality *n* frugalità
fruit *n* frutta
fruitful *adj* fruttuoso
fruity *adj* fruttato
frustrate *v* frustrare
frustration *n* frustrazione
fry *v* friggere
frying pan *n* padella
fuel *n* combustibile
fuel *v* alimentare
fugitive *n* fuggitivo
fulfill *v* adempiere
fulfillment *n* compimento
full *adj* pieno
fully *adv* pienamente
fumes *n* fumi, vapori
fumigate *v* fumigare
fun *n* divertimento
function *n* funzione

fund *n* fondo
fund *v* finanziare
fundamental *adj* fondamentale
funds *n* fondi
funeral *n* funerale
fungus *n* fungo
funny *adj* divertente
fur *n* pelliccia, pelo
furious *adj* furioso
furiously *adv* furiosamente
furnace *n* forno
furnish *v* fornire, arredare
furnishings *n* mobilia, arredi
furniture *n* mobili, mobilia
furor *n* furore
furrow *n* solco
furry *adj* pelliccia
further *adv* più avanti, di più
further *v* favorire
furthermore *adv* inoltre
fury *n* furia, collera
fuse *n* fusibile
fusion *n* fusione
fuss *n* agitazione
fussy *adj* pignolo
futile *adj* futile
futility *n* futilità
future *n* futuro

fuzz *n* peluria, lanugine
fuzzy *adj* lanuginoso

G

gadget *n* congegno
gag *n* bavaglio
gag *v* imbavagliare
gage *v* misurare
gain *v* guadagnare
gain *n* guadagno
gal *n* ragazza
galaxy *n* galassia
gale *n* burrasca
gall bladder *n* cistifellea
gallant *adj* galante, valoroso
gallery *n* galleria
gallon *n* gallone
gallop *v* galoppare
gallows *n* patibolo
galvanize *v* galvanizzare
gamble *n* azzardo
gamble *v* speculare
game *n* gioco
gang *n* banda

germinate

gangrene n cancrena
gangster n gangster
gap n divario, lacuna
garage n garage
garbage n immondizie
garden n giardino
gardener n giardiniere
gargle v fare I gargarismi
garland n ghirlanda
garlic n aglio
garment n indumento
garnish v guarnire
garnish n guarnizione
garrison n guarnigione
garrulous adj loquace, garrulo
garter n giarrettiera
gas n gas
gash n sfregio
gasoline n benzina
gasp v ansimare
gastric adj gastrico
gate n cancello
gather v raccogliere, radunare
gathering n raccolta, riunione
gauge v misurare
gauze n garza
gaze v fissare
gear n attrezzi, ingranaggio

geese n oche
gem n gemma
gender n genere
gene n gene
general n generale
generalize v generalizzare
generate v generare
generation n generazione
generator n generatore
generic adj generico
generosity n generosità
genetic adj genetico
genial adj geniale
genius n genio
genocide n genocidio
genteel adj signorile
gentle adj gentile, soave
gentleman n signore
gentleness n dolcezza
genuflect v inginocchiarsi
genuine adj genuino
geography n geografia
geology n geologia
geometry n geometria
germ n germe
German adj tedesco
Germany n Germania
germinate v germinare

gerund *n* gerundio
gestation *n* gestazione
gesticulate *v* gesticolare
gesture *n* gesto
get *iv* ottenere, ricevere
get away *v* scappare
get back *v* tornare
get by *v* passare, arrangiarsi
get down *v* scendere
get down to *v* applicarsi a
get in *v* entrare
get off *v* scendere
get out *v* uscire
get together *v* radunarsi
get up *v* alzarsi
geyser *n* geyser
ghastly *adj* orribile, orrendo
ghost *n* fantasma
giant *n* gigante
gift *n* regalo, dono
gifted *adj* dotato
gigantic *adj* gigantesco
giggle *v* ridacchiare
gimmick *n* aggeggio
ginger *n* zenzero
gingerly *adv* cautela, cautamente
giraffe *n* giraffa
girl *n* ragazza

girlfriend *n* fidanzata, amica
give *iv* dare
give away *v* dare via
give back *v* ridare, restituire
give in *v* cedere
give out *v* distribuire
give up *v* rinunciare
glacier *n* ghiacciaio
glad *adj* lieto
gladiator *n* gladiatore
glamorous *adj* affascinante
glance *v* dare un' occhiata
glance *n* occhiata
gland *n* ghiandola
glare *n* splendore
glass *n* vetro
glasses *n* occhiali
glassware *n* vetreria
gleam *n* barlume, bagliore
gleam *v* luccicare
glide *v* scorrere
glimmer *n* barlume
glimpse *n* occhiata
glimpse *v* intravedere
glitter *v* brillare
globe *n* globo
globule *n* globulo
gloom *n* oscurità

gloomy *adj* tetro, deprimente
glorify *v* glorificare
glorious *adj* glorioso
glory *n* gloria
gloss *n* lucentezza
glossary *n* glossario
glossy *adj* lucido, satinato
glove *n* guanto
glow *v* risplendere
glucose *n* glucosio
glue *n* colla
glue *v* incollare
glut *n* eccesso
glutton *n* ghiottone
gnaw *v* rosicchiare, rodere
go *iv* andare
go ahead *v* andare avanti
go away *v* andarsene
go back *v* ritornare
go down *v* scendere
go in *v* entrare
go on *v* proseguire
go out *v* uscire
go over *v* examinare
go under *v* affondare, fallire
go up *v* salire
goad *v* pungolare
goal *n* obiettivo

goalkeeper *n* portiere
goat *n* capra
gobble *v* trangugiare
God *n* Dio
goddess *n* dea
godless *adj* ateo
goggles *n* occhiali
gold *n* oro
golden *adj* d'oro
good *adj* buono
good-looking *adj* bello
goodness *n* bontà
goods *n* beni, merce
goodwill *n* buona volontà
goof *v* mancare
goof *n* sciocco
goose *n* oca
gorge *n* gola
gorgeous *adj* sontuoso
gorilla *n* gorilla
gory *adj* sanguinolento
gospel *n* vangelo
gossip *v* spettegolare
gossip *n* pettegolo
gout *n* gotta
govern *v* governare
government *n* governo
governor *n* governatore

gown *n* abito
grab *v* afferrare
grace *n* grazia
graceful *adj* grazioso
gracious *adj* grazioso
grade *n* grado, voto
gradual *adj* graduale
graduate *v* laurearsi
graduation *n* graduazione
graft *v* trapiantare, innestare
graft *n* trapianto, innesto
grain *n* grano
gram *n* grammo
grammar *n* grammatica
grand *adj* grandioso
grandchild *n* nipote
granddad *n* nonno
grandfather *n* nonno
grandmother *n* nonna
grandparents *n* nonni
grandson *n* nipote
grandstand *n* tribuna
granite *n* granito
granny *n* nonna, nonnina
grant *v* accordare
grant *n* concessione
grape *n* chicco d'uva
grapefruit *n* pompelmo

grapevine *n* vite
graphic *adj* grafico
grasp *n* stretta
grasp *v* afferrare
grass *n* erba
grassroots *adj* di base
grateful *adj* grato
gratify *v* gratificare
gratifying *adj* gratificante
gratitude *n* gratitudine
gratuity *n* mancia
grave *adj* grave, austero
grave *n* tomba, fossa
gravel *n* ghiaia
gravely *adv* gravemente
gravestone *n* lapide
graveyard *n* cimitero
gravitate *v* gravitare
gravity *n* gravità
gravy *n* sugo di carne
gray *adj* grigio
grayish *adj* grigiastro
graze *v* pascolare
grease *v* ingrassare, ungere
grease *n* grasso, unto
greasy *adj* grasso
great *adj* grande, eccellente
greatness *n* grandezza

guarantor

Greece n Grecia
greed n avidità
greedy adj avido
Greek adj greco
green adj verde
green bean n fagiolino
greenhouse n serra
Greenland n Groenlandia
greet v salutare
greetings n saluti
gregarious adj gregario
grenade n granata
greyhound n levriero
grief n dolore
grievance n reclamo, torto
grieve v rattristare
grill v grigliare
grill n griglia
grim adj truce
grimace n smorfia
grime n sudiciume
grind iv macinare
grip v afferrare
grip n impugnatura
gripe n lamentela, presa
grisly adj raccapricciante
groan v gemere
groan n gemito

groceries n generi alimentari
groin n inguine
groom n sposo
groove n scanalatura
gross adj lordo, grossolano
grotesque adj grottesco
grotto n grotta
grouch v brontolare
grouchy adj brontolone
ground n terreno
ground floor n piano terra
groundless adj infondato
groundwork n fondamenti
group n gruppo
grow iv crescere
grow up v crescere
growl v ringhiare
grown-up n adulto
growth n crescita
grudge n rancore
grudgingly adv a malincuore
gruelling adj estenuante
gruesome adj macabro
grumble v borbottare
grumpy adj scontroso
guarantee v garantire
guarantee n garanzia
guarantor n garante

guard n guardia
guardian n custode
guerrilla n guerriglia
guess v indovinare
guess n supposizione
guest n ospite
guidance n giuda
guide v guidare
guide n guida
guidebook n guida turistica
guidelines n direttive
guild n societá
guile n astuzia
guillotine n ghigliottina
guilt n colpa
guilty adj colpevole
guise n veste, aspetto
guitar n chitarra
gulf n golfo
gull n gabbiano
gullible adj credulone
gulp v ingoiare
gulp n boccone
gulp down v tracannare
gum n gomma, gengiva
gun n pistola
gun down v freddare
gunfire n fuoco, tiro

gunman n pistolero
gunpowder n polvere da sparo
gunshot n colpo da sparo
gust n raffica
gusto n gusto
gusty adj ventoso
gut n intestino
guts n budella
gutter n cunetta, grondaia
guy n tipo, individuo
guzzle v gozzovigliare
gymnasium n palestra
gynecology n ginecologia
gypsy n zingaro

H

habit n abitudine
habitable adj abitabile
habitual adj abituale
hack v tagliare
haggle v mercanteggiare
hail n grandine
hail v grandinare
hair n capelli

hairbrush *n* spazzola
haircut *n* taglio di capelli
hairdo *n* pettinatura
hairdresser *n* parrucchiere
hairpiece *n* toupet
hairy *adj* peloso
half *n* mezzo, metà
half *adj* mezzo
hall *n* sala
hallucinate *v* allucinare
hallway *n* corridoio
halt *v* arrestare
halve *v* dimezzare
ham *n* prosciutto
hamburger *n* hamburger
hamlet *n* piccolo villaggio
hammer *n* martello
hammock *n* amaca
hand *n* mano
hand down *v* tramandare
hand in *v* consegnare
hand out *v* distribuire
hand over *v* trasferire
handbag *n* borsetta
handbook *n* manuale
handcuff *v* ammanettare
handcuffs *n* manette
handful *n* manciata

handgun *n* pistola
handicap *n* invalidità
handkerchief *n* fazzoletto
handle *v* maneggiare
handle *n* maniglia
handmade *adj* fatto a mano
handout *n* elemosina
handrail *n* corrimano
handshake *n* stretta di mano
handsome *adj* attraente
handwritting *n* caligrafia
handy *adj* a portata di mano
hang *iv* appendere
hang around *v* ciondolare
hang on *v* attendere
hang up *v* riattaccare
hanger *n* gruccia
hangup *n* fissazione
happen *v* accadere
happening *n* avvenimento
happiness *n* felicità
happy *adj* felice
harass *v* molestare
harassment *n* molestia
harbor *n* porto
hard *adj* duro
harden *v* indurire
hardly *adv* difficilmente

hardness *n* durezza
hardship *n* sofferenza
hardware *n* ferramenta
hardwood *n* legno duro
hardy *adj* robusto
hare *n* lepre
harm *v* danneggiare
harm *n* danno
harmful *adj* nocivo
harmless *adj* innocuo
harmonize *v* armonizzare
harmony *n* armonia
harp *n* arpa
harpoon *n* arpione
harrowing *adj* straziante
harsh *adj* severo
harshly *adv* severamente
harshness *n* severità
harvest *n* raccolto
harvest *v* raccogliere
hashish *n* hashish
hassle *v* seccare
hassle *n* seccatura
haste *n* fretta
hasten *v* affrettare
hastily *adv* frettolosamente
hasty *adj* frettoloso
hat *n* cappello

hatchet *n* ascia
hate *v* odiare
hateful *adj* odioso
hatred *n* odio
haughty *adj* altezzoso
haul *v* trasportare
haunt *v* perseguitare
have *iv* avere
have to *v* dovere
haven *n* rifugio
havoc *n* scompiglio, rovina
hawk *n* falco
hay *n* fieno
haystack *n* pagliaio
hazard *n* pericolo
hazardous *adj* pericoloso
haze *n* foschia
hazelnut *n* nocciola
hazy *adj* nebbioso, confuso
he *pro* egli, lui
head *n* testa
headache *n* mal di testa
heading *n* titolo
head-on *adv* frontalmente
headphones *n* cuffie
headquarters *n* sede centrale
headway *n* avanti
heal *v* guarire

healer *n* guaritore
health *n* salute
healthy *adj* sano
heap *n* mucchio
heap *v* ammucchiare
hear *iv* sentire
hearing *n* udito, udienza
hearsay *n* diceria
hearse *n* carro funebre
heart *n* cuore
heartbeat *n* battito cardiaco
hearten *v* rincuorare
heartfelt *adj* cordiale, sentito
hearth *n* focolare
heartless *adj* senza cuore
hearty *adj* cordiale
heat *v* scaldare
heat *n* calore
heater *n* riscaldatore
heathen *n* pagani
heating *n* riscaldamento
heatstroke *n* colpo di calore
heatwave *n* canicola
heaven *n* paradiso
heavenly *adj* celeste
heaviness *n* pesantezza
heavy *adj* pesante
heckle *v* interrompere

hectic *adj* frenetico, febbrile
heed *v* tenere conto di
heel *n* tallone
height *n* altezza
heighten *v* elevare
heinous *adj* odioso, atroce
heir *n* erede
heiress *n* ereditiera
heist *n* rapina
helicopter *n* elicottero
hell *n* inferno
hello *e* ciao
helm *n* timone
helmet *n* casco
help *v* aiutare
help *n* aiuto
helper *n* aiutante
helpful *adj* utile
helpless *adj* indifeso
hem *n* orlo
hemisphere *n* emisfero
hemorrhage *n* emorragia
hen *n* gallina
hence *adv* quindi
henchman *n* tirapiede
her *adj* suo, di lei
herald *v* annunziare
herald *n* araldo

herb *n* erba
here *adv* qui
hereafter *adv* d'ora in poi
hereby *adv* con ciò
hereditary *adj* ereditario
heresy *n* eresia
heretic *adj* eretico
heritage *n* patrimonio
hermetic *adj* ermetico
hermit *n* eremita
hernia *n* ernia
hero *n* eroe
heroic *adj* eroico
heroin *n* eroina
heroism *n* eroismo
hers *pro* la sua, suo
herself *pro* se stessa
hesitant *adj* esitante
hesitate *v* esitare
hesitation *n* esitazione
heyday *n* apogeo
hiccup *n* singhiozzo
hidden *adj* nascosto
hide *iv* nascondere
hideaway *n* nascondiglio
hideous *adj* orribile
hierarchy *n* gerarchia
high *adj* alto

highlight *n* punto culminante
highlight *v* risaltare
highly *adv* altamente
Highness *n* Altezza
highway *n* autostrada
hijack *v* dirottare
hijacking *n* dirottamento
hijacker *n* dirottatore
hike *v* scalare
hike *n* caminata
hilarious *adj* divertente
hill *n* collina
hillside *n* pendio di una collina
hilltop *n* sommità della collina
hilly *adj* collinoso
hilt *n* elsa
hinder *v* ostacolare
hindrance *n* ostacolo
hindsight *n* senno di poi
hinge *v* dipendere da
hinge *n* cerniera, cardine
hint *n* insinuazione
hint *v* insinuare
hip *n* fianco
hire *v* noleggiare
his *adj* suo
his *pro* suo
Hispanic *adj* ispanico

hiss *v* sibilare
historian *n* storico
history *n* storia
hit *n* colpo
hit *iv* colpire
hit back *v* ribattere
hitch *n* intoppo
hitch up *v* attaccare
hitchhike *v* fare l'autostop
hitherto *adv* sinora, fino a ora
hive *n* alveare
hoard *v* fare provvista di
hoarse *adj* rauco
hoax *n* burla
hobby *n* hobby
hog *n* porco
hoist *v* sollevare
hoist *n* sollevamento
hold *iv* tenere, sostenere
hold back *v* frenare
hold on to *v* attaccarsi a
hold out *v* resistere
holdup *n* interruzione
hole *n* buco
holiday *n* giorno festivo
holiness *n* santità
Holland *n* Olanda
hollow *adj* cavo

holocaust *n* olocausto
holy *adj* santo
homage *n* omaggio
home *n* casa
homeland *n* patria
homeless *adj* senza tetto
homely *adj* semplice
homemade *adj* casereccio
homesick *adj* nostalgia
hometown *n* città natale
homework *n* compito
homicide *n* omicidio
homily *n* omelia
honest *adj* onesto
honesty *n* onestà
honey *n* miele
honeymoon *n* luna di miele
honk *v* suonare il clacson
honor *n* onore
hood *n* cappuccio
hoodlum *n* teppista
hoof *n* zoccolo
hook *n* gancio
hooligan *n* teppista
hop *v* saltellare
hope *n* speranza
hopeful *adj* speranzoso
horizon *n* orizzonte

horizontal *adj* orizzontale
hormone *n* ormone
horn *n* corno
horrendous *adj* orrendo
horrible *adj* orribile
horrify *v* inorridire
horror *n* orrore
horse *n* cavallo
hose *n* calza; manica
hospital *n* ospedale
hospitality *n* ospitalità
hospitalize *v* ospedalizzare
host *n* ospite
hostage *n* ostaggio
hostess *n* padrona di casa
hostile *adj* ostile
hostility *n* ostilità
hot *adj* caldo
hotel *n* hotel
hound *n* cane da caccia
hound *v* perseguitare
hour *n* ora
hourly *adv* ogni ora
house *n* casa
household *n* famiglia
housekeeper *n* governante
housewife *n* casalinga
hover *v* librarsi

how *adv* come
however *c* tuttavia
howl *v* urlare
howl *n* urlo
hub *n* mozzo; centro
huddle *v* accalcarsi
hug *v* abbracciare
hug *n* abbraccio
huge *adj* enorme
hull *n* scafo
hum *v* ronzare
human *adj* umano
human being *n* essere umano
humanities *n* umanistiche
humankind *n* umanità
humble *adj* umile
humbly *adv* umilmente
humid *adj* umido
humidity *n* umidità
humiliate *v* umiliare
humility *n* umiltà
humor *n* umorismo
humorous *adj* umoristico
hump *n* gobba
hunch *n* intuizione, gobba
hunchback *n* gobba
hunched *adj* curvato
hundred *adj* cento

hundredth *adj* centesimo
hunger *n* fame
hungry *adj* affamato
hunt *v* cacciare
hunter *n* cacciatore
hunting *n* caccia
hurdle *n* ostacolo
hurl *v* scagliare
hurricane *n* uragano
hurriedly *adv* in fretta
hurry *v* affrettarsi
hurry up *v* affrettarsi
hurt *iv* far mal; dolere
hurt *n* dolore
husband *n* marito
hush *n* silenzio
hush up *v* far tacere
husky *adj* rauco
hustle *n* trambusto
hut *n* capanna
hydraulic *adj* idraulico
hydrogen *n* idrogeno
hyena *n* iena
hygiene *n* igiene
hymn *n* inno
hyphen *n* trattino
hypnosis *n* ipnosi
hypnotize *v* ipnotizzare

hypocrisy *n* ipocrisia
hypocrite *adj* ipocrita
hypothesis *n* ipotesi
hysteria *n* isteria
hysterical *adj* isterico

I

I *pro* io
ice *n* ghiaccio
ice cream *n* gelato
iceberg *n* iceberg
icebox *n* ghiacciaia
ice-cold *adj* ghiacciato
icon *n* icona
icy *adj* gelido
idea *n* idea
ideal *adj* ideale
identical *adj* identico
identify *v* identificare
identity *n* identità
ideology *n* ideologia
idiom *n* modo di dire
idiot *n* idiota
idiotic *adj* idiota

idle *adj* pigro
idol *n* idolo
idolatry *n* idolatria
if *c* se
ignite *v* infiammare
ignorance *n* ignoranza
ignorant *adj* ignorante
ignore *v* ignorare
ill *adj* malato
illegal *adj* illegale
illegible *adj* illeggibile
illegitimate *adj* illegittimo
illicit *adj* illecito
illiterate *adj* analfabeta
illness *n* malattia
illogical *adj* illogico
illuminate *v* illuminare
illusion *n* illusione
illustrate *v* illustrare
illustration *n* illustrazione
illustrious *adj* illustre
image *n* immagine
imagination *n* immaginazione
imagine *v* immaginare
imbalance *n* squilibrio
imitate *v* imitare
imitation *n* imitazione
immaculate *adj* immacolata

immature *adj* immaturo
immaturity *n* immaturità
immediate *adj* immediato
immense *adj* immenso
immensity *n* immensità
immerse *v* immergere
immersion *n* immersione
immigrant *n* immigrante
immigrate *v* immigrare
immigration *n* immigrazione
imminent *adj* imminente
immobile *adj* immobile
immobilize *v* immobilizzare
immoral *adj* immorale
immorality *n* immoralità
immortal *adj* immortale
immortality *n* immortalità
immune *adj* immune
immunity *n* immunità
immunize *v* immunizzare
immutable *adj* immutabile
impact *n* impatto
impact *v* urtare, colpire
impair *v* danneggiare
impartial *adj* imparziale
impatience *n* impazienza
impatient *adj* impaziente
impeccable *adj* impeccabile

incalculable

impediment *n* impedimento
impending *adj* imminente
imperfection *n* imperfezione
imperial *adj* imperiale
imperialism *n* imperialismo
impersonal *adj* impersonale
impertinence *n* impertinenza
impertinent *adj* impertinente
impetuous *adj* impetuoso
implacable *adj* implacabile
implant *v* trapiantare
implement *v* attuare
implicate *v* implicare
implication *n* implicazione
implicit *adj* implicito
implore *v* implorare
imply *v* insinuare, implicare
impolite *adj* scortese
import *v* importare
importance *n* importanza
importation *n* importazione
impose *v* imporre
imposing *adj* imponente
imposition *n* imposizione
impossibility *n* impossibilità
impossible *adj* impossibile
impotent *adj* impotente
impound *v* confiscare

impoverished *adj* povero
impractical *adj* non pratico
imprecise *adj* impreciso
impress *v* impressionare
impressive *adj* di grande effetto
imprison *v* imprigionare
improbable *adj* improbabile
impromptu *adv* improvvisato
improper *adj* inappropriato
improve *v* migliorare
improvement *n* miglioramento
improvise *v* improvvisare
impulse *n* impulso
impulsive *adj* impulsivo
impunity *n* impunità
impure *adj* impuro
in *pre* in
in depth *adv* dettagliatamente
inability *n* incapacità
inaccessible *adj* inaccessibile
inaccurate *adj* inesatto
inadequate *adj* inadeguato
inadmissible *adj* inammissibile
inappropriate *adj* inopportuno
inasmuch as *c* in quanto
inaugurate *v* inaugurare
inauguration *n* inaugurazione
incalculable *adj* incalcolabile

incapable *adj* incapace
incapacitate *v* inabilitare
incarcerate *v* incarcerare
incense *n* incenso
incentive *n* incentivo
inception *n* avvio
incessant *adj* incessante
inch *n* pollice
incident *n* incidente
incidental *adj* incidentale
incision *n* incisione
incite *v* incitare
incitement *n* incitamento
inclination *n* inclinazione
incline *v* inclinare, inclinarsi
include *v* includere
inclusive *adv* incluso
incoherent *adj* incoerente
income *n* reddito
incoming *adj* entrante
incompatible *adj* incompatibile
incompetence *n* incompetenza
incompetent *adj* incompetente
incomplete *adj* incompleto
inconsistent *adj* contraddittorio
incontinence *n* incontinenza
inconvenient *adj* scomodo
incorporate *v* incorporare

incorrect *adj* inesatto
incorrigible *adj* incorreggibile
increase *v* aumentare
increase *n* aumento
increasing *adj* crescente
incredible *adj* incredibile
increment *n* incremento
incriminate *v* incriminare
incur *v* incorrere in
incurable *adj* incurabile
indecency *n* indecenza
indecision *n* indecisione
indecisive *adj* indeciso
indeed *adv* davvero
indefinite *adj* indeterminato
indemnify *v* indennizzare
indemnity *n* indennità
independence *n* indipendenza
independent *adj* indipendente
index *n* Indice
indicate *v* indicare
indication *n* indicazione
indict *v* accusare
indifference *n* indifferenza
indifferent *adj* indifferente
indigent *adj* indigente
indigestion *n* indigestione
indirect *adj* indiretto

indiscreet *adj* indiscreto
indiscretion *n* indiscrezione
indispensable *adj* indispensabile
indisposed *adj* indisposto
indisputable *adj* indiscutibile
indivisible *adj* indivisibile
indoctrinate *v* indottrinare
indoor *adj* coperto
induce *v* indurre
indulge *v* indulgere
indulgent *adj* indulgente
industrious *adj* industrioso
industry *n* industria
ineffective *adj* inefficace
inefficient *adj* inefficiente
inept *adj* inetto
inevitable *adj* inevitabile
inexcusable *adj* imperdonabile
inexpensive *adj* economico
inexperienced *adj* inesperto
inexplicable *adj* inesplicabile
infallible *adj* infallibile
infamous *adj* infame
infancy *n* infanzia
infant *n* bambino
infantry *n* fanteria
infect *v* infettare
infection *n* infezione

infectious *adj* infettivo
infer *v* dedurre
inferior *adj* inferiore
infertile *adj* sterile
infested *adj* infestato
infidelity *n* infedeltà
infiltrate *v* infiltrare
infiltration *n* infiltrazione
infinite *adj* infinito
infirmary *n* infermeria
inflammation *n* infiammazione
inflate *v* gonfiare
inflation *n* inflazione
inflexible *adj* inflessibile
inflict *v* infliggere
influence *n* influenza
influential *adj* influente
influenza *n* influenza
influx *n* afflusso
inform *v* informare
informal *adj* informale
informality *n* informalità
informant *n* informatore
information *n* informazione
informer *n* informatore
infraction *n* infrazione
infrequent *adj* infrequente
infringe *v* violare

infringement *n* infrazione
infuriate *v* infuriare
infuse *v* infondere
infusion *n* infusione
ingenuity *n* ingegnosità
ingest *v* ingerire
ingot *n* lingotto
ingrained *adj* radicato
ingratiate *v* ingraziare
ingratitude *n* ingratitudine
ingredient *n* ingrediente
inhabit *v* abitare
inhabitable *adj* abitabile
inhabitant *n* abitante
inhale *v* inalare
inherit *v* ereditare
inheritance *n* eredità
inhibit *v* inibire
inhuman *adj* disumano
initial *adj* iniziale
initially *adv* inizialmente
initials *n* iniziali
initiate *v* avviare
initiative *n* iniziativa
inject *v* iniettare
injection *n* iniezione
injure *v* ferire
injurious *adj* nocivo

ferita, torto *n* pregiudizio
injustice *n* ingiustizia
ink *n* inchiostro
inkling *n* sospetto
inlaid *adj* intarsiato
inland *adj* interno
inmate *n* internato, detenuto
inn *n* locanda
innate *adj* innato
inner *adj* interiore
innocence *n* innocenza
innocent *adj* innocente
innovation *n* innovazione
innuendo *n* allusione
input *n* ingresso, entrata
inquest *n* inchiesta
inquire *v* indagare
inquiry *n* inchiesta
inquisition *n* inquisizione
insane *adj* folle
insanity *n* follia
insatiable *adj* insaziabile
inscription *n* iscrizione
insect *n* insetto
insecurity *n* insicurezza
insensitive *adj* insensibile
inseparable *adj* inseparabile
insert *v* inserire

insertion *n* inserimento
inside *adj* interno
inside *pre* dentro
inside out *adv* a rovescio
insignificant *adj* insignificante
insincere *adj* insincero
insincerity *n* insincerità
insinuate *v* insinuare
insinuation *n* insinuazione
insipid *adj* insipido
insist *v* insistere
insistence *n* insistenza
insolent *adj* insolente
insoluble *adj* insolubile
insomnia *n* insonnia
inspect *v* ispezionare
inspection *n* ispezione
inspector *n* ispettore
inspiration *n* ispirazione
inspire *v* ispirare
instability *n* instabilità
install *v* installare
installation *n* installazione
installment *n* rata
instance *n* esempio
instant *n* istantaneo
instead *adv* invece
instigate *v* istigare

instil *v* instillare
instinct *n* istinto
institute *v* istituire
institution *n* istituzione, istituto
instruct *v* informare, istruire
instructor *n* istruttore
insufficient *adj* insufficiente
insulate *v* isolare
insulation *n* isolamento
insult *v* insultare
insult *n* insulto
insurance *n* assicurazione
insure *v* assicurare
insurgency *n* insurrezione
insurrection *n* insurrezione
intact *adj* intatto
intake *n* assunzione
integrate *v* integrare
integration *n* integrazione
integrity *n* integrità
intelligent *adj* intelligente
intend *v* intendere
intense *adj* intenso
intensify *v* intensificare
intensity *n* intensità
intensive *adj* intensivo
intention *n* intenzione
intercede *v* intercedere

intercept v intercettare
intercession n intercessione
interchange v interscambiare
interchange n interscambio
interest n interesse
interested adj interessato
interesting adj interessante
interfere v interferire
interference n interferenza
interior adj interno
interlude n Intermezzo
intermediary n intermediario
intern v internare
interpret v interpretare
interpretation n interpretazione
interpreter n interprete
interrogate v interrogare
interrupt v interrompere
interruption n interruzione
intersect v intersecare
intertwine v intrecciare
interval n intervallo
intervene v intervenire
intervention n intervento
interview n colloquio, intervista
intestine n intestino
intimacy n intimità
intimate adj intimo

intimidate v intimidire
intolerable adj intollerabile
intolerance n intolleranza
intoxicated adj intossicato
intravenous adj endovenoso
intrepid adj intrepido
intricate adj intricato
intrigue n intrigo
intriguing adj intrigante
intrinsic adj intrinseco
introduce v endovenoso
introduction n introduzione
introvert adj introverso
intrude v intromettersi
intruder n intruso
intrusion n intrusione
intuition n intuizione
inundate v inondare
invade v invadere
invader n invasore
invalid n invalido
invalidate v invalidare
invaluable adj inestimabile
invasion n invasione
invent v inventare
invention n invenzione
inventory n inventario
invest v investire

investigate *v* indagare
investigation *n* inchiesta
investment *n* investimento
investor *n* investitore
invincible *adj* invincibile
invisible *adj* invisibile
invitation *n* invito
invite *v* invitare
invoice *n* fattura
invoke *v* invocare
involve *v* coinvolgere
involved *adj* coinvolto
involvement *n* coinvolgimento
iodine *n* iodio
irate *adj* irato
Ireland *n* Irlanda
Irish *adj* Irlandese
iron *n* ferro, ferro da stiro
iron *v* stirare
ironic *adj* ironico
irony *n* ironia
irrational *adj* irrazionale
irrefutable *adj* inconfutabile
irregular *adj* irregolare
irrelevant *adj* irrilevante
irreparable *adj* irreparabile
irresistible *adj* irresistibile
irrespective *adj* noncurante

irreversible *adj* irreversibile
irrevocable *adj* irrevocabile
irrigate *v* irrigare
irrigation *n* irrigazione
irritate *v* irritare
irritating *adj* irritante
Islamic *adj* islamico
island *n* isola
isle *n* isola
isolate *v* isolare
isolation *n* isolamento
issue *n* problema
Italian *adj* Italiano
italics *n* corsivo
Italy *n* Italia
itch *v* prudere
itchiness *n* prurito
item *n* oggetto
itemize *v* dettagliare
itinerary *n* itinerario
ivory *n* avorio

J

jackal *n* sciacallo
jacket *n* giacca
jackpot *n* montepremi
jaguar *n* giaguaro
jail *n* carcere
jail *v* incarcerare
jailer *n* carceriere
jam *n* marmellata
janitor *n* custode, bidello
January *n* Gennaio
Japan *n* Giappone
Japanese *adj* Giapponese
jar *n* barattolo
jasmine *n* gelsomino
jaw *n* mandibola
jealous *adj* geloso
jealousy *n* gelosia
jeans *n* jeans
jeopardize *v* compromettere
jerk *v* sobbalzare
jerk *n* scossa
jersey *n* maglia
Jew *n* ebreo
jewel *n* gioiello
jeweler *n* gioielliere
jewelry store *n* gioielleria
Jewish *adj* ebraico
jigsaw *n* puzzle
job *n* lavoro
jobless *adj* disoccupato
join *v* unire
joint *n* giuntura
joint *adj* congiunto
joke *n* scherzo
joke *v* scherzare
jolly *adj* allegro
jolt *v* sobbalzare
jolt *n* scossa
journal *n* rivista
journalist *n* giornalista
journey *n* viaggio
jovial *adj* gioviale
joy *n* gioia
joyful *adj* gioioso
joyfully *adv* gioia
jubilant *adj* giubilante
Judaism *n* Ebraismo
judge *n* giudice
judgment *n* sentenza
judicious *adj* giudizioso
jug *n* brocca
juggler *n* giocoliere
juice *n* succo

juicy adj succoso
July n Luglio
jump v saltare
jump n salto
jumpy adj nervoso
junction n incrocio, giunzione
June n Giugno
jungle n giungla
junior adj junior
junk n cianfrusaglie
jury n giuria
just adj solo
justice n giustizia
justify v giustificare
justly adv giustamente
juvenile n giovane
juvenile adj giovanile, infantile

K

kangaroo n canguro
karate n Karatè
keep iv tenere
keep on v continuare
keep up v persistere
keg n barilotto
kennel n gabbia
kettle n bollitore
key n chiave
key ring n portachiavi
keyboard n tastiera
kick v scalciare
kickback n tangente
kickoff n lancio
kid n kid
kidnap v rapire
kidnapper n rapitore
kidnapping n rapimento
kidney n rene
kidney bean n fagiolo bianco
kill v uccidere
killer n assassino
killing n uccisione
kilogram n chilogrammo
kilometer n chilometro
kilowatt n chilowatt
kind n tipo
kind adj gentile
kindle v accendere
kindly adv gentilmente
kindness n gentilezza
king n rè
kingdom n regno

kinship *n* parentela
kiosk *n* chiosco
kiss *v* baciare
kiss *n* bacio
kitchen *n* cucina
kite *n* aquilone
kitten *n* gattino
knee *n* ginocchio
kneecap *n* rotula
kneel *iv* inginocchiarsi
knife *n* coltello
knight *n* cavaliere
knob *n* manopola
knock *n* colpo
knock *v* bussare
knot *n* nodo
know *iv* sapere
know-how *n* conoscenza
knowledge *n* conoscenza

L

lab *n* laboratorio
label *n* etichetta
labor *n* lavoro manuale
laborer *n* lavoratore
labyrinth *n* labirinto
lace *n* pizzo
lack *v* mancare di
lack *n* mancanza
lad *n* ragazzo
ladder *n* scala
laden *adj* carico
lady *n* signora
ladylike *adj* signorile
lagoon *n* laguna
lake *n* lago
lamb *n* agnello
lame *adj* zoppo
lament *v* lamentarsi
lament *n* lamento
lamp *n* lampada
lamppost *n* lampione
lampshade *n* paralume
land *n* terra
land *v* atterrare
landfill *n* discarica

landing *n* atterraggio, sbarco
landlord *n* proprietario
landscape *n* paesaggio
lane *n* vicolo, corsia
language *n* lingua
languish *v* languire
lantern *n* lanterna
lap *n* grembo, giro, tappa
lapse *n* svista, lasso di tempo
lapse *v* scadere
larceny *n* furto
lard *n* strutto
large *adj* grande
larynx *n* laringe
laser *n* laser
lash *n* ciglio, frustata
lash *v* frustare
lash out *v* attaccare
last *v* durare
last *adj* ultimo
last name *n* cognome
last night *adv* notte scorsa
lasting *adj* duraturo
lastly *adv* infine
latch *n* chiavistello
late *adv* tardi
lately *adv* ultimamente
later *adv* più tardi
later *adj* successivo
lateral *adj* laterale
latest *adj* più recente
lather *n* schiuma
latitude *n* latitudine
latter *adj* il secondo, ultimo
laugh *v* ridere
laugh *n* risata
laughable *adj* risibile
laughing stock *n* zimbello
laughter *n* risate
launch *n* lancio
launch *v* lanciare
laundry *n* lavanderia
lavatory *n* gabinetto
lavish *adj* lussuoso
lavish *v* prodigare
law *n* diritto
lawful *adj* lecito
lawmaker *n* legislatore
lawn *n* prato
lawsuit *n* processo
lawyer *n* avvocato
lax *adj* negligente
laxative *adj* lassativo
lay *adj* laico
lay *n* collocare, posare
lay off *v* licenziare

layer *n* strato
layman *n* laico
layout *n* piano, tracciato
laziness *n* pigrizia
lazy *adj* pigro
lead *iv* condurre
lead *n* piombo, mina
leaded *adj* piombato
leader *n* capo
leadership *n* direzione
leading *adj* principale
leaf *n* foglia
leaflet *n* dépliant
league *n* lega, associazione
leak *v* fuoruscire
leak *n* fessura, fuga
leakage *n* perdita
lean *adj* magro
lean *iv* pendere, appoggiare
lean back *v* sporgersi indietro
lean on *v* appoggiarsi a
leaning *n* inclinazione
leap *iv* saltare
leap *n* salto
leap year *n* anno bisestile
learn *iv* apprendere
learned *adj* colto, appreso
learner *n* studente

learning *n* apprendimento
lease *v* affittare
lease *n* contratto d'affitto
leash *n* guinzaglio
least *adj* minore, minimo
leather *n* cuoio
leave *iv* partire, lasciare
leave out *v* tralasciare
lectern *n* leggio
lecture *n* lezione
ledger *n* libro mastro
leech *n* sanguisuga
leftovers *n* avanzi
leg *n* gamba
legacy *n* eredità
legal *adj* legale
legality *n* legalità
legalize *v* legalizzare
legend *n* leggenda
legible *adj* leggibile
legion *n* legione
legislate *v* legiferare
legislation *n* legislazione
legislature *n* legislatura
legitimate *adj* legittimo
leisure *n* tempo libero
lemon *n* limone
lemonade *n* limonata

lend *iv* prestare
length *n* lunghezza
lengthen *v* allungare
lengthy *adj* lungo
leniency *n* clemenza
lenient *adj* indulgente
lens *n* lente
Lent *n* Quaresima
lentil *n* lenticchia
leopard *n* leopardo
leper *n* lebbroso
leprosy *n* lebbra
less *adj* meno
lessee *n* locatario
lessen *v* diminuire
lesser *adj* minore
lesson *n* lezione
lessor *n* locatore
let *iv* lasciare, permettere
let down *v* deludere
let go *v* lasciar andare
let out *v* far uscire
lethal *adj* letale
letter *n* lettera
lettuce *n* lattuga
leukemia *n* leucemia
level *v* livellare
level *n* livello

lever *n* leva
leverage *n* azione di una leva
levy *n* tributo
levy *v* imporre
lewd *adj* osceno
liability *n* responsabilità
liable *adj* responsabile
liaison *n* collegamento
liar *n* bugiardo
libel *n* diffamazione
liberate *v* liberare
liberation *n* liberazione
liberty *n* libertà
librarian *n* bibliotecario
library *n* biblioteca
lice *n* pidocchio
licence *n* licenza
license *v* autorizzare
lick *v* leccare
lid *n* coperchio
lie *iv* giacere, sdraiarsi
lie *v* mentire
lie *n* bugia
lieu *n* luogo
lieutenant *n* tenente
life *n* vita
lifeguard *n* bagnino
lifeless *adj* esanime

lifestyle *n* stile di vita
lifetime *adj* vitalizio
lift *v* sollevare
lift off *v* decollare
lift-off *n* decollo
ligament *n* legamento
light *iv* illuminare
light *adj* leggero, chiaro
light *n* luce
lighter *n* accendino
lighthouse *n* faro
lighting *n* illuminazione
lightly *adv* leggermente
lightning *n* lampo, fulmine
lightweight *n* peso leggero
likable *adj* piacevole
like *pre* come
like *v* piacere
likelihood *n* probabilità
likely *adv* probabile
likeness *n* somiglianza
likewise *adv* altrettanto
liking *n* gradimento
limb *n* arto
lime *n* calce
limestone *n* calcare
limit *n* limite
limit *v* limitare

limitation *n* limitazione
limp *v* zoppicare
limp *n* zoppicamento
linchpin *n* perno
line *n* linea
line up *v* allineare
linen *n* biancheria
linger *v* indugiare
lingerie *n* biancheria intima
lingering *adj* prolungato
lining *n* fodera
link *v* collegare
link *n* collegamento
lion *n* leone
lioness *n* leonessa
lip *n* labbro
liqueur *n* liquore
liquid *n* liquido
liquidate *v* liquidare
liquidation *n* liquidazione
liquor *n* liquore
list *v* elencare
list *n* elenco
listen *v* ascoltare
listener *n* ascoltatore
litany *n* litania
liter *n* litro
literal *adj* letterale

literally adv letteralmente
literate adj letterato
literature n letteratura
litigate v litigare
litigation n contenzioso
litre n litro
litter n figliata
little adj piccolo
little bit n pó
little by little adv a poco a poco
liturgy n liturgia
live adj vivo
live v vivere
live off v vivere di
livelihood n sussistenza
lively adj vivace
liver n fegato
livestock n bestiame
livid adj livido
living room n salotto
lizard n lucertola
load v caricare
load n carico
loaded adj carico
loaf n pagnotta
loan v prestare
loan n prestito
loathe v detestare

loathing n ripugnanza
lobby n anticamera
lobster n aragosta
local adj locale
localize v localizzare
locate v localizzare
located adj situato
location n località
lock v serrare, bloccare
lock n serratura
lock up v incarcerare
locker room n spogliatoio
locksmith n fabbro
locust n locusta
lodge v alloggiare
lodging n alloggio
lofty adj elevato
log n ceppo
log v registrare
log in v accedere
log off v disconnettersi
logic n logico
logical adj logico
loin n lombata
loiter v gironzolare
loneliness n solitudine
lonely adj solitario, solo
loner n solitario

lonesome *adj* solitario, solo
long *adj* lungo
long for *v* desiderare
longing *n* anelito, desiderio
longitude *n* longitudine
long-standing *adj* vecchio
long-term *adj* a lungo
look *n* aspetto
look *v* guardare
look after *v* accudire
look at *v* guardare
look down *v* disprezzare
look for *v* cercare
look into *v* esaminare
look out *v* guardare
look over *v* esaminare, guardare
looking glass *n* specchio
loom *n* telaio
loom *v* apparire
loophole *n* scappatoia
loose *v* sciogliere, slegare
loose *adj* sciolto, ampio
loosen *v* allentare
loot *v* depredare
loot *n* bottino
lord *n* signore
lordship *n* signoria
lose *iv* perdere

loser *n* perdente
loss *n* perdita
lot *adv* molto
lotion *n* lozione
lots *adj* molto, molti
lottery *n* lotteria
loud *adj* rumoroso
loudly *adv* fortemente
loudspeaker *n* altoparlante
lounge *n* salotto
louse *n* pidocchio
lousy *adj* schifoso
lovable *adj* amabile
love *v* amare
love *n* amore
lovely *adj* adorabile
lover *n* amante
loving *adj* amorevole
low *adj* basso
lower *adj* inferiore
lowkey *adj* discreto
lowly *adj* umile
loyal *adj* leale
loyalty *n* fedeltà
lubricate *v* lubrificare
lubrication *n* lubrificazione
lucid *adj* chiaro, lucido
luck *n* fortuna

lucky *adj* fortunato
lucrative *adj* proficuo
ludicrous *adj* ridicolo
luggage *n* bagagli
lukewarm *adj* tiepido
lull *n* pausa
lumber *n* legname
luminous *adj* luminoso
lump *n* pezzo, grumo
lunacy *n* follia
lunatic *adj* lunatico
lunch *n* pranzo
lung *n* polmone
lure *v* adescare
lurid *adj* sgargiante
lurk *v* appostarsi
lush *adj* lussureggiante
lust *v* desiderare
lust *n* lussuria
lustful *adj* lussurioso
luxurious *adj* lussuoso
luxury *n* lusso
lynch *v* linciare
lynx *n* lince
lyrics *n* testo

M

machine *n* macchina
machine gun *n* mitragliatrice
mad *adj* pazzo, furioso
madam *n* signora
madden *v* far impazzire
madly *adv* follemente
madman *n* pazzo
madness *n* follia
magazine *n* rivista
magic *n* magia
magical *adj* magico
magician *n* prestigiatore
magistrate *n* magistrato
magnet *n* magnete
magnetic *adj* magnetico
magnetism *n* magnetismo
magnificent *adj* magnifico
magnify *v* ingrandire
magnitude *n* magnitudo
maid *n* cameriera
maiden *n* nubile
mail *v* spedire
mail *n* posta
mailbox *n* casella postale
mailman *n* postino

maim v mutilare
main adj principale
mainland n terraferma
mainly adv principalmente
maintain v mantenere
maintenance n manutenzione
majestic adj maestoso
majesty n maestà
major n maggiore
major in v specializzarsi
majority n maggioranza
make n marca
make iv fare
make up v comporre
make up for v compensare
maker n creatore
makeup n trucco
malaria n malaria
male n maschio
malevolent adj malevolo
malfunction v funzionare male
malice n malizia
malign v malignare
malignancy n malignità
malignant adj maligno
malnutrition n malnutrizione
malpractice n negligenza
mammal n mammifero

mammoth n mammut
man n uomo
manage v gestire
manageable adj gestibile
management n gestione
manager n manager
mandate n mandato
mandatory adj obbligatorio
maneuver n manovra
manger n mangiatoia
mangle v maciullare
manhandle v malmenare
maniac adj maniaco
manifest v manifestare
manipulate v manipolare
mankind n umanità
manliness n virilità
manly adj virile
manner n modo
mannerism n manierismo
manners n maniere
manpower n manodopera
mansion n mansione
manslaughter n omicidio
manual n manuale
manual adj manuale
manufacture v fabbricare
manure n letame**

materialism

manuscript *n* manoscritto
many *adj* molti
map *n* mappa
marble *n* marmo
march *v* marciare
march *n* marcia
March *n* marzo
mare *n* giumenta
margin *n* margine
marginal *adj* marginale
marinate *v* marinare
marine *adj* marino
marital *adj* coniugale
mark *n* segno, macchia
mark *v* marchiare
mark down *v* ridurre
marker *n* indicatore
market *n* mercato
marksman *n* tiratore
marmalade *n* marmellata
marriage *n* matrimonio
married *adj* sposato
marrow *n* midollo
marry *v* sposare
Mars *n* Marte
marshal *n* maresciallo
martyr *n* martire
martyrdom *n* martirio

marvel *n* meraviglia
marvelous *adj* meraviglioso
marxist *adj* marxista
masculine *adj* maschile
mash *v* impastare
mask *n* maschera
masochism *n* masochismo
mason *n* muratore
masquerade *v* mascherarsi
masquerade *n* mascherata
mass *n* massa
massacre *n* massacro
massage *n* massaggio
massage *v* massaggiare
massive *adj* massiccio
mast *n* albero, asta
master *n* padrone
master *v* imparare
mastermind *n* mente
mastermind *v* ideare
masterpiece *n* capolavoro
mastery *n* padronanza
mat *n* zerbino, stuoia
match *n* incontro, simile
match *v* uguagliare
mate *n* compagno
material *n* materiale
materialism *n* materialismo

maternal *adj* materno
maternity *n* maternità
math *n* matematica
matriculate *v* immatricolarsi
matrimony *n* matrimonio
matter *n* sostanza, questione
mattress *n* materasso
mature *adj* maturo
maturity *n* maturità
maul *v* maltrattare
maxim *n* massima
maximum *adj* massimo
May *n* maggio
may *iv* potere
may-be *adv* forse
mayhem *n* subbuglio
mayor *n* sindaco
maze *n* labirinto
meadow *n* prato
meager *adj* scarno
meal *n* pasto
mean *iv* significare
mean *adj* meschino
meaning *n* significato
meaningful *adj* significativo
meaningless *adj* senza senso
meanness *n* meschinità
means *n* mezzo

meantime *adv* frattanto
meanwhile *adv* frattempo
measles *n* morbillo
measure *v* misurare
measurement *n* misurazione
meat *n* carne
meatball *n* polpetta
mechanic *n* meccanico
mechanism *n* meccanismo
mechanize *v* meccanizzare
medal *n* medaglia
medallion *n* medaglione
meddle *v* immischiarsi
mediate *v* mediare
mediator *n* mediatore
medication *n* farmaco
medicinal *adj* medicinale
medicine *n* medicina
medieval *adj* medievale
mediocre *adj* mediocre
mediocrity *n* mediocrità
meditate *v* meditare
meditation *n* meditazione
medium *adj* medio
meek *adj* mite
meekness *n* mitezza
meet *iv* incontrare
meeting *n* incontro

methodical

melancholy *n* malinconia
mellow *adj* maturo, soffuso
mellow *v* addolcirsi
melodic *adj* melodico
melody *n* melodia
melon *n* melone
melt *v* scogliere, dondere
member *n* membro
membership *n* adesione
membrane *n* membrana
memento *n* ricordo
memo *n* memo
memoirs *n* memorie
memorable *adj* memorabile
memorize *v* memorizzare
memory *n* memoria
men *n* uomini
menace *n* minaccia
mend *v* riparare
meningitis *n* meningite
menopause *n* menopausa
menstruation *n* mestruazioni
mental *adj* mentale
mentality *n* mentalità
mentally *adv* mentalmente
mention *v* menzionare
mention *n* menzione
menu *n* menù

merchandise *n* merce
merchant *n* commerciante
merciful *adj* misericordioso
merciless *adj* spietato
mercury *n* mercurio
mercy *n* misericordia, pietà
merely *adv* semplicemente
merge *v* unire
merger *n* fusione
merit *n* merito
merit *v* meritare
mermaid *n* sirena
merry *adj* allegro
mesh *n* maglia
mesmerize *v* ipnotizzare
mess *n* confusione
mess up *v* disordinare
message *n* messaggio
messenger *n* messaggero
Messiah *n* Messia
messy *adj* disordinato
metal *n* metallo
metallic *adj* metallico
metaphor *n* metafora
meteor *n* meteora
meter *n* metro
method *n* metodo
methodical *adj* metodico

meticulous adj meticoloso
metric adj metrico
metropolis n metropoli
Mexican adj messicano
mice n topi
microbe n microbo
microphone n microfono
microscope n microscopio
microwave n forno a microonde
midday n mezzogiorno
middle n medio, mezzo
middleman n intermediario
midget n nano
midnight n mezzanotte
midwife n ostetrica
mighty adj potente
migraine n emicrania
migrant n emigrante
migrate v migrare
mild adj mite
mildew n muffa
mile n miglio
mileage n distanza in miglia
milestone n pietra miliare
militant adj militante
milk n latte
milky adj lattiginoso
mill n mulino

millennium n millennio
milligram n milligrammo
millimeter n millimetro
million n milione
millionaire adj milionario
mime v mimare
mince v tritare
mind v preoccuparsi
mind n mente
mind-boggling adj sbalorditivo
mindful adj memore
mindless adj noncurante
mine n miniera, mina
mine v mimare
mine pro mio
minefield n campo minato
miner n minatore
mineral n minerale
mingle v mescolarsi
miniature n miniatura
minimize v minimizzare
minimum n minimo
miniskirt n minigonna
minister n ministro
minister v ministrare
ministry n ministero
minor adj minore
minority n minoranza

mint *n* menta
mint *v* coniare
minus *adj* meno
minute *n* minuti
miracle *n* miracolo
miraculous *adj* miracoloso
mirage *n* miraggio
mirror *n* specchio
misbehave *v* comportarsi male
miscalculate *v* calcolare male
miscarry *v* abortire
mischief *n* danno, malizia
mischievous *adj* malizioso
misconduct *n* colpa
misconstrue *v* fraintendere
misdemeanor *n* infrazione
miser *n* taccagno
miserable *adj* miserabile
misery *n* miseria
misfit *n* disadattato
misfortune *n* sventura
misgivings *n* perplessità
misguided *adj* erroneo
misinterpret *v* travisare
misjudge *v* giudicare male
mislead *v* fuorviare
misleading *adj* ingannevole
mismanage *v* gestire male

misplace *v* smarrire
misprint *n* refuso
miss *v* perdere, mancare
miss *n* signorina
missile *n* missile
missing *adj* mancante
mission *n* missione
missionary *n* missionario
mist *n* foschia
mistake *iv* sbagliare
mistake *n* errore
mistaken *adj* sbagliato
mister *n* signore
mistreat *v* maltrattare
mistress *n* padrona
mistrust *n* diffidenza
mistrust *v* diffidare di
misty *adj* nebbioso
misunderstand *v* fraintendere
misuse *n* abuso
mitigate *v* attenuare
mix *v* mescolare
mixer *n* frullatore
mixture *n* miscela
mix-up *n* confusione
moan *v* gemere
moan *n* gemito
mob *n* turba

mobile *adj* mobile
mobilize *v* mobilitare
mobster *n* gangster
mock *v* deridere
mockery *n* beffa
mode *n* modo, maniera
model *n* modello
moderate *adj* moderato
moderation *n* moderazione
modern *adj* moderno
modernize *v* modernizzare
modest *adj* modesto
modesty *n* modestia
modify *v* modificare
module *n* modulo
moisten *v* inumidire
moisture *n* umidità
molar *n* molare
mold *v* plasmare
mold *n* forma, stampo
moldy *adj* ammuffito
mole *n* talpa, neo
molecule *n* molecola
molest *v* molestare
mom *n* mamma
moment *n* momento
momentous *adj* importante
monarch *n* monarca

monarchy *n* monarchia
monastery *n* monastero
monastic *adj* monastico
Monday *n* lunedì
money *n* soldi
money order *n* vaglia postale
monitor *v* osservare
monk *n* monaco
monkey *n* scimmia
monogamy *n* monogamia
monologue *n* monologo
monopolize *v* monopolizzare
monopoly *n* monopolio
monotonous *adj* monotono
monotony *n* monotonia
monster *n* mostro
monstrous *adj* mostruoso
month *n* mese
monthly *adv* mensilmente
monument *n* monumento
monumental *adj* monumentale
mood *n* stato d'animo
moody *adj* lunatico
moon *n* luna
moor *v* ormeggiare
mop *v* asciugare
mop up *v* rastrellare
moral *adj* morale

moral n morale
morality n moralità
more adj più
moreover adv inoltre
morning n mattina
morphine n morfina
morsel n boccone
mortal adj mortale
mortality n mortalità
mortar n mortaio
mortgage n ipotecario
mortgage v ipotecare
mortification n mortificazione
mortify v mortificare
mortuary n mortuario
mosaic n mosaico
mosque n moschea
mosquito n zanzara
moss n muschio
most adj la maggior parte
mostly adv la maggior parte
motel n motel
moth n falena
mother n madre
motherhood n maternità
mother-in-law n suocera
motion n moto, mozione
motionless adj immobile

motivate v motivare
motive n motivo
motor n motore
motorcycle n motocicletta
motto n motto
mouldy adj ammuffito
mount n monte
mount v montare
mountain n montagna
mountainous adj montuoso
mourn v piangere la morte
mourning n lutto
mouse n topo, mouse
mouth n bocca
move n mossa
move v spostare, traslocare
move back v tornare
move forward v andare avanti
move out v traslocare
movement n movimento
movie n film
mow v falciare
much adv molto
mucus n muco
mud n fango
muddle n guazzabuglio
muddy adj fangoso
muffle v infagottare

muffler *n* marmitta
mug *v* aggredire
mugging *n* rapina
mule *n* mulo
multiple *adj* multiplo, vario
multiplication *n* moltiplicazione
multiply *v* moltiplicare
multitude *n* moltitudine
mumble *v* biascicare
mummy *n* mummia
mumps *n* parotite
munch *v* sgranocchiare
munitions *n* munizioni
murder *n* omicidio
murderer *n* assassino
murky *adj* torbido
murmur *v* mormorare
murmur *n* mormorio
muscle *n* muscolo
museum *n* museo
mushroom *n* fungo
music *n* musica
musician *n* musicista
Muslim *adj* musulmano
must *iv* dovere
mustache *n* baffi
mustard *n* senape
muster *v* radunare

mutate *v* mutare
mute *adj* muto
mutilate *v* mutilare
mutiny *n* ammutinamento
mutually *adv* reciprocamente
muzzle *v* fare tacere
muzzle *n* muso, museruola
my *adj* mio
myopic *adj* miope
myself *pro* me stesso
mysterious *adj* misterioso
mystery *n* mistero
mystic *adj* mistico
mystify *v* mistificare
myth *n* mito

N

nag *v* assillare, infastidire
nagging *adj* fastidioso
nail *n* unghia, chiodo
naive *adj* ingenuo
naked *adj* nudo
name *n* nome
namely *adv* cioè

neutralize

nanny *n* bambinaia	**necessary** *adj* necessario
nap *n* pisolino	**necessitate** *v* necessitare
napkin *n* tovagliolo	**necessity** *n* necessità
narcotic *n* narcotico	**neck** *n* collo
narrate *v* narrare	**necklace** *n* collana
narrow *adj* stretto	**necktie** *n* cravatta
narrowly *adv* per poco	**need** *n* necessità
nasty *adj* sgradevole	**needle** *n* ago
nation *n* nazione	**needless** *adj* inutile
national *adj* nazionale	**needy** *adj* bisognoso
nationality *n* nazionalità	**negative** *adj* negativo
native *adj* nativo	**neglect** *v* trascurare
natural *adj* naturale	**neglect** *n* trascuratezza
naturally *adv* naturalmente	**negligence** *n* negligenza
nature *n* natura	**negligent** *adj* negligente
naughty *adj* cattivo, monello	**negotiate** *v* negoziare
nausea *n* nausea	**negotiation** *n* negoziazione
nave *n* navata	**neighbor** *n* vicino, prossimo
navel *n* ombelico	**neighborhood** *n* quartiere
navigate *v* navigare	**nephew** *n* nipote
navigation *n* navigazione	**nerve** *n* nervo
navy *n* marina	**nervous** *adj* nervoso
navy blue *adj* blu marino	**nest** *n* nido
near *pre* vicino a	**net** *n* netto, rete
nearby *adj* vicino	**network** *n* rete
nearly *adv* quasi	**neurotic** *adj* nevrotico
nearsighted *adj* miope	**neutral** *adj* neutro
neat *adj* ordinato, pulito	**neutralize** *v* neutralizzare

never adv mai
nevertheless adv nonostante
new adj nuovo
newborn n neonato
newly adv recentemente
newlywed adj neosposa
news n notizie
newscast n telegiornale
newsletter n bollettino
newspaper n giornale
newsstand n edicola
next adj successivo
nibble v sgranocchiare
nice adj carino
nicely adv piacevolmente
nickel n nichel, moneta
nickname n soprannome
nicotine n nicotina
niece n nipote
night n notte
nightfall n crepuscolo
nightingale n usignolo
nightmare n incubo
nine adj nove
nineteen adj diciannove
ninety adj novanta
ninth adj nono
nip n pizzicotto

nip v pizzicare
nipple n capezzolo
nitpicking adj pignolo
nitrogen n azoto
no one pro nessuno
nobility n nobiltà
noble adj nobile
nobleman n nobile
nobody pro nessuno
nocturnal adj notturno
nod v annuire
noise n rumore
noisy adj rumoroso
nominate v nominare
none pre nessuno
nonetheless adv tuttavia
nonsense n sciocchezze
nonsmoker n non fumatore
nonstop adv ininterrottamente
noon n mezzogiorno
noose n cappio
nor c né
norm n norma
normal adj normale
normalize v normalizzare
normally adv normalmente
north n nord
northeast n nord-est

northern *adj* settentrionale
northerner *adj* settentrionale
Norway *n* Norvegia
Norwegian *adj* norvegese
nose *n* naso
nosedive *v* scendere
nostalgia *n* nostalgia
nostril *n* narice
nosy *adj* ficcanaso
not *adv* non
notable *adj* notevole
notably *adv* in particolare
notary *n* notaio
note *n* nota
note *v* notare
notebook *n* taccuino
nothing *n* niente
notice *v* notare
notice *n* avviso
noticeable *adj* evidente
notification *n* notifica
notify *v* notificare
notion *n* nozione
notorious *adj* famigerato
noun *n* sostantivo
nourish *v* nutrire
nourishment *n* nutrimento
novel *n* romanzo

novelist *n* romanziere
novelty *n* novità
November *n* novembre
novice *n* novizio
now *adv* adesso
nowadays *adv* oggigiorno
noxious *adj* nocivo
nozzle *n* ugello
nuance *n* sfumatura
nuclear *adj* nucleare
nude *adj* nudo
nudism *n* nudismo
nudist *n* nudista
nudity *n* nudità
nuisance *n* fastidio
null *adj* nullo
nullify *v* vanificare
numb *adj* intorpidito
number *n* numero
numerous *adj* numeroso
nun *n* monaca
nurse *n* infermiera
nurse *v* curare
nursery *n* asilo nido
nurture *v* allevare
nut *n* noce
nutrition *n* nutrizione
nutritious *adj* nutriente

nutty *adj* nocciola, pazzo

O

oak *n* quercia
oar *n* remo
oasis *n* oasi
oath *n* giuramento
oatmeal *n* farina d'avena
obedience *n* obbedienza
obedient *adj* obbediente
obese *adj* obeso
obey *v* ubbidire
object *v* obiettare
object *n* oggetto
objection *n* obiezione
objective *n* obiettivo
obligate *v* obbligare
obligation *n* obbligo
obligatory *adj* obbligatorio
oblige *v* obbligare
obliged *adj* obbligato
oblique *adj* indiretto, obliquo
obliterate *v* cancellare
oblivion *n* oblio

oblivious *adj* ignaro
oblong *adj* oblungo
obnoxious *adj* sgradevole
obscene *adj* osceno
obscenity *n* oscenità
obscure *adj* oscuro
obscurity *n* oscurità
observation *n* osservazione
observatory *n* osservatorio
observe *v* osservare
obsess *v* ossessionare
obsession *n* ossessione
obsolete *adj* obsoleto
obstacle *n* ostacolo
obstinacy *n* ostinazione
obstinate *adj* ostinato
obstruct *v* ostruire, ostacolare
obstruction *n* ostruzione
obtain *v* ottenere
obvious *adj* ovvio
obviously *adv* ovviamente
occasion *n* occasione
occasional *adj* occasionale
occult *adj* occulto
occupant *n* occupante
occupation *n* occupazione
occupy *v* occupare
occur *v* accadere

ocean *n* oceano
October *n* ottobre
octopus *n* polpo
ocurrence *n* evento
odd *adj* insolito, dispari
oddity *n* stranezza
odds *n* probabilità
odious *adj* odioso
odometer *n* contachilometri
odor *n* odore
odyssey *n* odissea
of *pre* di
off *adv* lontano, chiuso
offend *v* offendere
offense *n* crimine, offesa
offensive *adj* offensivo
offer *v* offrire
offer *n* offerta
offering *n* offerta
office *n* ufficio, studio
officer *n* ufficiale, agente
official *adj* ufficiale
officiate *v* officiare
offspring *n* prole
off-the-record *adj* ufficioso
often *adv* spesso
oil *n* petrolio, olio
ointment *n* unguento

okay *adv* okay
old *adj* vecchio
old age *n* vecchiaia
old-fashioned *adj* antiquato
olive *n* oliva, olivo
olympics *n* Olimpiadi
omelette *n* frittata
omen *n* presagio
ominous *adj* infausto
omission *n* omissione
omit *v* omettere
on *pre* su
once *adv* una volta
once *c* una volta che
one *adj* uno
oneself *pre* se stesso
ongoing *adj* in corso
onion *n* cipolla
onlooker *n* spettatore
only *adv* solo, soltanto
onset *n* inizio, attaco
onslaught *n* assalto
onwards *adv* avanti
opaque *adj* opaco
open *v* aprire
open *adj* aperto
open up *v* aprire
opening *n* apertura

open-minded

open-minded *adj* di larghe vedute
openness *n* apertura
opera *n* opera
operate *v* funzionare, operare
opinion *n* parere
opinionated *adj* ostinato
opium *n* oppio
opponent *n* avversario
opportune *adj* opportuno
opportunity *n* opportunità
oppose *v* opporsi
opposite *adj* opposto
opposite *adv* di fronte
opposite *n* contrario
opposition *n* opposizione
oppress *v* opprimere
oppression *n* oppressione
opt for *v* optare
optical *adj* ottico
optician *n* ottico
optimism *n* ottimismo
optimistic *adj* ottimista
option *n* opzione
optional *adj* facoltativo
opulence *n* opulenza
or *c* o
oracle *n* oracolo
orally *adv* oralmente

orange *n* arancione
orangoutan *n* orango
orbit *n* orbita
orchard *n* frutteto
orchestra *n* orchestra
ordain *v* ordinare
ordeal *n* calvario
order *n* ordine
ordinarily *adv* ordinariamente
ordinary *adj* ordinario
ordination *n* ordinazione
ore *n* minerale
organ *n* organo
organism *n* organismo
organist *n* organista
organization *n* organizzazione
organize *v* organizzare
Orient *n* Oriente
oriental *adj* orientale
orientation *n* orientamento
oriented *adj* orientato
origin *n* origine
original *adj* originale
originally *adv* originariamente
originate *v* provenire
ornament *n* ornamento
ornamental *adj* ornamentale
orphan *n* orfane

orphanage *n* orfanotrofio
orthodox *adj* ortodosso
ostentatious *adj* ostentato
ostrich *n* struzzo
other *adj* altro
otherwise *adv* altrimenti
otter *n* lontra
ought to *iv* dovere
ounce *n* oncia
our *adj* nostro
ours *pro* nostro
ourselves *pro* noi stessi
oust *v* cacciare
out *adv* fuori
outbreak *n* focolaio
outburst *n* esplosione
outcast *adj* emarginato
outcome *n* risultato
outcry *n* clamore
outdated *adj* obsoleto
outdo *v* superare
outdoor *adj* all' aperto
outdoors *adv* all'aperto
outer *adj* esterno
outfit *v* vestito
outgoing *adj* in uscita
outgrow *v* superare in crescita
outing *n* gita

outlast *v* sopravvivere
outlaw *v* proscrivere
outlaw *n* fuorilegge
outlet *n* sbocco, mercato
outline *n* profilo, contorno
outline *v* delineare
outlive *v* sopravvivere
outlook *n* prospettiva, veduta
outmoded *adj* obsoleto
outpatient *n* ambulatorio
outpouring *n* effusione
output *n* uscita, produzione
outrage *n* oltraggio
outrageous *adj* scandaloso
outright *adj* totale, definitivo
outrun *v* superare
outset *n* inizio
outshine *v* eclissare
outside *adv* all'esterno
outsider *n* estraneo
outskirts *n* periferia
outspoken *adj* schietto
outstanding *adj* saliente, eccellente
outstretched *adj* disteso, aperto
outward *adj* esterno, andata
outweigh *v* superare
oval *adj* ovale
ovary *n* ovaia

ovation *n* ovazione
oven *n* forno
over *pre* sopra, oltre
overall *adv* tutto considerato
overbearing *adj* prepotente
overboard *adv* fuoribordo
overcast *adj* nuvoloso
overcoat *n* soprabito
overcome *v* superare
overdo *v* esagerare
overdone *adj* esagerato
overdose *n* dose eccessiva
overdue *adj* in ritardo
overflow *v* debordare
overhaul *v* revisionare
overlap *v* sovrapporre
overlook *v* trascurare, dominare
overpower *v* sopraffare
overrate *v* sopravvalutare
override *v* passare sopra a
overrule *v* annullare
overrun *v* invadere, superare
overseas *adv* oltremare
oversee *v* supervisionare
overshadow *v* offuscare
oversight *n* supervisione
overstate *v* esagerare
overstep *v* oltrepassare

overtake *v* sorpassare
overthrow *v* rovesciare
overthrow *n* rovesciare
overtime *adv* straordinario
overturn *v* rovesciare
overview *n* panoramica
overweight *adj* sovrappeso
overwhelm *v* sopraffare
owe *v* dovere
owl *n* gufo
own *v* possedere
own *adj* proprio
owner *n* proprietario
ownership *n* proprietà
ox *n* bue
oxen *n* buoi
oxygen *n* ossigeno
oyster *n* ostrica

P

pace *v* percorrere
pace *n* passo, andatura
pacify *v* pacificare
pack *v* imballare
package *n* pacchetto, pacco
pact *n* patto
pad *v* imbottire
padding *n* imbottitura
paddle *v* remare
padlock *n* lucchetto
pagan *adj* pagano
page *n* pagina
pail *n* secchio
pain *n* dolore
painful *adj* doloroso
painkiller *n* antidolorifico
painless *adj* indolore
paint *v* verniciare, dipingere
paint *n* vernice
paintbrush *n* pennello
painter *n* imbianchino, pittore
painting *n* dipinto, pittura
pair *n* paio, coppia
pajamas *n* pigiama
pal *n* amico

palace *n* palazzo
palate *n* palato
pale *adj* pallido
paleness *n* pallore
palm *n* palmo, palma
palpable *adj* palpabile
paltry *adj* misero
pamper *v* coccolare
pamphlet *n* opuscolo
pan *n* padella
pancreas *n* pancreas
pander *v* assecondare
pang *n* spasimo
panic *n* panico
panorama *n* panorama
panther *n* pantera
pantry *n* dispensa
pants *n* pantaloni, calzoni
pantyhose *n* collant
papacy *n* papato
paper *n* carta
paperclip *n* graffetta
paperwork *n* scartoffie
parable *n* parabola
parachute *n* paracadute
parade *n* sfilata, parata
paradise *n* paradiso
paradox *n* paradosso

paragraph *n* paragrafo
parakeet *n* parrocchetto
parallel *n* parallelo
paralysis *n* paralisi
paralyze *v* paralizzare
parameters *n* parametri
paramount *adj* supremo
paranoid *adj* paranoico
parasite *n* parassita
paratrooper *n* paracadutista
parcel *n* pacco
parcel post *n* pacco postale
parch *v* inadirire
parched *adj* inaridito
parchment *n* pergamena
pardon *v* perdonare
pardon *n* perdono
parenthesis *n* parentesi
parents *n* genitori
parish *n* parrocchia
parishioner *n* parrocchiano
parity *n* parità
park *v* parcheggiare
park *n* parco
parking *n* parcheggio
parliament *n* parlamento
parochial *adj* parrocchiale
parrot *n* pappagallo

parsley *n* prezzemolo
parsnip *n* pastinaca
part *v* separarsi, separare
part *n* parte
partial *adj* parziale
partially *adv* parzialmente
participate *v* partecipare
participation *n* partecipazione
participle *n* participio
particle *n* particella
particular *adj* particolare
particularly *adv* in particolare
parting *n* separazione
partisan *n* partigiano
partition *n* partizione
partly *adv* in parte
partner *n* socio
partnership *n* società
partridge *n* pernice
party *n* festa
pass *n* passo, passaggio
pass *v* passare
pass away *v* morire
pass out *v* svenire
passage *n* passaggio
passenger *n* passeggero
passion *n* passione
passionate *adj* appassionato

passive *adj* passivo
passport *n* passaporto
password *n* password
past *adj* passato
paste *v* incollare
paste *n* colla, pasta
pasteurize *v* pastorizzare
pastime *n* passatempo
pastor *n* pastore
pastoral *adj* pastorale
pastry *n* pasticceria
pasture *n* pascolo
pat *n* colpetto, panetto
pat *v* accarezzare
patch *v* rammendare
patch *n* toppa
patent *n* patente
patent *adj* brevetto
paternity *n* paternità
path *n* sentiero
pathetic *adj* patetico
patience *n* pazienza
patient *adj* paziente
patio *n* patio
patriarch *n* patriarca
patrimony *n* patrimonio
patriot *n* patriota
patriotic *adj* patriottico

patrol *n* pattuglia
patron *n* patrono
patronage *n* patrocinio
patronize *v* sponsorizzare
pattern *n* schema, modello
pavement *n* marciapiede
pavilion *n* padiglione
paw *n* zampa
pawn *n* pedina
pawn *v* impegnare
pawnbroker *n* prestatore
pay *n* paga
pay *iv* pagare
pay back *v* rimborsare
pay off *v* liquidare
payable *adj* pagabile
paycheck *n* salario, paga
payee *n* beneficiario
payment *n* pagamento
payroll *n* libro paga
payslip *n* busta paga
pea *n* pisello
peace *n* pace
peaceful *adj* pacifico
peach *n* pesca
peacock *n* pavone
peak *n* picco
peanut *n* arachide

pear n pera
pearl n perla
peasant n contadino
pebble n ciottolo
peck v beccare
peck n beccata
peculiar adj peculiare
pedagogy n pedagogia
pedal n pedale
pedantic adj pedante
pedestrian n pedone
peel v sbucciare
peel n buccia
peep v sbirciare
peer n pari, collega
pelican n pellicano
pellet n pallina, pallottola
pen n penna
penalize v penalizzare
penalty n pena
penance n penitenza
penchant n gusto
pencil n matita
pendant n ciondolo
pending adj in sospeso
pendulum n pendolo
penetrate v penetrare
penguin n pinguino

penicillin n penicillina
peninsula n penisola
penitent n penitente
penniless adj squattrinato
penny n centesimo
pension n pensione
pentagon n pentagono
pent-up adj represso
people n persone, popolo
pepper n pepe
per pre per
perceive v percepire
percent adv per cento
percentage n percentuale
perception n percezione
perennial adj perenne
perfect adj perfetto
perfection n perfezione
perforate v perforare
perforation n perforazione
perform v eseguire
performance n prestazione
perfume n profumo
perhaps adv forse
peril n pericolo
perilous adj pericoloso
perimeter n perimetro
period n periodo

perish *v* perire
perishable *adj* deperibile
perjury *n* spergiuro
permanent *adj* permanente
permeate *v* permeare
permission *n* permesso
permit *v* permettere
pernicious *adj* pernicioso
perpetrate *v* perpetrare
persecute *v* perseguitare
persevere *v* perseverare
persist *v* persistere
persistence *n* persistenza
persistent *adj* persistente
person *n* persona
personal *adj* personale
personality *n* personalità
personify *v* personificare
personnel *n* personale
perspective *n* prospettiva
perspiration *n* sudorazione
perspire *v* sudare
persuade *v* persuadere
persuasion *n* persuasione
persuasive *adj* persuasivo
pertain *v* riferirsi
pertinent *adj* pertinente
perturb *v* perturbare

perverse *adj* perverso
pervert *v* deviare
pervert *adj* pervertito
pessimism *n* pessimismo
pessimistic *adj* pessimista
pest *n* insetto, peste
pester *v* tormentare
pesticide *n* pesticida
pet *n* animale
petal *n* petalo
petite *adj* minuto
petition *n* petizione
petrified *adj* pietrificato
petroleum *n* petrolio
pettiness *n* meschinità
petty *adj* meschino
pew *n* banco di chiesa
phantom *n* fantasma
pharmacist *n* farmacista
pharmacy *n* farmacia
phase *n* fase
pheasant *n* fagiano
phenomenon *n* fenomeno
philosopher *n* filosofo
philosophy *n* filosofia
phobia *n* fobia
phone *n* telefono
phone *v* telefonare

phoney *adj* fasullo
phosphorus *n* fosforo
photo *n* foto
photocopy *n* fotocopia
photograph *v* fotografare
photographer *n* fotografo
photography *n* fotografia
phrase *n* frase
phrase *v* fomulare
physically *adj* fisicamente
physician *n* medico
physics *n* fisica
pianist *n* pianista
piano *n* pianoforte
pick *v* scegliere, cogliere
pick up *v* raccogliere
pickpocket *n* borsaiolo
pickup *n* furgoncino, ripresa
picture *n* immagine
picture *v* immaginare
picturesque *adj* pittoresco
pie *n* torta
piece *n* pezzo
piecemeal *adv* poco a poco
pier *n* molo
pierce *v* trafiggere
piercing *n* piercing
piety *n* pietà

pig *n* maiale
pigeon *n* piccione
piggy bank *n* salvadanaio
pile *v* impilare
pile *n* pila, mucchio
pile up *v* accumulare
pilfer *v* rubacchiare
pilgrim *n* pellegrino
pilgrimage *n* pellegrinaggio
pill *n* pillola
pillage *v* saccheggiare
pillar *n* pilastro
pillow *n* cuscino
pillowcase *n* federa
pilot *n* pilota
pimple *n* foruncolo
pin *n* spillo, spilla
pincers *n* pinzette
pinch *v* pizzicare
pinch *n* pizzico
pine *n* pino
pineapple *n* ananas
pink *adj* rosa
pinpoint *v* individuare
pint *n* pinta
pioneer *n* pioniere
pious *adj* pio
pipe *n* tubo

pipeline *n* conduttura
piracy *n* pirateria
pirate *n* pirata
pistol *n* pistola
pit *n* buca
pitch-black *adj* buio pesto
pitchfork *n* forca
pitfall *n* trappola
pitiful *adj* pietoso
pity *n* pietà, peccato
placard *n* cartellone
placate *v* placare
place *n* luogo
placid *adj* placido
plague *n* peste
plain *n* pianura
plain *adj* semplice, chiaro
plainly *adv* chiaramente
plaintiff *n* querelante
plan *v* pianificare
plan *n* piano
plane *n* aeroplano
plane *adj* piano
planet *n* pianeta
plant *v* piantare
plant *n* pianta, impianto
plaster *n* intonaco, gesso
plaster *v* ingessare, intonacare

plastic *n* plastica
plate *n* targa, piatto
plateau *n* altopiano
platform *n* piattaforma
platinum *n* platino
platoon *n* plotone
plausible *adj* plausibile
play *v* giocare, suonare
play *n* gioco, spettacolo
player *n* giocatore
playful *adj* giocoso
playground *n* campo giochi
plea *n* motivo
plead *v* implorare, dichiararsi
pleasant *adj* piacevole
please *v* accontentare
pleasing *adj* piacevole
pleasure *n* piacere
pleat *n* piega
pleated *adj* a pieghe
pledge *v* impegnarsi, promettere
pledge *n* pegno
plentiful *adj* abbondante
plenty *n* abbondanza
pliable *adj* flessibile
pliers *n* pinzette
plot *v* tramare
plot *n* trama, complotto

plow v arare
ploy n stratagemma
pluck v depilare, spennare
plug n tappo; spina
plug v tappare
plug in v connettere
plum n prugna
plummet v precipitare
plump adj paffuto
plunder v saccheggiare
plunge v tuffarsi
plunge n tuffo
plural n plurale
plus pre più
plush adj sontuoso
plutonium n plutonio
pneumonia n polmonite
pocket n tasca
poem n poesia
poet n poeta
poetry n poesia
poignant adj intenso
point n punto
point v puntare
pointed adj appuntito
pointless adj inutile
poise n equilibrio
poison v avvelenare

poison n veleno
poisoning n avvelenamento
poisonous adj velenoso
Poland n Polonia
polar adj polare
pole n palo, asta, polo
police n polizia
policeman n poliziotto
policy n politica, polizza
Polish adj Polacco
polish n lustro
polish v pulire
polite adj gentile
politeness n cortesia
politician n politico
politics n politica
poll n sondaggio, votazione
pollen n polline
pollute v inquinare
pollution n inquinamento
polygamist adj poligamo
polygamy n poligamia
pomegranate n melagrana
pomposity n pomposità
pond n stagno
ponder v meditare
pontiff n pontefice
pool n stagno, piscina

powerful

pool *v* mettere insieme
poor *n* povero
poorly *adv* scarsamente
popcorn *n* popcorn
Pope *n* Papa
poppy *n* papavero
popular *adj* popolare
popularize *v* divulgare
populate *v* popolare
population *n* popolazione
porcelain *n* porcellana
porch *n* portico, veranda
porcupine *n* istrice
pore *n* poro
pork *n* carne di maiale
porous *adj* poroso
port *n* porto
portable *adj* portatile
portent *n* segno, presagio
porter *n* portiere, facchino
portion *n* porzione
portrait *n* ritratto
portray *v* ritrarre
Portugal *n* Portogallo
Portuguese *adj* portoghese
pose *v* porre, posare
posh *adj* lussuoso
position *n* posizione

positive *adj* positivo
possess *v* possedere
possession *n* possesso
possibility *n* possibilità
possible *adj* possibile
post *n* posta, impiego
post office *n* ufficio postale
postage *n* affrancatura
postcard *n* cartolina
poster *n* poster
posterity *n* posterità
postman *n* postino
postmark *n* timbro postale
postpone *v* rinviare
postponement *n* rinvio
pot *n* pentola
potato *n* patata
potent *adj* potente
potential *adj* potenziale
pothole *n* cavitá, buca
poultry *n* pollame
pound *v* battere
pound *n* libbra, sterlina
pour *v* versare
poverty *n* povertà
powder *n* polvere
power *n* potere
powerful *adj* potente

powerless adj impotente
practical adj pratico
practice n pratica
practise v praticare
pragmatist adj pragmatico
prairie n prateria
praise v lodare
praise n lode
praiseworthy adj lodevole
prank n burla
pray v pregare
prayer n preghiera
preach v predicare
preacher n predicatore
preaching n predicazione
preamble n preambolo
precarious adj precario
precaution n precauzione
precede v precedere
precedent n precedente
preceding adj precedente
precept n precetto
precious adj prezioso
precipice n precipizio
precipitate v affrettare
precise adj preciso
precision n precisione
precocious adj precoce

precursor n precursore
predecessor n predecessore
predicament n imbarazzo
predict v predire
prediction n previsione
predilection n predilezione
predisposed adj predisposto
predominate v predominare
preempt v prevenire
prefabricate v prefabbricare
preface n prefazione
prefer v preferire
preference n preferenza
prefix n prefisso
pregnancy n gravidanza
pregnant adj incinta
prehistoric adj preistorico
prejudice n pregiudizio
preliminary adj preliminare
prelude n preludio
premature adj prematuro
premeditate v premeditare
premier adj primario
premise n premessa
premises n locali
premonition n presentimento
preoccupy v preoccupare
preparation n preparazione

prepare v preparare
preposition n preposizione
prerequisite n requisito
prerogative n prerogativa
prescribe v prescrivere
prescription n prescrizione
presence n presenza
present n regalo
present v regalare, presentare
presentation n presentazione
preserve v preservare
preside v presiedere
presidency n presidenza
president n presidente
press n pressione, stampa
press v premere
pressing adj presante, urgente
pressure v pressare
pressure n pressione
prestige n prestigio
presume v presumere
presumption n presunzione
pretend v fingere
pretense n finzione
pretension n pretesa
pretty adj grazioso
prevail v prevalere
prevalent adj prevalente

prevent v prevenire
prevention n prevenzione
preventive adj preventivo
preview n anteprima
previous adj precedente
prey n preda
price n prezzo
pricey adj costoso
prick v pungere
pride n orgoglio
priest n sacerdote
priestess n sacerdotessa
priesthood n sacerdozio
primacy n primato
primarily adv principalmente
prime adj primo
primitive adj primitivo
prince n principe
princess n principessa
principal adj principale
principle n principio
print v stampare
print n stampa
printer n stampante
printing n stampa
prior adj precedente
priority n priorità
prism n prisma

prison

prison n carcere
prisoner n prigioniero
privacy n privacy
private adj privato
privilege n privilegio
prize n premio
probability n probabilità
probable adj probabile
probe v sondare
probing n indagine
problem n problema
problematic adj problematico
procedure n procedura
proceed v procedere
proceedings n procedimenti
proceeds n proventi
process v trattare, procedere
process n processo
procession n processione
proclaim v proclamare
proclamation n proclamazione
procrastinate v procrastinare
procreate v procreare
procure v procurare
prod v punzecchiare
prodigious adj prodigioso
prodigy n prodigio
produce v produrre

produce n prodotti
product n prodotto
production n produzione
productive adj produttivo
profane adj profano
profess v professare
profession n professione
professional adj professionale
professor n professore
proficient adj competente
profile n profilo
profit v guadagnare
profit n profitto
profitable adj vantaggioso
profound adj profondo
program n programma
programmer n programmatore
progress v progredire
progress n progresso
progressive adj progressivo
prohibit v vietare
prohibition n divieto
project v progettare
project n progetto
projectile n proiettile
prologue n prologo
prolong v prolungare
promenade n passeggiata

prominent *adj* prominente
promiscuous *adj* promiscuo
promise *n* promessa
promote *v* promuovere
promotion *n* promozione
prompt *adj* pronto
prompt *v* incitare
prone *adj* incline, prono
pronoun *n* pronome
pronounce *v* pronunciare
proof *n* prova
propaganda *n* propaganda
propagate *v* propagare
propel *v* propulsare
propensity *n* propensione
proper *adj* corretto
property *n* proprietà
prophecy *n* profezia
prophet *n* profeta
proportion *n* proporzione
proposal *n* proposta
propose *v* proporre
proposition *n* proposizione
prose *n* prosa
prosecute *v* perseguire
prosecutor *n* procuratore
prospect *n* prospettiva
prosper *v* prosperare

prosperity *n* prosperità
prosperous *adj* prospero
prostate *n* prostata
prostrate *adj* prostrato
protect *v* proteggere
protection *n* protezione
protein *n* proteina
protest *v* protestare
protest *n* protesta
protocol *n* protocollo
prototype *n* prototipo
protract *v* protrarre
protracted *adj* protratto
protrude *v* sporgere
proud *adj* orgoglioso
proudly *adv* orgogliosamente
prove *v* provare
proven *adj* dimostrato
proverb *n* proverbio
provide *v* fornire
providence *n* provvidenza
province *n* provincia
provision *n* disposizione
provisional *adj* provvisorio
provocation *n* provocazione
provoke *v* provocare
prow *n* prua
prowl *v* vagabondare

proximity *n* prossimità
proxy *n* delega, delegato
prudence *n* prudenza
prudent *adj* prudente
prune *v* potare
prune *n* prugna secca
prurient *adj* libidinoso
pseudonym *n* pseudonimo
psychiatrist *n* psichiatra
psychiatry *n* psichiatria
psychic *adj* psichico
psychology *n* psicologia
psychopath *n* psicopatico
puberty *n* pubertà
public *adj* pubblico
publication *n* pubblicazione
publicity *n* pubblicità
publicly *adv* pubblicamente
publish *v* pubblicare
publisher *n* editore
pudding *n* budino
puerile *adj* puerile
puff *n* soffio, sfoglia
puffed *adj* gonfiato
pull *v* tirare
pull out *v* partire, estrarre
pulley *n* puleggia
pulp *n* polpa

pulpit *n* pulpito
pulsate *v* pulsare
pulse *n* impulso
pulverize *v* polverizzare
pump *v* pompare
pump *n* pompa
pumpkin *n* zucca
punch *v* colpire
punch *n* colpo, pugno
punctual *adj* puntuale
puncture *n* puntura
punish *v* punire
punishable *adj* punibile
punishment *n* punizione
pupil *n* allievo
puppet *n* fantoccio
puppy *n* cucciolo
purchase *v* acquistare
purchase *n* acquisto
pure *adj* puro
puree *n* purea
purgatory *n* purgatorio
purge *n* purga
purge *v* purgare
purification *n* depurazione
purify *v* purificare
purity *n* purezza
purple *adj* viola

purpose *n* scopo
purse *n* borsellino
pursue *v* inseguire, perseguire
pursuit *n* ricerca, inseguimento
pus *n* pus
push *v* spingere
pushy *adj* insistente
put *iv* mettere
put aside *v* mettere da parte
put down *v* reprimere, annotare
put off *v* differire, rinviare
put out *v* spegnere
put up with *v* tollerare
putrid *adj* putrido
puzzle *n* enigma
puzzling *adj* enigmatico
pyramid *n* piramide
python *n* pitone

Q

quagmire *n* pantano
quail *n* quaglia
quake *v* tremare
qualify *v* qualificarsi

quality *n* qualità
qualm *n* qualm
quandary *n* incertezza
quantity *n* quantità
quarrel *v* litigare
quarrel *n* litigio
quarrelsome *adj* litigioso
quarry *n* cava
quarter *n* quarto, trimestre
quarterly *adj* trimestrale
quarters *n* quartiere
quash *v* annullare
queen *n* regina
queer *adj* bizzarro
quell *v* domare
quench *v* saziare, estinguere
quest *n* ricerca
question *v* interrogare
question *n* questione
questionable *adj* discutibile
questionnaire *n* questionario
queue *n* coda
quick *adj* rapido
quicken *v* accelerare
quickly *adv* rapidamente
quicksand *n* sabbie mobili
quiet *adj* silenzioso, tranquillo
quietness *n* tranquillità

quilt *n* trapunta
quit *iv* abbandonare
quite *adv* alquanto
quiver *v* tremare
quiz *v* interrogare
quotation *n* quotazione
quote *v* citare
quotient *n* quoziente

R

rabbi *n* rabbino
rabbit *n* coniglio
rabies *n* rabbia
raccoon *n* procione
race *v* gareggiare
race *n* corsa
racism *n* razzismo
racist *adj* razzista
racket *n* racchetta, chiasso
racketeering *n* traffici illeciti
radar *n* radar
radiation *n* radiazione
radiator *n* radiatore
radical *adj* radicale
radio *n* radio
radish *n* ravanello
radius *n* raggio
raffle *n* lotteria
raft *n* zattera
rag *n* straccio
rage *n* rabbia
ragged *adj* cencioso
raid *n* irruzione
raid *v* fare irruzione
raider *n* rapinatore
rail *n* sbarra, rotaia
railroad *n* ferrovia
rain *n* pioggia
rain *v* piovere
rainbow *n* arcobaleno
raincoat *n* impermeabile
rainfall *n* pioggia
rainy *adj* piovoso
raise *n* aumento
raise *v* sollevare
raisin *n* uva passa
rake *n* rastrello
rally *n* raduno
ram *n* ariete
ram *v* speronare
ramification *n* diramazione
ramp *n* rampa

rampage *v* scatenarsi
rampant *adj* rampante, dilagante
ranch *n* fattoria
rancor *n* rancore
randomly *adv* casualmente
range *n* gamma
rank *n* rango
rank *v* classificare
ransack *v* rovistare
ransom *v* riscattare
ransom *n* riscatto
rape *v* stuprare
rape *n* stupro
rapid *adj* rapido
rapist *n* stupratore
rapport *n* rapporto
rare *adj* raro
rarely *adv* raramente
rascal *n* furfante
rash *adj* precipitado
rash *n* eruzione
raspberry *n* lampone
rat *n* ratto
rate *n* tariffa
rather *adv* piuttosto
ratification *n* ratifica
ratify *v* ratificare
ratio *n* rapporto

ration *v* razionare
ration *n* razione
rational *adj* razionale
rationalize *v* razionalizzare
rattle *v* tintinnare
ravage *v* devastare
ravage *n* devastazione
raven *n* corvo
ravine *n* burrone
raw *adj* grezzo
ray *n* raggio
raze *v* radere al suolo
razor *n* rasoio
reach *v* raggiungere
reach *n* portata
react *v* reagire
reaction *n* reazione
read *iv* leggere
reader *n* lettore
readiness *n* disponibilità
reading *n* lettura
ready *adj* pronto
real *adj* reale
realism *n* realismo
reality *n* realtà
realize *v* realizzare
really *adv* veramente
realm *n* campo, regno

realty

realty *n* proprietà
reap *v* mietere
reappear *v* riapparire
rear *v* allevare
rear *n* retro
rear *adj* posteriore
reason *v* ragionare
reason *n* ragione
reasonable *adj* ragionevole
reasoning *n* ragionamento
reassure *v* rassicurare
rebate *n* sconto
rebel *v* ribellarsi
rebel *n* ribelle
rebellion *n* ribellione
rebirth *n* rinascita
rebound *v* rimbalzare
rebuff *v* rifiutare
rebuff *n* rifiuto
rebuild *v* ricostruire
rebuke *v* rimproverare
rebuke *n* rimprovero
rebut *v* confutare
recall *v* ricordare
recant *v* ritrattare
recap *v* ricapitolare
recapture *v* ricatturare
recede *v* ritirarsi

receipt *n* ricevuta, ricevimento
receive *v* ricevere
recent *adj* recente
reception *n* accoglienza
receptionist *n* accoglietrice
receptive *adj* ricettivo
recess *n* recesso
recession *n* recessione
recharge *v* ricaricare
recipe *n* ricetta
reciprocal *adj* reciproco
recital *n* recital
recite *v* recitare
reckless *adj* avventato
reckon *v* calcolare
reckon with *v* prevedere
reclaim *v* recuperare
recline *v* reclinare
recluse *n* recluso
recognition *n* riconoscimento
recognize *v* riconoscere
recollect *v* ricordare
recollection *n* ricordo
recommend *v* raccomandare
recompense *v* ricompensare
recompense *n* ricompensa
reconcile *v* conciliare
reconsider *v* riconsiderare

reconstruct v ricostruire
record v registrare
record n registrazione
recorder n registratore
recording n registrazione
recount n raccontare
recoup v recuperare
recourse v ricorrere
recourse n ricorso
recover v recuperare
recovery n recupero
recreate v ricreare
recreation n ricreazione
recruit v reclutare
recruit n recluta
recruitment n reclutamento
rectangle n rettangolo
rectangular adj rettangolare
rectify v rettificare
rector n rettore
rectum n retto
recuperate v recuperare
recur v ripresentarsi
recurrence n ricorrenza
recycle v riciclare
red adj rosso
red tape n burocrazia
redden v arrossire

redeem v riscattare
redemption n redenzione
red-hot adj rovente
redo v rifare
redouble v raddoppiare
redress v risarcire
reduce v ridurre
redundant adj ridondante
reed n canna
reef n scogliera
reel n bobina
reelect v rieleggere
reenactment n rimessa in atto
reentry n rientro
refer to v riferirsi a
referee n arbitro
reference n riferimento
referendum n referendum
refill v riempire, ricaricare
refinance v rifinanziare
refine v raffinare
refinery n raffineria
reflect v riflettere
reflection n riflessione
reflexive adj riflessivo
reform v riformare
reform n riforma
refrain v astenersi

refresh v ricaricare
refreshing adj rinfrescante
refreshment n ristoro
refrigerate v refrigerare
refuel v rifornire
refuge n rifugio
refugee n rifugiato
refund v rimborsare
refund n rimborso
refurbish v ristrutturare
refusal n rifiuto
refuse v rifiutare
refuse n rifiuto
refute v confutare
regain v riguadagnare
regal adj regale
regard v considerare
regarding pre riguardo a
regards n saluti
regeneration n rigenerazione
regent n reggente
regime n regime
regiment n reggimento
region n regione
regional adj regionale
register v registrare
registration n registrazione
regret v rammaricarsi

regret n rammarico
regrettable adj deplorevole
regularity n regolarità
regularly adv regolarmente
regulate v disciplinare
regulation n regolamento
rehabilitate v riabilitare
rehearsal n prova
rehearse v provare
reign v regnare
reign n regno
reimburse v rimborsare
rein v guidare, frenare
rein n redine
reindeer n renna
reinforce v rafforzare
reiterate v ribadire
reject v respingere
rejection n rifiuto
rejoice v gioire
rejoin v ricongiungersi
rejuvenate v ringiovanire
relapse n ricaduta
related adj connesso
relationship n rapporto
relative adj relativo
relative n parente
relax v rilassarsi

repair

relax *n* relax
relaxing *adj* rilassante
relay *v* trasmettere
release *v* rilasciare
relegate *v* relegare
relent *v* cedere
relentless *adj* implacabile
relevant *adj* pertinente
reliable *adj* affidabile
reliance *n* affidamento
relic *n* reliquia
relief *n* sollievo
relieve *v* alleviare
religion *n* religione
religious *adj* religioso
relinquish *v* rinunciare
relish *v* assaporare
relive *v* rivivere
relocate *v* trasferirsi
reluctant *adj* riluttante
reluctantly *adv* a malincuore
rely on *v* contare su
remain *v* restare
remainder *n* resto
remaining *adj* rimanente
remains *n* resti
remark *v* commentare
remark *n* commento

remarkable *adj* notevole
remarry *v* risposare
remedy *v* rimediare
remedy *n* rimedio
remember *v* ricordare
remembrance *n* ricordo
remind *v* ricordare
reminder *n* promemoria
remission *n* remissione, sgravio
remit *v* rimettere
remittance *n* rimessa
remnant *n* resto
remodel *v* rimodellare
remorse *n* rimorso
remorseful *adj* pentito
remote *adj* remoto
removal *n* rimozione
remove *v* rimuovere
remunerate *v* remunerare
renew *v* rinnovare
renewal *n* rinnovo
renounce *v* rinunciare
renovate *v* ristrutturare
renowned *adj* rinomato
rent *v* affittare
rent *n* affitto
reorganize *v* riorganizzare
repair *v* riparare

reparation *n* riparazione
repatriate *v* rimpatriare
repay *v* rimborsare
repayment *n* rimborso
repeal *v* revocare
repeal *n* abrogazione
repeat *v* ripetere
repel *v* respingere
repent *v* pentirsi
repentance *n* pentimento
repetition *n* ripetizione
replace *v* sostituire
replacement *n* sostituzione
replay *n* replay
replenish *v* rifornire
replete *adj* sazio
replica *n* replica
replicate *v* replicare
reply *v* rispondere
reply *n* risposta
report *v* riportare, presentarsi
report *n* rapporto, rumore
reporter *n* reporter
repose *v* riposarsi
repose *n* riposo
represent *v* rappresentare
repress *v* reprimere
repression *n* repressione

reprieve *n* tregua, sospensione
reprint *v* ristampare
reprint *n* ristampa
reprisal *n* rappresaglia
reproach *v* rimproverare
reproach *n* rimprovero
reproduce *v* riprodurre
reproduction *n* riproduzione
reptile *n* rettile
republic *n* repubblica
repudiate *v* ripudiare
repugnant *adj* ripugnante
repulse *v* rifiutare, sconfiggere
repulse *n* rifiuto
repulsive *adj* ripugnante
reputation *n* reputazione
request *v* richiedere
request *n* richiesta
require *v* richiedere
requirement *n* requisito
rescue *v* salvare
rescue *n* salvataggio
research *v* investigare
research *n* ricerca
resemble *v* assomigliare
resent *v* risentirsi
resentment *n* risentimento
reservation *n* riserva

reserve v riservare
reservoir n serbatoio
reside v risiedere
residence n residenza
residue n residuo
resign v dimettersi
resignation n dimissioni
resilient adj resiliente
resist v resistere
resistance n resistenza
resolute adj risoluto
resolution n risoluzione
resolve v risolvere
resort v ricorrere
resounding adj clamoroso
resource n risorsa
respect v rispettare
respect n rispetto
respectful adj rispettoso
respective adj rispettivo
respiration n respirazione
respite n tregua
respond v rispondere
response n risposta
responsible adj responsabile
responsive adj sensibile
rest v riposare
rest n riposo

rest room n toilette
restaurant n ristorante
restful adj riposante
restitution n restituzione
restless adj irrequieto
restoration n restauro
restore v ripristinare
restrain v frenare
restraint n restrizione
restrict v limitare
result n risultato
resume v riprendere
resumption n ripresa
resurface v riemergere
resurrection n resurrezione
resuscitate v risuscitare
retain v mantenere
retaliation n rappresaglia
retarded adj ritardato
retention n ritenzione
retire v ritirarsi
retract v ritrattare
retreat v ritirarsi
retreat n ritiro
retrieval n recupero
retrieve v recuperare
retroactive adj retroattivo
return v ritornare

return

return *n* ritorno
reunion *n* riunione
reveal *v* rivelare
revealing *adj* rivelatore
revel *v* divertirsi
revelation *n* rivelazione
revenge *v* vendicarsi
revenge *n* vendetta
revenue *n* reddito
reverence *n* riverenza
reversal *n* inversione
reverse *n* inverso
reversible *adj* reversibile
revert *v* tornare
review *v* riesaminare
review *n* recensione, revista
revise *v* rivedere
revision *n* revisione
revive *v* ravvivare
revoke *v* revocare
revolt *v* rivoltarsi
revolt *n* rivolta
revolting *adj* rivoltante
revolve *v* ruotare
revolver *n* rivoltella
revue *n* spettacolo
revulsion *n* repulsione
reward *v* ricompensare

reward *n* ricompensa
rewarding *adj* gratificante
rheumatism *n* reumatismo
rhinoceros *n* rinoceronte
rhyme *n* rima
rhythm *n* ritmo
rib *n* costola
ribbon *n* nastro
rice *n* riso
rich *adj* ricco
rid of *iv* liberarsi di
riddle *n* enigma
ride *iv* montare
ridge *n* cresta
ridicule *v* ridicolizzare
ridicule *n* ridicolo
ridiculous *adj* ridicolo
rifle *n* fucile
rift *n* spaccatura
right *adv* proprio, esattamente
right *adj* destr, corretto
right *n* diritto
rigid *adj* rigido
rigor *n* rigore
rim *n* bordo, cerchione
ring *iv* circondare, suonare
ring *n* anello, suono
ringleader *n* capofila

rinse *v* sciacquare
riot *v* insorgere
riot *n* sommossa
rip *v* strappare
ripe *adj* maturo
ripen *v* maturare
ripple *n* increspatura
rise *iv* sollevarsi
risk *v* rischiare
risk *n* rischio
risky *adj* rischioso
rite *n* rito
rival *n* rivale
rivalry *n* rivalità
river *n* fiume
rivet *v* rivettare
riveting *adj* avvincente
road *n* strada
roam *v* vagare
roar *v* ruggire
roar *n* ruggito
roast *v* arrostire
roast *n* arrosto
rob *v* rapinare
robber *n* rapinatore
robbery *n* rapina
robe *n* abito, accappatoio
robust *adj* robusto

rock *n* roccia, rock
rocket *n* razzo
rocky *adj* rocciosa
rod *n* verga
rodent *n* roditore
roll *v* rotolare
romance *n* romanzo
roof *n* tetto
room *n* stanza
roomy *adj* spazioso
rooster *n* gallo
root *n* radice
rope *n* corda
rosary *n* rosario
rose *n* rosa
rosy *adj* roseo
rot *v* ammuffire
rot *n* muffa
rotate *v* ruotare
rotation *n* rotazione
rotten *adj* marcio
rough *adj* ruvido
round *adj* rotondo
roundup *n* riepilogo, raduno
rouse *v* svegliare
rousing *adj* entusiasmante
route *n* rotta
routine *n* routine

routine *adj* ordinario
row *v* remare
row *n* fila
rowdy *adj* turbolento
royal *adj* regale
royalty *n* diritto d'autore
rub *v* sfregare
rubber *n* gomma
rubbish *n* spazzatura
rubble *n* macerie
ruby *n* rubino
rudder *n* timone
rude *adj* rude
rudimentary *adj* rudimentale
rug *n* tappeto
ruin *v* rovinare
ruin *n* rovina
rule *v* governare
rule *n* regola
ruler *n* governatore, righello
rum *n* rum
rumble *v* rombare
rumble *n* rombo
rumor *n* diceria
run *iv* correre
run across *v* imbatersi in
run away *v* scappare
run into *v* incorrere
run out *v* esaurire
run over *v* investire
run through *v* attraversare
run up *v* ammassare
runner *n* podista
runway *n* pista
rupture *n* rottura
rupture *v* rompere
rural *adj* rurale
ruse *n* astuzia
rush *v* affretare, spingere
rush *adj* urgente
Russia *n* Russia
Russian *adj* russo
rust *v* arrugginire
rust *n* ruggine
rustic *adj* rustico
rusty *adj* arrugginito
ruthless *adj* spietato
rye *n* segala

S

sabotage *v* sabotare
sabotage *n* sabotaggio
sack *v* insaccare
sack *n* sacco
sacrament *n* sacramento
sacred *adj* sacro
sacrifice *n* sacrificio
sacrilege *n* sacrilegio
sad *adj* triste
sadden *v* rattristare
saddle *n* sella
sadist *n* sadico
sadness *n* tristezza
safe *adj* salvo
safeguard *n* salvaguardia
safety *n* sicurezza
sail *v* navigare
sail *n* vela
sailboat *n* barca a vela
sailor *n* marinaio
saint *n* santo
salad *n* insalata
salary *n* stipendio
sale *n* vendita
sales slip *n* scontrino
salesman *n* venditore
saliva *n* saliva
salmon *n* salmone
saloon *n* bar, salone
salt *n* sale
salty *adj* salato
salvage *v* salvare
salvation *n* salvezza
same *adj* stesso
sample *n* campione
sanctify *v* santificare
sanction *v* sancire, sanzionare
sanction *n* sanzione
sanctity *n* santità
sanctuary *n* santuario
sand *n* sabbia
sandal *n* sandalo
sandpaper *n* carta vetrata
sandwich *n* panino
sane *adj* sano
sanity *n* sanità
sap *n* linfa
sap *v* indebolire
saphire *n* zaffiro
sarcasm *n* sarcasmo
sarcastic *adj* sarcastico
sardine *n* sardina
satanic *adj* satanico

satellite *n* satellite
satire *n* satira
satisfaction *n* soddisfazione
satisfactory *adj* soddisfacente
satisfy *v* soddisfare
saturate *v* saturare
Saturday *n* sabato
sauce *n* salsa
saucepan *n* casseruola
saucer *n* piattino
sausage *n* salsiccia
savage *adj* selvaggio
savagery *n* barbarie
save *v* salvare
savings *n* risparmi
savior *n* salvatore
savor *v* assaporare
saw *iv* segare
saw *n* sega
say *iv* dire
saying *n* proverbio
scaffolding *n* ponteggio
scald *v* scottare
scale *v* pesare, scalare
scale *n* scala
scalp *n* cuoio capelluto
scam *n* truffa
scan *v* scannerizzare

scandal *n* scandalo
scandalize *v* scandalizzare
scapegoat *n* capro espiatorio
scar *n* cicatrice
scarce *adj* scarso
scarcely *adv* scarsamente
scarcity *n* scarsità
scare *v* spaventare
scare *n* spavento
scarf *n* sciarpa
scary *adj* pauroso
scatter *v* disperdere
scenario *n* scenario
scene *n* scena
scenery *n* scenario
scenic *adj* scenico
scent *n* profumo
sceptic *adj* scettico
schedule *v* pianificare
schedule *n* tabella, programma
scheme *n* schema
schism *n* scisma
scholar *n* studioso
scholarship *n* borsa di studio
school *n* scuola
science *n* scienza
scientific *adj* scientifico
scientist *n* scienziato

seasoning

scissors *n* forbici
scoff *v* schernire
scold *v* sgridare
scolding *n* sgridata
scooter *n* motorino
scope *n* ambito
scorch *v* bruciare
score *n* punteggio
score *v* marcare, far punti
scorn *v* schernire
scornful *n* sprezzante
scorpion *n* scorpione
scoundrel *n* canaglia
scour *v* setacciare
scourge *n* flagello
scout *n* scout
scramble *v* arrampicarsi
scrambled *adj* criptato
scrap *n* ritaglio, pezzetto
scrap *v* scartare, litigare
scrape *v* raschiare
scratch *v* grattare
scratch *n* graffio
scream *v* urlare
scream *n* urlo
screech *v* stridere
screen *n* schermo
screen *v* proteggere

screw *v* avvitare
screw *n* vite
screwdriver *n* cacciavite
script *n* copione, calligrafia
scroll *n* rotolo
scrub *v* macchiare
scruples *n* scrupolo
scrupulous *adj* scrupoloso
scrutiny *n* controllo
scuffle *n* scuffle
sculptor *n* scultore
sculpture *n* scultura
sea *n* mare
seafood *n* frutti di mare
seagull *n* gabbiano
seal *v* sigillare
seal *n* sigillo, foca
seal off *v* sigillare, isolare
seam *n* cucitura
seamstress *n* sarta
search *v* ricercare
search *n* ricerca
seashore *n* mare
seasick *adj* mal di mare
seaside *n* costa
season *n* stagione
seasonal *adj* stagionale
seasoning *n* condimento

seat *n* sede
seated *adj* seduto
secede *v* ritirarsi
secluded *adj* appartato
seclusion *n* isolamento
second *n* secondo
secondary *adj* secondario
secrecy *n* segretezza
secret *n* segreto
secretary *n* segretario
sect *n* setta
section *n* sezione
sector *n* settore
secure *v* assicurarsi
secure *adj* sicuro
security *n* sicurezza
sedate *v* sedare
sedation *n* sedazione
seduce *v* sedurre
seduction *n* seduzione
see *iv* vedere
seed *n* seme
seedless *adj* senza semi
seedy *adj* squallido
seek *iv* cercare
seem *v* sembrare
segment *n* segmento
segregate *v* segregare

segregation *n* segregazione
seize *v* confiscare, afferrare
seizure *n* sequestro
seldom *adv* raramente
select *v* selezionare
selection *n* selezione
self-concious *adj* imbarazzato
self-esteem *n* autostima
self-evident *adj* evidente
self-interest *n* interesse personale
selfish *adj* egoista
selfishness *n* egoismo
self-respect *n* amor proprio
sell *iv* vendere
seller *n* venditore
sellout *n* sellout
semblance *n* parvenza
semester *n* semestre
seminary *n* seminario
senate *n* senato
senator *n* senatore
send *iv* inviare
sender *n* mittente
senile *adj* senile
senior *adj* senior
seniority *n* anzianità
sensation *n* sensazione
sense *v* intuire

sense *n* senso
senseless *adj* assurdo
sensible *adj* ragionevole
sensitive *adj* sensibile
sensual *adj* sensuale
sentence *v* sentenziare
sentence *n* frase
sentiment *n* sentimento
sentimental *adj* sentimentale
sentry *n* sentinella
separate *v* separare
separate *adj* separato
separation *n* separazione
September *n* settembre
sequel *n* seguito
sequence *n* sequenza
serenade *n* serenata
serene *adj* sereno
serenity *n* serenità
sergeant *n* sergente
series *n* serie
serious *adj* grave
seriousness *n* gravità
sermon *n* sermone
serpent *n* serpente
serum *n* siero
servant *n* servo
serve *v* servire

service *n* servizio
service *v* servire, controllare
session *n* sessione
set *n* insieme
set *iv* porre
set about *v* impostare su
set off *v* far partire
setback *n* battuta d'arresto
setting *n* impostazione
settle *v* risolvere
settle down *v* stabilirsi
settle for *v* accontentarsi di
settlement *n* insediamento
settler *n* colono
setup *n* configurazione
seven *adj* sette
seventeen *adj* diciassette
seventh *adj* settimo
seventy *adj* settanta
sever *v* scindere
several *adj* diversi
severance *n* scissione
severe *adj* grave
severity *n* gravità
sew *v* cucire
sewage *n* liquame
sewer *n* fogna
sewing *n* cucire

sex *n* sesso
sexuality *n* sessualità
shabby *adj* scialbo
shack *n* baracca
shackle *n* grillo
shade *n* ombra
shadow *n* ombra
shady *adj* ombroso
shake *iv* agitare
shaken *adj* scosso
shaky *adj* traballante
shallow *adj* superficiale
sham *n* falso, frode
shambles *n* caos
shame *v* vergognarsi
shame *n* vergogna
shameful *adj* vergognoso
shameless *adj* spudorato
shape *v* formare
shape *n* forma
share *v* condividere
shareholder *n* azionista
shark *n* squalo
sharp *adj* affilato
sharpen *v* affilare
sharpener *n* affilatrice
shatter *v* frantumarsi
shattering *adj* devastante

shave *v* radere
she *pro* essa
shear *iv* tosare
shed *iv* capannone
sheep *n* pecora
sheets *n* fogli, lenzuola
shelf *n* mensola
shell *n* guscio, proiettile
shellfish *n* mollusco
shelter *v* riparare
shelter *n* riparo
shelves *n* mensole
shepherd *n* pastore
sherry *n* sherry
shield *v* proteggere
shield *n* scudo
shift *n* spostamento
shift *v* spostare
shine *iv* brillare
shiny *adj* brillante
ship *n* nave
shipment *n* spedizione
shipwreck *n* naufragio
shipyard *n* cantiere navale
shirk *v* sottrarsi, evitare
shirt *n* camicia
shiver *v* rabbrividire
shiver *n* brivido

shock *v* sciocare
shock *n* scossa
shocking *adj* sciocante
shoddy *adj* scadente
shoe *n* scarpa
shoelace *n* laccio da scarpa
shoestore *n* calzoleria
shoot *iv* sparare
shoot down *v* abbattere
shop *v* fare la spesa
shop *n* negozio
shoplifting *n* taccheggio
shopping *n* spesa
shore *n* riva
short *adj* breve
shortage *n* carenza
shortcoming *n* lacuna
shortcut *n* scorciatoia
shorten *v* abbreviare
shortly *adv* poco
shorts *n* calzoncini
shortsighted *adj* miope
shot *n* tiro, sparo
shotgun *n* fucile
shoulder *n* spalla
shout *v* gridare
shout *n* grido
shouting *n* grida

shove *v* spingere
shove *n* spintone
shovel *n* pala
show *iv* mostrare
show off *v* esibire
show up *v* comparire
showdown *n* resa dei conti
shower *n* doccia
shrapnel *n* schegge di granata
shred *v* tagliuzzare
shred *n* brandello
shrewd *adj* scaltro
shriek *v* strillare
shriek *n* strillo
shrimp *n* gamberetto
shrine *n* santuario
shrink *iv* contrarre
shroud *n* sudario
shrouded *adj* avvolto
shrub *n* arbusto
shrug *v* alzare le spalle
shudder *n* fremito
shudder *v* rabbrividire
shuffle *v* mescolare
shun *v* evitare
shut *iv* chiudere
shut off *v* spegnere
shut up *v* tacere

shuttle v fare la spola
shy adj timido
shyness n timidezza
sick adj malato
sicken v disgustare
sickening adj disgustoso
sickle n falce
sickness n malattia
side n lato
sideburns n basette
sidestep v eludere
sidewalk n marciapiede
sideways adv lateralmente
siege n assedio
siege v assediare
sift v vagliare
sigh n sospiro
sigh v sospirare
sight n vista
sightseeing v giro turistico
sign v segnare, firmare
sign n segno
signal n segnale
signature n firma
significance n significato
significant adj significativo
signify v significare
silence n silenzio

silence v far tacere
silent adj silenzioso
silhouette n silhouette
silk n seta
silly adj sciocco
silver n argento
silverplated adj placcato in argento
silversmith n argentiere
silverware n argenteria
similar adj simile
similarity n somiglianza
simmer v bollire lentamente
simple adj semplice
simplicity n semplicità
simplify v semplificare
simply adv semplicemente
simulate v simulare
simultaneous adj simultaneo
sin v peccare
sin n peccato
since c da quando
since pre da
since then adv da allora
sincere adj sincero
sincerity n sincerità
sinful adj peccaminoso
sing iv cantare
singer n cantante

slacks

single *n* celibe
single *adj* unico, solo
singlehanded *adj* da solo
singleminded *adj* risoluto
singular *adj* singolare
sinister *adj* sinistro
sink *iv* affondare
sink *n* lavello
sink in *v* penetrare
sinner *n* peccatore
sip *v* sorseggiare
sip *n* sorso
sir *n* signore
siren *n* sirena
sirloin *n* controfiletto
sissy *adj* femminuccia
sister *n* sorella
sister-in-law *n* cognata
sit *iv* sedere
site *n* sito
sitting *n* seduta
situated *adj* situato
situation *n* situazione
six *adj* sei
sixteen *adj* sedici
sixth *adj* sesto
sixty *adj* sessanta
sizable *adj* considerevole

size *n* dimensione
size up *v* valutare
skate *v* pattinare
skate *n* pattino
skeleton *n* scheletro
skeptic *adj* scettico
sketch v fare un abbozzo
sketch *n* schizzo
sketchy *adj* abbozzato
ski *v* sciare
skill *n* abilità
skillful *adj* abile
skim *v* scremare
skin *v* spellare
skin *n* pelle
skinny *adj* secco, magro
skip *v* saltare
skip *n* saltello
skirmish *n* scaramuccia
skirt *n* gonna
skull *n* cranio
sky *n* cielo
skylight *n* lucernario
skyscraper *n* grattacielo
slab *n* lastra
slack *adj* lento
slacken *v* rallentare
slacks *n* pantaloni

slam *v* sbattere
slander *n* diffamazione
slanted *adj* inclinato
slap *n* schiaffo
slap *v* schiaffeggiare
slash *n* taglio, barra
slash *v* barrare
slate *n* ardesia
slaughter *v* macellare
slaughter *n* macellazione
slave *n* schiavo
slavery *n* schiavitù
slay *iv* uccidere
sleazy *adj* squallido
sleep *iv* dormire
sleep *n* sonno
sleeve *n* manica
sleeveless *adj* senza maniche
sleigh *n* slitta
slender *adj* snello
slice *v* affettare
slice *n* fetta
slide *iv* diapositiva
slightly *adv* leggermente
slim *adj* snello
slip *v* scivolare
slip *n* scivolata
slipper *n* pantofola

slippery *adj* scivoloso
slit *iv* tagliare
slob *adj* trasandato
slogan *n* slogan
slope *n* pendio
sloppy *adj* sciatto
slot *n* fessura
slow *adj* lento
slow down *v* rallentare
slow motion *n* rallentatore
slowly *adv* lentamente
sluggish *adj* lento
slum *n* tugurio
slump *v* crollare
slump *n* crollo
slur *v* biascicare
sly *adj* subdolo
smack *n* schiaffo
smack *v* schiaffeggiare
small *adj* piccolo
smallpox *n* vaiolo
smart *adj* elegante, intelligente
smash *v* spaccare
smear *n* macchia
smear *v* imbrattare
smell *iv* odorare
smelly *adj* puzzolente
smile *v* sorridere

soil

smile *n* sorriso
smith *n* fabbro
smoke *v* fumare
smoked *adj* affumicato
smoker *n* fumatore
smooth *v* levigare
smooth *adj* levigato
smoothly *adv* senza intoppi
smoothness *n* levigatezza
smother *v* soffocare
smuggle *v* contrabbandare
snail *n* lumaca
snake *n* serpente
snapshot *n* istantanea
snare *v* intrappolare
snare *n* trappola
snatch *v* strappare
sneak *v* introdursi
sneeze *v* starnutire
sneeze *n* starnuto
sniff *v* fiutare
sniper *n* cecchino
fare la spia *v* graffignare
snooze *v* dormicchiare
snore *v* russare
snore *n* il russare
snow *v* nevicare
snow *n* neve

snowfall *n* nevicata
snowflake *n* fiocco di neve
snub *v* snobbare
snub *n* affronto
soak *v* inzuppare
soak in *v* penetrare
soak up *v* sdraiare
soar *v* elevarsi
sob *v* singhiozzare
sob *n* singhiozzo
sober *adj* sobrio, ragionevole
so-called *adj* cosiddetto
sociable *adj* socievole
socialism *n* socialismo
socialist *adj* socialista
socialize *v* socializzare
society *n* società
sock *n* calzino
sod *n* zolla
soda *n* soda
sofa *n* divano
soft *adj* morbido
soften *v* ammorbidire
softly *adv* dolcemente
softness *n* morbidezza
soggy *adj* inzuppato
soil *v* sporcare
soil *n* suolo

soiled *adj* sporco
solace *n* sollievo
solar *adj* solare
solder *v* saldare
soldier *n* soldato
sold-out *adj* esaurito
sole *n* suola, sogliola
sole *adj* unico, solo
solemn *adj* solenne
solicit *v* sollecitare
solid *adj* solido
solidarity *n* solidarietà
solitary *adj* solitario
solitude *n* solitudine
soluble *adj* solubile
solution *n* soluzione
solve *v* risolvere
solvent *adj* solvente
somber *adj* scuro
some *adj* un po' di, qualche
somebody *pro* qualcuno
someday *adv* un giorno
somehow *adv* in qualche modo
someone *pro* qualcuno
something *pro* qualcosa
sometimes *adv* a volte
somewhat *adv* piuttosto
son *n* figlio

song *n* canzone
son-in-law *n* genero
soon *adv* presto
soothe *v* calmare
sorcerer *n* stregone
sorcery *n* stregoneria
sore *n* piaga, dolore
sore *adj* dolente
sorrow *n* dispiacere
sorrowful *adj* doloroso, triste
sorry *adj* spiacente
sort *n* sorta
sort out *v* risolvere
soul *n* anima
sound *n* suono
sound *v* suonare
sound out *v* scandagliare
soup *n* zuppa
sour *adj* agro
source *n* origine
south *n* sud
southbound *adv* verso sud
southeast *n* sud-est
southern *adj* meridionale
southerner *n* meridionale
southwest *n* sud-ovest
souvenir *n* souvenir
sovereign *adj* sovrano

sovereignty *n* sovranità
soviet *adj* sovietico
sow *iv* seminare
spa *n* stazione termale
space *n* spazio
space out *v* distanziare
spacious *adj* spazioso
spade *n* vanga
Spain *n* Spagna
span *v* estendersi
span *n* periodo, spanna
Spaniard *n* spagnolo
Spanish *adj* spagnolo
spank *v* sculacciare
spanking *n* sculacciata
spare *v* risparmiare
spare *adj* di riserva, libero
sparingly *adv* con parsimonia
spark *n* scintilla
spark off *v* scatenare
spark plug *n* candela
sparkle *v* scintillare
sparrow *n* passero
sparse *adj* rado
spasm *n* spasmo
speak *iv* parlare
speaker *n* altoparlante
spear *n* lancia

spearhead *v* lanciare
special *adj* speciale
specialize *v* specializzarsi
specialty *n* specialità
species *n* specie
specific *adj* specifico
specimen *n* modello
speck *n* macchiolina
spectacle *n* spettacolo
spectator *n* spettatore
speculate *v* speculare
speculation *n* speculazione
speech *n* discorso
speechless *adj* senza parole
speed *iv* velocizzarsi
speed *n* velocità
speedily *adv* rapidamente
speedy *adj* rapido
spell *iv* compitare
spell *n* fascino, malia
spelling *n* ortografia
spend *iv* spendere
spending *n* spesa
sperm *n* sperma
sphere *n* sfera
spice *n* spezia
spicy *adj* piccante
spider *n* ragno

spiderweb *n* ragnatela
spill *iv* rovesciare, versare
spin *iv* girare, tessere
spine *n* spina dorsale
spineless *adj* senza spina
spinster *n* zitella
spirit *n* spirito
spiritual *adj* spirituale
spit *iv* sputare
spite *n* dispetto
spiteful *adj* dispettoso
splash *v* schizzare
splendid *adj* splendido
splendor *n* splendore
splint *n* stecca
splinter *n* scheggia
splinter *v* scheggiare
split *n* divisione
split *iv* dividere
split up *v* separarsi
spoil *v* viziare
spoils *n* bottino
sponge *n* spugna
sponsor *n* sponsor
spontaneity *n* spontaneità
spontaneous *adj* spontaneo
spooky *adj* spettrale
spool *n* bobina

spoon *n* cucchiaio
spoonful *n* cucchiaiata
sporadic *adj* sporadico
sport *n* sport
sporstman *n* sportivo
sporty *adj* sportivo
spot *v* macchiare
spot *n* posto, macchia
spotless *adj* immacolato
spotlight *n* riflettore
spouse *n* coniuge
sprain *v* storcere
sprawl *v* spaparanzarsi
spray *v* spruzzare
spread *iv* diffondere, spalmare
spring *iv* balzare
spring *n* primavera
springboard *n* trampolino
sprinkle *v* cospargere
sprout *v* germogliare
spruce up *v* agghindarsi
spur *v* spronare
spur *n* sperone
spy *v* spiare
spy *n* spia
squalid *adj* squallido
squander *v* sprecare
square *adj* quadrato

square *n* piazza
squash *n* zucca
squash *v* spappolare
squeak *v* squittire
squeaky *adj* stridulo
squeamish *adj* nauseato
squeeze *v* spremere
squeeze in *v* infilare
squeeze up *v* stringersi
squid *n* calamaro
squirrel *n* scoiattolo
stab *v* pugnalare
stab *n* pugnalata
stability *n* stabilità
stable *adj* stabile
stable *n* scuderia
stack *v* accatastare
stack *n* catasta
staff *n* personale
stage *n* fase
stage *v* organizzare
stagger *v* barcollare
staggering *adj* sbalorditivo
stagnant *adj* stagnante
stagnate *v* ristagnare
stagnation *n* stagnazione
stain *v* macchiare
stain *n* macchia

stair *n* gradino
staircase *n* scalinata
stairs *n* scale
stake *n* palo
stake *v* scommettere
stale *adj* stantio
stalk *v* inseguire, pedinare
stalk *n* peduncolo
stall *n* bancarella, posto
stall *v* temporeggiare
stammer *v* balbettare
stamp *v* timbrare
stamp *n* timbro, francobollo
stamp out *v* debellare
stampede *n* fuggifuggi
stand *n* posizione, bancarella
stand *iv* stare in piedi
stand for *v* appoggiare
stand out *v* spiccare
stand up *v* tenersi in piedi
standard *n* standard, comune
standardize *v* standardizzare
standing *n* posizione
standpoint *n* punto di vista
staple *v* pinzare
staple *n* graffa, graffetta
stapler *n* pinzatrice
star *n* stella

starch *n* amido
starchy *adj* ricco di amido
stare *v* fissare
stark *adj* austero
start *v* iniziare
start *n* inizio
startle *v* sconvolgere
startled *adj* sorpreso
starvation *n* fame
starve *v* morire di fame
state *n* stato
state *v* affermare
statement *n* affermazione
station *n* stazione
stationary *adj* fermo
stationery *n* cancelleria
statistic *n* statistica
statue *n* statua
status *n* stato
statute *n* statuto
staunch *adj* devoto
stay *v* stare
stay *n* soggiorno
steady *adj* costante
steak *n* bistecca
steal *iv* rubare
stealthy *adj* furtivo
steam *n* vapore

steel *n* acciaio
steep *adj* ripido
stem *n* stelo
stem *v* contenere
stench *n* fetore
step *n* passo
step aside *v* farsi da parte
step back *v* indietreggiare
step up *v* intensificare
stepbrother *n* fratellastro
step-by-step *adv* passo-passo
stepdaughter *n* figliastra
stepfather *n* patrigno
stepladder *n* scaletta
stepmother *n* matrigna
stepsister *n* sorellastra
stepson *n* figliastro
sterile *adj* sterile
sterilize *v* sterilizzare
stern *n* poppa
stern *adj* severo
sternly *adv* severamente
stew *n* stufato
stewardess *n* hostess
stick *v* pungere, attaccare
stick *iv* conficcare
stick around *v* restare in un posto
stick out *v* sporgere

stick to *v* attenersi a
sticker *n* etichetta adesiva
sticky *adj* appiccicoso
stiff *adj* rigido
stiffen *v* irrigidire
stiffness *n* rigidità
stifle *v* soffocare
stifling *adj* soffocante
still *adj* immobile
still *adv* ancora
stimulant *n* stimolante
stimulate *v* stimolare
stimulus *n* stimolo
sting *iv* pungere
sting *n* pungiglione
stinging *adj* pungente
stingy *adj* avaro
stink *iv* puzzare
stink *n* puzza
stinking *adj* puzzolente
stipulate *v* stipulare
stir *v* agitare
stir up *v* suscitare
stitch *v* cucire
stitch *n* punto
stock *v* fornire
stock *n* assortimento
stocking *n* stoccaggio

stockpile *n* scorta
stockroom *n* magazzino
stoic *adj* stoico
stomach *n* stomaco
stone *n* pietra
stone *v* lapidare
stool *n* sgabello
stop *v* fermare
stop *n* fermata
stop by *v* visitare
stop over *v* sostare
store *v* immagazzinare
store *n* negozio
stork *n* cicogna
storm *n* tempesta
stormy *adj* burrascoso
story *n* storia
stove *n* stufa, fornello
straight *adj* diretto
straighten out *v* risolvere
strain *v* sforzare, colare
strain *n* sforzo, pressione
strained *adj* teso
strainer *n* colino
strait *n* stretto
stranded *adj* arenato
strange *adj* strano
stranger *n* sconosciuto

strangle v strangolare
strap n cinghia
strategy n strategia
straw n paglia
strawberry n fragola
stray adj randagio
stray v vagare
stream n ruscello, flusso
street n strada
streetcar n tram
streetlight n lampione
strength n forza
strengthen v rafforzare
strenuous adj strenuo
stress n tensione
stressful adj stressante
stretch n tratto, periodo
stretch v estendere
stretcher n barella
strict adj rigoroso
stride iv falcare
strife n discordia, lotta
strike n colpo, sciopero
strike iv colpire, scioperare
striking adj affascinante
string n stringa
stringent adj severo, rigido
strip n striscia

strip v denudare
stripe n stria, striscia
striped adj a strisce
strive iv sforzarsi
stroke n colpo
stroll v passeggiare
strong adj forte
structure n struttura
struggle v lottare
struggle n lotta
stub n mozzicone
stubborn adj testardo
student n studente
study v studiare
stuff n roba
stuff v riempire
stuffing n imbottitura
stuffy adj soffocante
stumble v inciampare
stun v stordire
stunning adj sensazionale
stupendous adj stupendo
stupid adj stupido
stupidity n stupidità
sturdy adj robusto
stutter v balbettare
style n stile
subdue v sottomettere

subdued *adj* sommesso, debole
subject *v* assoggettare
subject *n* soggetto
sublime *adj* sublime
submerge *v* sommergere
submissive *adj* remissivo
submit *v* inoltrare
subpoena *v* citare
subpoena *n* citazione
subscribe *v* abbonarsi
subscription *n* abbonamento
subsequent *adj* successivo
subsidiary *adj* secondario, filiale
subsidize *v* sovvenzionare
subsidy *n* sovvenzione
subsist *v* sussistere
substance *n* sostanza
substandard *adj* scadente
substantial *adj* sostanziale
substitute *v* sostituire
substitute *n* sostituto
subtitle *n* sottotitolo
subtle *adj* sottile
subtract *v* sottrarre
subtraction *n* sottrazione
suburb *n* sobborgo
subway *n* metropolitana
succeed *v* succedere

success *n* successo
successful *adj* felice, fortunato
successor *n* successore
succulent *adj* succulento
succumb *v* soccombere
such *adj* simile
suck *v* succhiare
sucker *adj* credulone
sudden *adj* improvviso
sue *v* querelare
suffer *v* soffrire
suffering *n* sofferenza
sufficient *adj* sufficiente
suffocate *v* soffocare
sugar *n* zucchero
suggest *v* suggerire
suggestion *n* suggerimento
suggestive *adj* suggestivo
suicide *n* suicidio
suit *n* abito da uomo
suitable *adj* adeguato
suitcase *n* valigia
sullen *adj* scontroso
sulphur *n* zolfo
sum *n* somma
sum up *v* riassumere
summarize *v* riassumere
summary *n* sintesi

summer *n* estate
summit *n* vertice
summon *v* convocare
sumptuous *adj* sontuoso
sun *n* sole
sunblock *n* crema solare
sunburn *n* scottatura
Sunday *n* domenica
sundown *n* tramonto
sunken *adj* sommerso
sunny *adj* soleggiato
sunrise *n* alba
sunset *n* tramonto
superb *adj* superbo
superfluous *adj* superfluo
superior *adj* superiore
superiority *n* superiorità
supermarket *n* supermercato
superpower *n* superpotenza
supersede *v* sostituire
superstition *n* superstizione
supervise *v* supervisionare
supervision *n* supervisione
supper *n* cena
supple *adj* flessibile
supplier *n* fornitore
supplies *n* forniture
supply *v* fornire

support *v* assistenza
supporter *n* sostenitore
suppose *v* supporre
supposing *c* supponendo
supposition *n* supposizione
suppress *v* sopprimere
supremacy *n* supremazia
supreme *adj* supremo
surcharge *n* sovrapprezzo
sure *adj* sicuro
surely *adv* sicuramente
surf *v* surfare
surface *n* superficie
surge *n* ondata
surgeon *n* chirurgo
surgical *adv* chirurgico
surname *n* cognome
surpass *v* superare
surplus *n* avanzo
surprise *v* sorprendere
surprise *n* sorpresa
surrender *v* rinunciare, arrendersi
surrender *n* rinuncia, resa
surround *v* circondare
surroundings *n* dintorni
surveillance *n* sorveglianza
survey *n* indagine
survival *n* sopravvivenza

survive *v* sopravvivere
survivor *n* superstite
susceptible *adj* suscettibile
suspect *v* sospettare
suspect *n* sospetto
suspend *v* sospendere
suspenders *n* giarrettiere
suspense *n* suspense
suspension *n* sospensione
suspicion *n* sospetto
suspicious *adj* sospettoso
sustain *v* sostenere
sustenance *n* sostentamento
swallow *v* inghiottire
swamp *n* palude
swan *n* cigno
swap *v* scambiare
swap *n* scambio
swarm *n* sciame
sway *v* ondeggiare
swear *iv* giurare
sweat *n* sudore
sweat *v* sudare
sweater *n* maglione
Sweden *n* Svezia
Sweedish *adj* svedese
sweep *iv* spazzare
sweet *adj* dolce

sweeten *v* addolcire
sweetheart *n* innamorato
sweetness *n* dolcezza
sweets *n* dolci
swell *iv* gonfiare
swelling *n* gonfiore
swift *adj* rapido
swim *iv* nuotare
swimmer *n* nuotatore
swimming *n* nuoto
swindle *v* truffare
swindle *n* truffa
swindler *n* imbroglione
swing *iv* oscillare
swing *n* oscillazione
Swiss *adj* svizzero
switch *v* accendere, cambiare
switch *n* interruttore
switch off *v* spegnere
switch on *v* accendere
Switzerland *n* Svizzera
swivel *v* girare
swollen *adj* gonfio
sword *n* spada
swordfish *n* pesce spada
syllable *n* sillaba
symbol *n* simbolo
symbolic *adj* simbolico

symmetry *n* simmetria
sympathize *v* compatire
sympathy *n* comprensione
symphony *n* sinfonia
symptom *n* sintomo
synagogue *n* sinagoga
synchronize *v* sincronizzare
synod *n* sinodo
synonym *n* sinonimo
synthesis *n* sintesi
syphilis *n* sifilide
syringe *n* siringa
syrup *n* sciroppo
system *n* sistema
systematic *adj* sistematico

T

table *n* tavolo
tablecloth *n* tovaglia
tablespoon *n* cucchiaio
tablet *n* tavoletta, pastiglia
tack *n* rotta
tackle *v* affrontare
tact *n* tatto
tactful *adj* delicato
tactical *adj* tattico
tactics *n* tattica
tag *n* etichetta
tail *n* coda
tail *v* pedinare
tailor *n* sarto
tainted *adj* contaminato
take *iv* prendere
take apart *v* smontare
take away *v* asportare
take back *v* rimangiarsi, restituire
take in *v* assumere
take off *v* decollare
take out *v* sottoscrivere
take over *v* subentrare
tale *n* racconto
talent *n* talento
talk *v* parlare
talkative *adj* chiacchierone
tall *adj* alto
tame *v* domare
tangent *n* tangente
tangerine *n* mandarino
tangible *adj* tangibile
tangle *n* groviglio
tank *n* serbatoio, carro armato
tantamount to *adj* equivalente a

tantrum *n* scoppio d'ira
tap *n* colpetto, rubinetto
tap into *v* toccare
tape *n* nastro
tape recorder *n* registratore
tapestry *n* arazzo
tar *n* catrame
tarantula *n* tarantola
tardy *adv* tardivo
target *n* obiettivo
tariff *n* tariffa, tariffario
tarnish *v* appannare
tart *n* crostata
tartar *n* tartaro
task *n* attività
taste *v* gustare
taste *n* gusto
tasteful *adj* di buon gusto
tasteless *adj* insapore
tasty *adj* gustoso
tavern *n* taverna
tax *n* tassa
tea *n* tè
teach *iv* insegnare
teacher *n* insegnante
team *n* squadra
teapot *n* teiera
tear *iv* rompere, strappare

tear *n* lacrima, strappo
tearful *adj* lacrimoso
tease *v* molestare
teaspoon *n* cucchiaino
technical *adj* tecnico
technicality *n* tecnicità
technician *n* tecnico
technique *n* tecnica
technology *n* tecnologia
tedious *adj* noioso
tedium *n* tedio
teenager *n* adolescente
teeth *n* denti
telegram *n* telegramma
telepathy *n* telepatia
telephone *n* telefono
telescope *n* telescopio
televise *v* trasmettere
television *n* televisione
tell *iv* dire
teller *n* cassiere
temper *n* umore
temperature *n* temperatura
tempest *n* tempesta
temple *n* tempio
temporary *adj* temporanea
tempt *v* tentare
temptation *n* tentazione

tempting *adj* allettante
ten *adj* dieci
tenacity *n* tenacia
tenant *n* inquilino
tendency *n* tendenza
tender *adj* tenero
tenderness *n* tenerezza
tennis *n* tennis
tenor *n* tenore
tense *adj* teso
tension *n* tensione
tent *n* tenda
tentacle *n* tentacolo
tentative *adj* provvisorio
tenth *n* decimo
tenuous *adj* tenue
tepid *adj* tiepido
term *n* termine
terminate *v* terminare
terminology *n* terminologia
termite *n* termite
terms *n* termini
terrace *n* terrazza
terrain *n* terreno
terrestrial *adj* terrestre
terrible *adj* terribile
terrific *adj* fantastico
terrify *v* terrorizzare

terrifying *adj* terrificante
territory *n* territorio
terror *n* terrore
terrorism *n* terrorismo
terrorist *n* terrorista
terrorize *v* terrorizzare
terse *adj* laconico
test *v* verificare
test *n* prova, esame
testament *n* testamento
testify *v* testimoniare
testimony *n* testimonianza
text *n* testo
textbook *n* libro di testo
texture *n* tessitura
thank *v* ringraziare
thankful *adj* grato
thanks *n* grazie
that *adj* quello
thaw *v* disgelare
thaw *n* disgelo
theater *n* teatro
theft *n* furto
theme *n* tema
themselves *pro* se stessi
then *adv* allora
theologian *n* teologo
theology *n* teologia

theory *n* teoria
therapy *n* terapia
there *adv* là
therefore *adv* pertanto
thermometer *n* termometro
thermostat *n* termostato
these *adj* questi
thesis *n* tesi
they *pro* essi, loro
thick *adj* spesso
thicken *v* addensare
thickness *n* spessore
thief *n* ladro
thigh *n* coscia
thin *adj* sottile
thing *n* cosa
think *iv* pensare
thinly *adv* scarsamente
third *adj* terzo
thirst *v* aver sete
thirsty *adj* assetato
thirteen *adj* tredici
thirty *adj* trenta
this *adj* questo
thorn *n* spina
thorny *adj* spinoso
thorough *adj* approfondito
those *adj* quelli

though *c* sebbene
thought *n* pensiero
thoughtful *adj* pensieroso
thousand *adj* mille
thread *v* infilare
thread *n* filo
threat *n* minaccia
threaten *v* minacciare
three *adj* tre
thresh *v* trebbiare
threshold *n* soglia
thrifty *adj* parsimonioso
thrill *v* entusiasmare
thrill *n* brivido
thrive *v* prosperare
throat *n* gola
throb *n* palpito
throb *v* palpitare
thrombosis *n* trombosi
throne *n* trono
throng *n* folla
through (thru) *pre* attraverso
throw *iv* gettare
throw away *v* buttare via
throw up *v* vomitare
thug *n* teppista
thumb *n* pollice
thumbtack *n* puntina

thunder n tuono
thunderbolt n fulmine
thunderstorm n temporale
Thursday n giovedì
thus adv così
thwart v vanificare
thyroid n tiroide
tickle v solleticare
tickle n solletico
ticklish adj delicato
tidal wave n maremoto
tide n marea
tidy adj ordinato
tie v legare
tie n cravatta, laccio
tiger n tigre
tight adj stretto
tighten v serrare
tile n tegola, piastrella
till adv fino a
till v coltivare
tilt v inclinare
timber n legname
time n tempo
time v cronometrare, fissare
timeless adj senza tempo
timely adj tempestivo
times pre moltiplicato per

timetable n calendario
timid adj timido
timidity n timidezza
tin n stagno, lattina
tiny adj minuscolo
tip n punta
tiptoe n punta di piedi
tired adj stanco
tiredness n stanchezza
tireless adj instancabile
tiresome adj fastidioso
tissue n tessuto
title n titolo
to pre a
toad n rospo
toast v brindare
toast n brindisi, toast
toaster n tostapane
tobacco n tabacco
today adv oggi
toddler n bambino
toe n dito del piede
toenail n unghia del piede
together adv assieme
toil v faticare
toilet n gabinetto
token n gettone, emblema
tolerable adj tollerabile

tolerance *n* tolleranza
tolerate *v* tollerare
toll *n* pedaggio, rintocco
toll *v* suonare a morto
tomato *n* pomodoro
tomb *n* tomba
tombstone *n* lapide
tomorrow *adv* domani
ton *n* tonnellata
tone *n* tono
tongs *n* pinze
tongue *n* lingua
tonic *n* tonico
tonight *adv* stasera, stanotte
tonsil *n* tonsilla
too *adv* anche
tool *n* strumento
tooth *n* dente
toothache *n* mal di denti
toothpick *n* stuzzicadenti
top *n* sommità
topic *n* argomento
topple *v* rovesciare
torch *n* torcia
torment *v* tormentare
torment *n* tormento
torrent *n* torrente
torrid *adj* torrido
torso *n* tronco
tortoise *n* tartaruga
torture *v* torturare
torture *n* tortura
toss *v* lanciare
total *adj* totale
totalitarian *adj* totalitario
totality *n* totalità
touch *n* tocco
touch *v* toccare
touch on *v* menzionare
touch up *v* ritoccare
touching *adj* toccante
tough *adj* duro
toughen *v* indurire
tour *n* tour
tourism *n* turismo
tourist *n* turista
tournament *n* torneo
tow *v* rimorchiare
tow truck *n* carro attrezzi
towards *pre* verso
towel *n* asciugamano
tower *n* torre
towering *adj* torreggiante
town *n* città
town hall *n* municipio
toxic *adj* tossico

toxin *n* tossina
toy *n* giocattolo
trace *v* rintracciare, tracciare
track *n* pista, binario
track *v* scovare
traction *n* trazione
tractor *n* trattore
trade *n* commercio
trade *v* commerciare
trademark *n* marchio
trader *n* commerciante
tradition *n* tradizione
traffic *n* traffico
traffic *v* trafficare
tragedy *n* tragedia
tragic *adj* tragico
trail *v* strascicare
trail *n* sentiero
trailer *n* rimorchio
train *n* treno
train *v* allenarsi
trainee *n* tirocinante
trainer *n* istruttore
training *n* formazione
trait *n* tratto
traitor *n* traditore
trajectory *n* traiettoria
tram *n* tram

trample *v* calpestare
trance *n* trance
tranquility *n* tranquillità
transaction *n* transazione
transcend *v* trascendere
transcribe *v* trascrivere
transfer *v* trasferire
transfer *n* trasferimento
transform *v* trasformare
transformation *n* trasformazione
transfusion *n* trasfusione
transient *adj* transitorio
transit *n* transito
transition *n* transizione
translate *v* tradurre
translator *n* traduttore
transmit *v* trasmettere
transparent *adj* trasparente
transplant *v* trapiantare
transport *v* trasportare
trap *n* trappola
trash *n* immondizia
trash can *n* cestino
traumatic *adj* traumatico
traumatize *v* traumatizzare
travel *v* viaggiare
traveler *n* viaggiatore
tray *n* vassoio

treacherous *adj* infido
treachery *n* tradimento
tread *iv* camminare
treason *n* tradimento
treasure *n* tesoro
treasurer *n* tesoriere
treat *v* curare
treat *n* festa, regalo
treatment *n* trattamento
treaty *n* trattato
tree *n* albero
tremble *v* tremare
tremendous *adj* grandioso, tremendo
tremor *n* tremore
trench *n* trincea
trend *n* tendenza
trendy *adj* alla moda
trespass *v* sconfinare
trial *n* processo
triangle *n* triangolo
tribe *n* tribù
tribulation *n* tribolazione
tribunal *n* tribunale
tribute *n* omaggio
trick *v* ingannare
trick *n* trucco
trickle *v* colare
tricky *adj* difficile

trigger *v* attivare, scatenare
trigger *n* grilletto
trim *v* tagliare, ornare
trimester *n* trimestre
trimmings *n* guarnizioni, scarti
trip *n* viaggio
trip *v* inciampare
triple *adj* triplo
tripod *n* treppiede
triumph *n* trionfo
triumphant *adj* trionfante
trivial *adj* banale
trivialize *v* banalizzare
trolley *n* carrello
troop *n* truppa
trophy *n* trofeo
tropic *n* tropico
tropical *adj* tropicale
trouble *n* problema
trouble *v* preoccupare
troublesome *adj* fastidioso
trousers *n* pantaloni
trout *n* trota
truce *n* tregua
truck *n* camion
trucker *n* camionista
trumped-up *adj* inventato
trumpet *n* tromba

trunk *n* tronco
trust *v* fidarsi
trust *n* fiducia
truth *n* verità
truthful *adj* sincero
try *v* provare
tub *n* vasca da bagno
tuberculosis *n* tubercolosi
Tuesday *n* martedì
tuition *n* insegnamento
tulip *n* tulipano
tumble *v* ruzzolare
tummy *n* pancia
tumor *n* tumore
tumult *n* tumulto
tumultuous *adj* tumultuoso
tuna *n* tonno
tune *n* melodia
tune *v* sintonizzare
tunic *n* tunica
tunnel *n* galleria
turbine *n* turbina
turbulence *n* turbolenza
turf *n* tappeto erboso
Turk *adj* turco
Turkey *n* Turchia
turmoil *n* tumulto
turn *n* giro, curva, svolta

turn *v* girare
turn back *v* tornare indietro
turn down *v* abbassare
turn in *v* restituire
turn off *v* spegnere
turn on *v* accendere
turn out *v* risultare
turn over *v* girarsi
turret *n* torretta
turtle *n* tartaruga
tusk *n* zanna
tutor *n* insegnante
tweezers *n* pinzetta
twelfth *adj* dodicesimo
twelve *adj* dodici
twentieth *adj* ventesimo
twenty *adj* venti
twice *adv* due volte
twilight *n* crepuscolo
twin *n* gemello
twinkle *v* scintillare
twist *v* attorcigliare
twist *n* torsione, curva
twisted *adj* attorcigliato
twister *n* tornado, imbroglione
two *adj* due
tycoon *n* magnate
type *n* tipo

undeserved

type *v* scrivere a macchina
typical *adj* tipico
tyranny *n* tirannia
tyrant *n* tiranno

U

ugliness *n* bruttezza
ugly *adj* brutto
ulcer *n* ulcera
ultimate *adj* finale
ultimatum *n* ultimatum
ultrasound *n* ultrasuono
umbrella *n* ombrello
umpire *n* arbitro
unable *adj* incapace
unanimity *n* unanimità
unarmed *adj* disarmato
unassuming *adj* senza pretese
unattached *adj* indipendente
unavoidable *adj* inevitabile
unaware *adj* ignaro
unbearable *adj* insopportabile
unbeatable *adj* imbattibile
unbelievable *adj* incredibile

unbiased *adj* imparziale
unbroken *adj* ininterrotta
unbutton *v* sbottonare
uncertain *adj* incerto
uncle *n* zio
uncomfortable *adj* scomodo, a disagio
uncommon *adj* non comune
unconscious *adj* inconscio
uncover *v* scoprire
undecided *adj* indeciso
undeniable *adj* innegabile
under *pre* sotto
undercover *adj* sotto copertura
underdog *n* perdente
undergo *v* sottoporsi
underground *adj* sotterraneo
underline *v* sottolineare
underlying *adj* sottostante
undermine *v* minare
underneath *pre* sotto
underpass *n* sottopassaggio
understand *v* comprendere
understandable *adj* comprensibile
understanding *adj* comprensivo
undertake *v* impegnarsi
underwear *n* biancheria intima
underwrite *v* sottoscrivere
undeserved *adj* immeritato

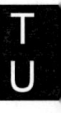

undesirable *adj* indesiderabile
undisputed *adj* indiscusso
undo *v* annullare
undoubtedly *adv* senza dubbio
undress *v* spogliarsi
undue *adj* indebito
unearth *v* dissotterrare
uneasiness *n* disagio
uneasy *adj* turbato, instabile
uneducated *adj* incolto
unemployed *adj* disoccupato
unending *adj* incessante
unequal *adj* ineguale
unequivocal *adj* inequivocabile
uneven *adj* irregolare
uneventful *adj* tranquillo
unexpected *adj* imprevisto
unfailing *adj* infallibile
unfair *adj* sleale
unfairly *adv* ingiustamente
unfairness *n* ingiustizia
unfaithful *adj* infedele
unfamiliar *adj* sconosciuto
unfasten *v* slacciare
unfavorable *adj* sfavorevole
unfit *adj* non idoneo
unfold *v* spiegare
unforeseen *adj* imprevisto

unfounded *adj* infondato
unfriendly *adj* poco gentile
unfurnished *adj* non ammobiliato
ungrateful *adj* ingrato
unhappiness *n* infelicità
unhappy *adj* infelice
unharmed *adj* incolume
unhealthy *adj* malsano
unheard-of *adj* inaudito
unhurt *adj* incolume
unification *n* unificazione
uniform *n* uniforme
uniformity *n* uniformità
unify *v* unificare
unilateral *adj* unilaterale
union *n* unione
unique *adj* unico
unit *n* unità
unite *v* unire
unity *n* unità
universal *adj* universale
universe *n* universo
university *n* università
unjust *adj* ingiusto
unjustified *adj* ingiustificato
unknown *adj* sconosciuto
unlawful *adj* illecito
unleaded *adj* senza piombo

unleash v scatenare
unless c a meno che
unlike adj diverso
unlikely adj improbabile
unlimited adj illimitato
unload v scaricare
unlock v sbloccare
unlucky adj sfortunato
unmarried adj non sposato
unmask v smascherare
unmistakable adj inconfondibile
unnecessary adj inutile
unnoticed adj inosservato
unoccupied adj vuoto
unofficially adv ufficiosamente
unpack v disfare, svuotare
unpleasant adj sgradevole
unplug v scollegare
unpopular adj impopolare
unpredictable adj imprevedibile
unprofitable adj infruttuoso
unprotected adj non protetto
unravel v dipanare
unreal adj irreale
unrealistic adj irrealistico
unreasonable adj irragionevole
unrelated adj non collegato
unreliable adj inaffidabile

unrest n inquietudine
unsafe adj pericoloso
unselfish adj disinteressato
unspeakable adj indicibile
unstable adj instabile
unsteady adj instabile
unsuccessful adj senza successo
unsuitable adj inadatto
unsuspecting adj ignaro
unthinkable adj impensabile
untie v svincolare
until pre fino a
untimely adj prematuro
untouchable adj intoccabile
untrue adj falso
unusual adj insolito
unveil v svelare
unwillingly adv malvolentieri
unwind v svolgere, rilassarsi
unwise adj imprudente
unwrap v scartare
upbringing n educazione
upcoming adj imminente
update v aggiornare
upgrade v aggiornare
upheaval n sconvolgimento
uphill adv in salita
uphold v sostenere

upholstery *n* imbottitura
upkeep *n* manutenzione
upon *pre* sopra
upper *adj* superiore
upright *adj* verticale
uprising *n* sollevazione
uproar *n* tumulto
uproot *v* sradicare
upset *v* turbare
upside-down *adv* alla rovescia
uptight *adj* teso
up-to-date *adj* aggiornato
upturn *n* ripresa
upwards *adv* verso l'alto
urban *adj* urbano
urge *n* stimolo
urge *v* esortare
urgency *n* urgenza
urgent *adj* urgente
urinate *v* urinare
urine *n* urina
urn *n* urna
us *pro* noi
usage *n* utilizzo
use *v* utilizzare
use *n* uso
used to *adj* abituato
useful *adj* utile
usefulness *n* utilità
useless *adj* inutile
user *n* utente
usher *n* usciere
usual *adj* usuale
usurp *v* usurpare
utensil *n* utensile
uterus *n* utero
utilize *v* utilizzare
utmost *adj* massimo
utter *v* emettere

V

vacancy *n* posto vacante
vacant *adj* vacante
vacate *v* liberare
vacation *n* vacanza
vaccinate *v* vaccinare
vaccine *n* vaccino
vacillate *v* vacillare
vagrant *n* vagabondo
vague *adj* vago
vain *adj* invano
vainly *adv* vanamente

valiant *adj* valoroso
valid *adj* valido
validate *v* convalidare
validity *n* validità
valley *n* valle
valuable *adj* prezioso
value *n* valore
valve *n* valvola
vampire *n* vampiro
van *n* furgone
vandal *n* vandalo
vandalism *n* vandalismo
vandalize *v* vandalizzare
vanguard *n* avanguardia
vanish *v* svanire
vanity *n* vanità
vanquish *v* vincere
vaporize *v* vaporizzare
variable *adj* variabile
varied *adj* vario
variety *n* varietà
various *adj* furgone
varnish *v* verniciare
varnish *n* vernice
vary *v* variare
vase *n* vaso
vast *adj* vasto
veal *n* carne di vitello

veer *v* virare
vegetable *n* verdura
vegetation *n* vegetazione
vehicle *n* veicolo
veil *n* velo
vein *n* vena
velocity *n* velocità
velvet *n* velluto
venerate *v* venerare
vengeance *n* vendetta
venison *n* carne di cervo
venom *n* veleno
vent *n* sbocco, spacco
ventilate *v* ventilare
ventilation *n* ventilazione
venture *v* azzardarsi
venture *n* venture
verb *n* verbo
verbally *adv* verbalmente
verbatim *adv* letteralmente
verdict *n* verdetto
verge *n* bordo, orlo
verification *n* verifica
verify *v* verificare
versatile *adj* versatile
verse *n* verso
versed *adj* versato
version *n* versione

versus *pre* contro
vertebra *n* vertebra
very *adv* molto
vessel *n* nave
vest *n* canottiera, panciotto
vestige *n* vestigio
veteran *n* veterano
veterinarian *n* veterinario
veto *v* proibire
viaduct *n* viadotto
vibrant *adj* vibrante
vibrate *v* vibrare
vibration *n* vibrazione
vice *n* vice, vizio
vicinity *n* vicinanze
vicious *adj* vizioso
victim *n* vittima
victimize *v* vittimizzare
victor *n* vincitore
victorious *adj* vittorioso
victory *n* vittoria
view *n* vista
view *v* guardare
viewpoint *n* punto di vista
vigil *n* veglia
village *n* villaggio
villager *n* paesano
villain *n* furfante

vindicate *v* rivendicare
vindictive *adj* vendicativo
vine *n* vite
vinegar *n* aceto
vineyard *n* vigna
violate *v* violare
violence *n* violenza
violent *adj* violento
violet *n* violetta
violin *n* violino
violinist *n* violinista
viper *n* vipera
virgin *n* vergine
virginity *n* verginità
virile *adj* virile
virility *n* virilità
virtue *n* virtù
virtually *adv* praticamente
virtuous *adj* virtuoso
virulent *adj* virulento
virus *n* virus
visibility *n* visibilità
visible *adj* visibile
vision *n* vista, visione
visit *n* visita
visit *v* visitare
visitor *n* visitatore
visual *adj* visivo

walnut

visualize v visualizzare
vital adj vitale
vitality n vitalità
vitamin n vitamina
vivacious adj vivace
vivid adj vivido
vocabulary n vocabolario
vocation n vocazione
vogue n voga
voice n voce
void adj privo di, nullo
volatile adj volatile, volubile
volcano n vulcano
volleyball n pallavolo
voltage n tensione
volume n volume
volunteer n volontario
vomit v vomitare
vomit n vomito
vote v votare
vote n voto
vouch for v garantire per
voucher n buono
vow v giurare
vowel n vocale
voyage n viaggio
voyager n viaggiatore
vulgar adj volgare

vulgarity n volgarità
vulnerable adj vulnerabile
vulture n avvoltoio

W

wafer n cialda, wafer
wag v agitare
wage n salario
wagon n carro
wail v lamentarsi
wail n lamento
waist n vita
wait v attendere
waiter n cameriere
waiting n attesa
waitress n cameriera
waive v rinunciare
wake up iv svegliarsi
walk v camminare
walk n passeggiata
walkout n sciopero
wall n muro
wallet n portafoglio
walnut n noce

walrus *n* tricheco
waltz *n* valzer
wander *v* vagare
wanderer *n* vagabondo
wane *v* calare
want *v* volere
war *n* guerra
ward *n* reparto, tutore
warden *n* guardiano
wardrobe *n* armadio
warehouse *n* magazzino
warfare *n* guerra
warm *adj* caldo
warm up *v* riscaldarsi
warmth *n* calore
warn *v* avvertire
warning *n* avvertimento
warp *v* curvare
warped *adj* deformato
warrant *v* giustificare, garantire
warrant *n* mandato
warranty *n* garanzia
warrior *n* guerriero
warship *n* nave da guerra
wart *n* verruca
wary *adj* cauto
wash *v* lavare
washable *adj* lavabile

wasp *n* vespa
waste *v* sprecare
waste *n* spreco
waste basket *n* cestino per i rifiuti
wasteful *adj* dispendioso
watch *n* orologio
watch *v* osservare
watch out *v* fare attenzione
watchful *adj* vigilante
watchmaker *n* orologiaio
water *n* acqua
water *v* bagnare
water down *v* annacquare
waterfall *n* cascata
waterheater *n* scaldacqua
watermelon *n* cocomero
waterproof *adj* impermeabile
watershed *n* spartiacque
watery *adj* acquoso
watt *n* watt
wave *n* onda
waver *v* vacillare
wavy *adj* ondulato
wax *n* cera
way *n* via, modo
way in *n* entrata
way out *n* via d'uscita
we *pro* noi

weak *adj* debole
weaken *v* indebolire
weakness *n* debolezza
wealth *n* ricchezza
wealthy *adj* ricco
weapon *n* arma
wear *iv* indossare
wear down *v* logorare
wear out *v* usurare
weary *adj* stanco
weather *n* tempo
weave *iv* tessere
web *n* rete, web
web site *n* sito web
wed *iv* sposare
wedding *n* matrimonio
wedge *n* cuneo, fetta
Wednesday *n* mercoledì
weed *n* erbaccia
weed *v* diserbare
week *n* settimana
weekday *adj* giorno feriale
weekend *n* fine settimana
weekly *adv* settimanale
weep *iv* piangere
weigh *v* pesare
weight *n* peso
weird *adj* strano

welcome *v* accogliere
welcome *n* benvenuto
weld *v* saldare
welder *n* saldatore
welfare *n* benessere
well *adv* bene
well-known *adj* famoso
well-to-do *adj* ricco
west *n* ovest
western *adj* occidentale
westerner *v* occidentale
wet *adj* bagnato
whale *n* balena
wharf *n* pontile
what *adj* che, cosa, quale
whatever *adj* qualunque
wheat *n* frumento
wheel *n* ruota
wheelbarrow *n* carriola
wheelchair *n* sedia a rotelle
wheeze *v* ansimare
when *adv* quando
whenever *adv* ogniqualvolta
where *adv* dove
whereabouts *n* luogo in cui
whereas *c* mentre, siccome
whereupon *c* al che
wherever *c* ovunque

whether *c* se
which *adj* quale
while *c* mentre
whim *n* capriccio
whine *v* lamento
whip *v* frustrare
whip *n* frusta
whirl *v* turbinare
whirlpool *n* vortice
whiskers *n* baffi
whisper *v* sussurrare
whisper *n* sussurro
whistle *v* fischiare
whistle *n* fischio
white *adj* bianco
whiten *v* sbiancare
whittle *v* ridurre, intagliare
who *pro* chi
whoever *pro* chiunque
whole *adj* intero
wholehearted *adj* pieno
wholesale *n* all'ingrosso
wholesome *adj* salubre
whom *pro* quale
why *adv* perché
wicked *adj* empio
wickedness *n* malvagità
wide *adj* ampio

widely *adv* ampiamente
widen *v* ampliare
widespread *adj* diffuso
widow *n* vedova
widower *n* vedovo
width *n* ampiezza
wield *v* brandire
wife *n* moglie
wig *n* parrucca
wiggle *v* dimenare
wild *adj* selvaggio
wild boar *n* cinghiale
wilderness *n* deserto
wildlife *n* fauna selvatica
will *n* volontà, testamento
willing *adj* disposto
willingly *adv* volentieri
willingness *n* volontà
willow *n* salice
wily *adj* astuto
wimp *adj* rammollito
win *iv* vincere
win back *v* riconquistare
wind *n* vento
wind *iv* avvolgere
wind up *v* concludere
winding *adj* tortuoso
windmill *n* mulino a vento

window *n* finestra
windpipe *n* trachea
windshield *n* parabrezza
windy *adj* ventoso
wine *n* vino
winery *n* azienda vinicola
wing *n* ala
wink *n* strizzata d'occhio
wink *v* ammiccare
winner *n* vincitore
winter *n* inverno
wipe *v* strofinare
wipe out *v* annientare
wire *n* cavo
wireless *adj* senza fili
wisdom *n* saggezza
wise *adj* saggio
wish *v* desiderare
wish *n* desiderio
wit *n* spirito
witch *n* strega
witchcraft *n* stregoneria
with *pre* con
withdraw *v* ritirare
withdrawal *n* ritiro
withdrawn *adj* introverso
wither *v* avvizzire
withhold *iv* trattenere

within *pre* entro
without *pre* senza
withstand *v* sopportare
witness *n* testimone
witty *adj* spiritoso
wives *n* mogli
wizard *n* mago
wobble *v* oscillare
woes *n* sventure
wolf *n* lupo
woman *n* donna
womb *n* grembo
women *n* donne
wonder *v* meravigliarsi
wonder *n* meraviglia
wonderful *adj* meraviglioso
wood *n* legno
wooden *adj* di legno
wool *n* lana
woolen *adj* di lana
word *n* parola
wording *n* formulazione
work *n* lavoro
work *v* lavorare
work out *v* elaborare
workable *adj* praticabile
workbook *n* quaderno
worker *n* lavoratore

workshop *n* laboratorio
world *n* mondo
worldly *adj* mondano
worldwide *adj* in tutto il mondo
worm *n* verme
worn-out *adj* consumato
worrisome *adj* preoccupante
worry *v* preoccupare
worry *n* inquietudine
worse *adj* peggiore
worsen *v* peggiorare
worship *n* culto
worst *adj* il peggiore
worthless *adj* senza valore
worthwhile *adj* che vale la pena
worthy *adj* degno
wound *n* ferita
wound *v* ferire
woven *adj* tessuto
wrap *v* avvolgere
wrap up *v* impacchettare
wrath *n* collera
wreath *n* corona
wreck *v* demolire
wreckage *n* relitto
wrench *n* strappo, chiave inglese
wrestle *v* lottare
wrestler *n* lottatore

wrestling *n* lotta libera
wretched *adj* infelice
wring *iv* strizzare
wrinkle *v* raggrinzire
wrinkle *n* ruga
wrist *n* polso
write *iv* scrivere
write down *v* trascrivere
writer *n* scrittore
writhe *v* contorcersi
writing *n* scrittura, scritto
written *adj* scritto
wrong *adj* sbagliato

X

X-mas *n* Natale
X-ray *n* radiografia

Y

yacht *n* yacht
yam *n* batata
yard *n* iarda, cortile, cantiere
yarn *n* filato
yawn *n* sbadiglio
yawn *v* sbadigliare
year *n* anno
yearly *adv* annualmente
yearn *v* bramare
yeast *n* lievito
yell *v* urlare
yellow *adj* giallo
yes *adv* sì
yesterday *adv* ieri
yet *c* eppure
yield *v* produrre, cedere
yoke *n* giogo
yolk *n* tuorlo
you *pro* tu
young *adj* giovane
youngster *n* ragazzo
your *adj* tuo, vostro
yours *pro* tuo, vostro
yourself *pro* te stesso
youth *n* giovane, gioventù
youthful *adj* giovanile

Z

zap *v* distruggere
zeal *n* zelo
zealous *adj* zelante
zebra *n* zebra
zero *n* zero
zest *n* entusiasmo, gusto
zinc *n* zinco
zip code *n* codice postale
zipper *n* cerniera
zone *n* zona
zoo *n* zoo
zoology *n* zoologia

Italian-English

Bilingual Dictionaries, Inc.

Abbreviations

a - article
n - noun
e - exclamation
pro - pronoun
adj - adjective
adv - adverb
v - verb
iv - irregular verb
pre - preposition
c - conjunction

A

a *pre* to, at
a quanto si dice *adv* reportedly
a vicenda *pro* each other
abbagliamento *m* glare
abbagliante *adj* dazzling
abbagliare *v* dazzle
abbaiare *v* bark
abbaio *m* bark
abbandonare *v* abandon, desert
abbandonato *adj* derelict, deserted
abbandono *m* abandonment
abbassare *v* bring down
abbastanza *adv* enough
abbattere *v* shoot down
abbattuto *adj* downcast
abbazia *f* abbey
abbellire *v* embellish
abbigliamento *m* clothing
abbonamento *m* subscription
abbonarsi *v* subscribe
abbondante *adj* abundant
abbondanza *f* abundance
abbordabile *adj* affordable
abbozzare *v* draft
abbozzato *adj* sketchy
abbracciare *v* embrace
abbraccio *m* embrace, hug
abbreviare *v* abbreviate
abbreviazione *f* abbreviation
abdicare *v* abdicate
abdicazione *f* abdication
aberrazione *f* aberration
abile *adj* deft, skillful
abilità *f* ability, skill
abisso *m* abyss, chasm
abitabile *adj* habitable
abitante *m* inhabitant
abitare *iv* dwell
abitazione *f* dwelling
abito *m* dress
abito da uomo *m* suit
abituale *adj* customary
abituare *v* accustom
abitudine *f* habit
abolire *v* abolish
abolire la segregazione *v* desegregate
abominevole *adj* abominable
aborrire *v* abhor
abortire *v* abort
aborto *m* abortion
abrogazione *f* repeal

abusare v abuse
abusivo m unfairness
abuso m abuse, misuse
accademia f academy
accadere v happen
accaduto m happening
accamparsi v camp
accanto pre alongside
accappatoio m bathrobe
accarezzare v caress, fondle
accatastare v stack
accattivare v captivate
accecare v blind
accedere v acceed, log in
accelerare v accelerate
acceleratore m accelerator
accendere v switch on
accendino m lighter
accento m accent
accentuare v emphasize
accerchiare v encircle
accertamento m check up
accessibile adj accessible
accesso m access
accettabile adj acceptable
accettare v accept
accettazione f acceptance

acciaio m steel
acciuga f anchovy
acclamare v acclaim, cheer
acclimatarsi v acclimate
accogliente adj cozy
accogliere v welcome
accolito m acolyte
accompagnare v accompany
acconsentire v acquiesce
accontentarsi di v settle for
accordare v grant
accordarsi v tune up
accordo m agreement
accostare v accost
accovacciarsi v crouch
accudire v look after
accumulare v accumulate
accumularsi v accrue
accurato adj accurate
accusa f accusation
accusare v accuse
aceto m vinegar
acidità f acidity
acido adj sour
acido m acid
acqua f water
acquaio m sink

affastellare

acquario *m* aquarium
acquatico *adj* aquatic
acquedotto *m* aqueduct
acquisire *v* acquire
acquisizione *f* acquisition
acquistare *v* purchase
acquoso *adj* watery
acro *m* acre
acrobata *f* acrobat
acustico *adj* acoustic
acuto *adj* acute
adattabile *adj* adaptable
adattamento *m* adaptation
adattare *v* adapt
adattatore *m* adapter
addensare *v* thicken
addio *m* farewell
addizione *m* addition
addolcire *v* sweeten
addolcirsi *v* mellow
addome *m* abdomen
adeguato *adj* adequate
adempiere *v* fulfill
aderire *v* adhere
adescamento *m* enticement
adesione *f* membership
adesivo *adj* adhesive

adesso *adv* now
adiacente *adj* adjacent
adolescente *m* adolescent
adolescenza *f* adolescence
adorabile *adj* lovely
adorare *v* adore
adorazione *f* adoration
adornare *v* adorn
adottare *v* adopt
adottivo *adj* adoptive
adozione *f* adoption
adulazione *f* adulation
adulterare *v* adulterate
adulterio *m* adultery
adultero *m* adulterer
adulto *m* adult
aereo *m* aircraft
aeroplano *m* aeroplane
aeroporto *m* airport
affabile *adj* affable
affamare *v* starve
affamato *adj* hungry
affare *m* affair
affari *m* business
affascinante *adj* glamorous, charming
affascinare *v* fascinate
affastellare *v* bundle

affermare *v* affirm, assert, state
affermativo *adj* affirmative
affermazione *f* assertion
afferrare *v* grab, catch, grip
affettare *v* slice
affetto *m* affection
affettuoso *adj* affectionate
affezionato *adj* fond
affidabile *adj* reliable
affidamento *m* reliance
affidare *v* entrust
affievolire *v* dim
affilato *adj* sharp
affilatrice *f* sharpener
affiliare *v* affiliate
affiliazione *f* affiliation
affinare *v* sharpen
affinità *f* affinity
affittare *v* lease, rent
affitto *m* rent
affliggere *v* afflict
afflizione *f* affliction
affluente *adj* affluent
afflusso *m* influx
affollare *v* crowd, mob
affollato *adj* crowded
affrancatura *f* postage

affrettare *v* hasten
affrettarsi *v* hurry up
affrontare *v* affront, tackle
affronto *m* affront, snub
affumicato *adj* smoked
afrodisiaco *adj* aphrodisiac
agenda *f* agenda
agente *m* agent
agenzia *f* agency
aggeggio *m* gimmick
aggettivo *m* adjective
agghindarsi *v* spruce up
aggiornare *v* update
aggiornato *adj* up-to-date
aggiungere *v* add
agglomerare *v* agglomerate
aggravamento *m* aggravation
aggravare *v* aggravate
aggredire *v* assail
aggregare *v* aggregate
aggressione *f* aggression
aggressivo *adj* aggressive
aggressore *m* aggressor
agile *adj* agile
agire *v* act
agitare *iv* shake, stir
agitatore *m* agitator

aglio *m* garlic
agnello *m* lamb
agnostico *m* agnostic
ago *m* needle
agonia *f* agony
agonizzare *v* agonize
agosto *m* August
agricolo *adj* agricultural
agricoltore *m* farmer
agricoltura *f* agriculture
aia *f* farmyard
aiutante *m* aide, helper
aiutare *v* aid, help
aiuto *m* aid, help
al che *c* whereupon
ala *f* wing
alba *f* dawn, sunrise
albero *m* mast, tree
albicocca *f* apricot
albume *m* egg white
alcol *m* alcohol
alcoliche *adj* alcoholic
alcolici *m* booze
alcolismo *m* alcoholism
alcuni *adj* few
alfabeto *m* alphabet
algebra *f* algebra

alienare *v* alienate
alienato *adj* lunatic
alimentare *m* foodstuff
alimentare *v* fuel
all' ingrosso *adv* wholesale
all'aperto *adv* outdoors
all'esterno *adv* outside
all'estero *adv* abroad
alla deriva *adj* adrift
alla nocciola *adj* nutty
alla rovescia *adv* upside-down
allacciare *v* fasten
allacciarsi *v* buckle up
allargamento *m* enlargement
allargare *v* broaden
allarmante *adj* alarming
allarmare *v* alarm
allarme *m* alarm
alleanza *f* alliance
allearsi *v* ally
alleato *adj* allied
alleato *m* ally
allegare *v* enclose
allegato *adj* attached
allegato *m* attachment
allegoria *f* allegory
allegro *adj* cheerful

allenamento *m* coaching
allenare *v* coach
allenarsi *v* train
allenatore *m* trainer
allentare *v* loosen
allergia *f* allergy
allergico *adj* allergic
allerta *f* alert
allevare *v* rear, breed
alleviare *v* alleviate, relieve
allievo *m* pupil, learner
alligatore *m* alligator
allineamento *m* alignment
allineare *v* align, line up
alloggio *m* lodging
allontanarsi *v* drift apart
allora *adv* then
allucinare *v* hallucinate
alludere *v* allude
alluminio *m* aluminum
allungare *v* lengthen
allusione *f* allusion, innuendo
almanacco *m* almanac
alquanto *adv* quite
altamente *adv* highly
altare *m* altar
alterare *v* alter

alterazione *f* alteration
alterco *m* altercation
alternare *v* alternate
alternativa *f* alternative
altezza *f* height
Altezza *f* Highness
altezzoso *adj* haughty
altitudine *f* altitude
alto *adj* high, tall
altoparlante *m* speaker
altopiano *m* plateau
altrettanto *adv* likewise
altrimenti *adv* otherwise
altro *adj* other
altrove *adv* elsewhere
alveare *m* beehive
alzare *v* turn up
alzarsi *v* get up
amabile *adj* amiable
amaca *f* hammock
amante *m* lover
amaramente *adv* bitterly
amare *v* love
amarezza *f* bitterness
amaro *adj* bitter
amato *adj* beloved
amatoriale *adj* amateur

ambasciata *f* embassy
ambasciatore *m* ambassador
ambiente *m* environment
ambiguo *adj* ambiguous
ambito *m* scope
ambivalente *adj* ambivalent
ambizione *f* ambition
ambizioso *adj* ambitious
ambulanza *f* ambulance
ambulatorio *m* outpatient
amenità *f* amenities
americano *adj* American
amichevole *adj* amicable
amicizia *f* friendship
amico *m* friend, pal
amidaceo *adj* starchy
amido *m* starch
ammaccare *v* dent
ammaccarsi *v* bruise
ammaccatura *f* dent
ammalato *adj* ailing
ammanettare *v* handcuff
ammassare *v* amass
ammettere *v* admit
amministrare *v* administer
ammiraglio *m* admiral
ammirare *v* admire

ammiratore *m* admirer
ammirazione *f* admiration
ammirevole *adj* admirable
ammissibile *adj* admissible
ammissione *f* admittance
ammollare *v* soak in
ammoniaca *f* ammonia
ammonimento *f* admonition
ammonire *v* admonish
ammontare a *v* amount to
ammorbidire *v* soften
ammortamento *m* depreciation
ammortare *v* amortize
ammucchiare *v* heap
ammuffire *v* rot
ammuffito *adj* moldy
ammutinamento *m* mutiny
ammutolire *v* silence
amnesia *f* amnesia
amnistia *f* amnesty
amorale *adj* amoral
amore *m* love
amorevole *adj* loving
amorfo *adj* amorphous
ampiamente *adv* widely
ampiezza *f* width
ampio *adj* ample, broad, wide

ampliare *v* widen
amplificare *v* amplify
amplificatore *m* amplifier
amputare *v* amputate
amputazione *f* amputation
analfabeta *adj* illiterate
analisi *f* analysis
analizzare *v* analyze
analogia *f* analogy
ananas *f* pineapple
anarchia *f* anarchy
anarchico *m* anarchist
anatomia *f* anatomy
anatra *f* duck
anche *adv* also, too
anche se *c* even if
ancor più *c* even more
ancora *c* yet
ancora *f* anchor
andare *v* go
andare avanti *v* go ahead
andare su *v* go on
andare via *v* go away
andata *adj* outward
aneddoto *m* anecdote
anelito *m* longing
anello *m* ring

anemia *f* anemia
anemico *adj* anemic
anestesia *f* anesthesia
anfibio *adj* amphibious
anfiteatro *m* amphitheater
angelico *adj* angelic
angelo *m* angel
angina *f* angina
anglicano *adj* Anglican
angolo *m* angle, corner
angoscia *f* anguish
anima *f* soul
animale *m* animal
animare *v* animate
animato *adj* bustling
animazione *f* animation
animosità *f* animosity
annacquare *v* water down
annegare *v* drown
annessione *f* annexation
annientare *v* annihilate
anniversario *m* anniversary
anno *m* year
anno bisestile *m* leap year
annoiato *adj* bored
annotare *v* annotate
annotazione *f* annotation

apparizione

annoverare v rank
annuale adj annual
annuire v nod
annullamento m annulment
annullare v annul
annunciare v announce
annunciatore m announcer
annuncio m announcement
anonimato m anonymity
anonimo adj anonymous
anormale adj abnormal
anormalità f abnormality
ansia f anxiety
ansimare v wheeze
ansioso adj anxious
antecedente m antecedent
antenati m antecedents
antenato m ancestor
antenna f antenna
anteprima f preview
anteriore adj former
antibiotico m antibiotic
anticamera f lobby
antichità f antiquity
anticipare v anticipate
anticipazione f anticipation
antico adj ancient

antidolorifico m painkiller
antidoto m antidote
antilope f antelope
antiparassitario m pesticide
antipasto m appetizer
antipatia f dislike
antiquato adj antiquated
anzianità f seniority
anziano adj elderly
apatia f apathy
ape f bee
aperitivo m aperitif
aperto adj open, outstretched
apertura f opening
apice f apex
apocalisse f apocalypse
apogeo m apogee
apostolico adj apostolic
apostolo m apostle
apostrofo m apostrophe
appagamento m appeasement
appannare v tarnish
apparecchio m appliance
apparente adj apparent
apparire v appear
appariscente adj flashy
apparizione f apparition

appartamento *m* apartment
appartato *adj* secluded
appartenere *v* belong
appassionato *adj* passionate
appellarsi *v* appeal
appello *m* appeal
appena *adv* barely
appendere *v* hang
appendiabito *m* hanger
appendice *f* appendix
appendicite *f* appendicitis
appetito *m* appetite
appianare *v* patch
appiattire *v* flatten
appiccicoso *adj* sticky
applaudire *v* applaud, clap
applauso *m* applause
applicabile *adj* applicable
applicare *v* apply
applicazione *f* application
appoggiare *v* stand for
appoggiarsi *v* lean
apporre *v* affix
appostarsi *v* lurk
apprendere *v* learn
apprendimento *m* learning
apprendista *m* apprentice

apprensivo *adj* apprehensive
apprezzamento *m* appreciation
apprezzare *v* appreciate
approcciare *v* approach
approccio *m* approach
approfondire *v* deepen
approfondito *adj* thorough
appropriarsi *v* embezzle
appropriato *adj* appropriate
approssimarsi *v* approximate
approssimato *adj* approximate
approvare *v* approve
approvazione *f* approval
aprile *m* April
aprire *v* open
apriscatole *m* can opener
aquila *f* eagle
aquilone *m* kite
arabo *adj* Arabic
arachide *m* peanut
aragosta *f* lobster
araldo *m* herald
arancione *m* orange
arare *v* plow
arazzo *m* tapestry
arbitraggio *m* arbitration
arbitrare *v* arbitrate

arbitrario *adj* arbitrary
arbitro *m* referee
arbusto *m* shrub
arca *f* ark
arcaico *adj* archaic
archeologia *f* archaeology
architetto *m* architect
architettura *f* architecture
archiviare *v* file
archivio *m* archive, file
arcivescovo *m* archbishop
arco *m* arc, arch
arcobaleno *m* rainbow
ardente *adj* ablaze
ardentemente *adv* ardently
ardesia *f* slate
ardito *adj* hardy
ardore *m* ardor
arduo *adj* arduous
area *f* area
areare *v* air
arena *f* arena
arenato *adj* stranded
argenteria *f* silverware
argentiere *m* silversmith
argento *m* silver
argilla *f* clay

argomento *m* topic
aria *f* air, tune
arido *adj* arid
ariete *m* ram
aristocratico *m* aristocrat
aristocrazia *f* aristocracy
aritmetica *m* arithmetic
arma *f* weapon
arma da fuoco *f* firearm
armadietto *m* cabinet
armadio *m* wardrobe
armamenti *m* armaments
armare *v* arm
armato *adj* armed
armatura *f* armor
armistizio *m* armistice
armonia *f* harmony
armonizzare *v* harmonize
aromatico *adj* aromatic
arpa *f* harp
arpione *m* harpoon
arrabbiarsi *v* anger
arrabbiato *adj* angry
arrampicarsi *v* climb, scramble
arredamento *m* furnishings
arrestare *v* arrest
arresto *m* arrest

arretrato *m* backlog
arricchire *v* enrich
arricciare *v* curl
arrivare *v* arrive
arrivo *m* arrival
arrogante *adj* arrogant
arroganza *f* arrogance
arrossire *v* blush
arrostire *v* broil, roast
arrosto *m* roast
arrugginire *v* rust
arrugginito *adj* rusty
arruolarsi *v* enlist
arsenale *m* arsenal
arsenico *m* arsenic
arte *f* art, craft
arte fotografica *f* photography
arteria *f* artery
artico *adj* arctic
articolare *v* articulate
articolazione *f* articulation
articolo *m* article
artificiale *adj* artificial
artigiano *m* craftsman
artiglieria *f* artillery
artiglio *m* claw
artista *m* artist

artistico *adj* artistic
arto *m* limb
artrite *f* arthritis
ascella *f* armpit
ascendente *m* ascendancy
ascendenza *f* ancestry
ascendere *v* ascend
ascensore *m* elevator
ascetico *adj* ascetic
ascia *f* hatchet, ax
asciugamano *m* towel
asciugare *v* dry
asciugatrice *f* dryer
asciutto *adj* dry
ascoltare *v* listen
ascoltatore *m* listener
asfalto *m* asphalt
asfissia *f* asphyxiation
asfissiare *v* asphyxiate
asilo *m* asylum
asilo nido *m* nursery
asino *m* donkey
asma *f* asthma
asmatico *adj* asthmatic
aspettare *v* await
aspettativa *f* expectation
aspetto *m* aspect, look

assuefatto

aspirare v aspire
aspirazione f aspiration
aspirina f aspirin
asportare v take away
asprezza f harshness
assalire v assault
assalitore m assailant
assalto m assault
assaporare v relish
assassinare v assassinate
assassinio m assassination
assassino m assassin
asse m axis, axle
assecondare v pander
assediare v besiege, beset, siege
assedio m siege
assegnare v allot, assign
assegnazione f assignment, allotment
assegno m check
assemblare v assemble
assemblea f assembly
assente adj absent
assentire v assent
assenza f absence
asserire v allege
asserzione f allegation
assicurare v ensure

assicurarsi v assure
assicurazione f insurance
assieme adv together
assillare v nag
assimilare v assimilate
assimilazione f assimilation
assioma m axiom
assistenza f assistance
assistere v assist, minister
asso m ace
associare v associate
associazione f association
assoggettare v subject
assoluto adj absolute
assoluzione f absolution
assolvere v absolve
assomigliare v resemble
assonnato adj drowsy
assopito adj asleep
assorbente adj absorbent
assorbire v absorb
assordante adj deafening
assordare v deafen
assortimento m stock, assortment
assortito adj assorted
assorto adj engrossed
assuefatto adj addicted

assuefazione f addiction
assumere v assume
assunzione f intake
assurdo adj absurd
asta f auction
astenersi v refrain
astenersi da v abstain
asterisco m asterisk
asteroide m asteroid
astinenza f abstinence
astratto adj abstract
astrologia f astrology
astrologo m astrologer
astronauta m astronaut
astronomia f astronomy
astronomico adj astronomic
astronomo m astronomer
astuto adj astute, wily
astuzia f guile, ruse
ateismo m atheism
ateo m atheist
atleta m athlete
atletico adj athletic
atmosfera f atmosphere
atmosferico adj atmospheric
atomico adj atomic
atomo m atom

atroce adj atrocious
atrocità f atrocity
atrofizzarsi v atrophy
attaccare v attack
attacco m attack
atteggiamento m attitude
attendere v attend, wait
attenersi a v abide by
attentamente adv closely
attento adj attentive
attenuante adj attenuating, extenuating
attenuare v attenuate
attenzione f attention
atterrare v land
attesa f waiting
attestare v attest
attico m attic
attivare v activate
attivazione f activation
attività f activity
attivo adj active
attorcigliare v twist
attorcigliato adj twisted
attore m actor
attraccare v dock
attraente adj attractive
attrarre v attract

attraversare *v* cut across
attraverso *pre* across
attrazione *f* attraction
attrezzatura *f* equipment
attribuire *v* attribute
attrice *f* actress
attrito *m* friction
attuale *adj* current
attualmente *adv* currently
attuare *v* implement
attutire *v* deaden
audace *adj* daring, bold
audacia *f* audacity
auditorium *m* auditorium
aumentare *v* increase
aumento *m* increase
auricolari *m* earphones
ausiliario *adj* auxiliary
auspicabile *adj* desirable
auspicale *adj* auspicious
austerità *f* austerity
austero *adj* austere, grave, serious
autenticare *v* authenticate
autenticità *f* authenticity
autentico *adj* authentic
autista *m* chauffeur
auto *m* auto

autobus *m* bus
autografo *m* autograph
automatico *adj* automatic
automobile *f* automobile
autonomia *f* autonomy
autonomo *adj* autonomous
autopsia *f* autopsy
autore *m* author
autorità *f* authority
autoritario *adj* authoritarian
autorizzare *v* authorize
autorizzazione *f* permission
autostima *f* self-esteem
autostop *m* hitchhike
autostrada *f* freeway
autunno *m* autumn
avallare *v* endorse
avanguardia *f* vanguard
avanti *pre* ahead
avanti *adv* forward
avanti *m* headway
avanzamento *m* advance
avanzare *v* advance
avanzi *m* leftovers
avaro *adj* stingy
aver fretta *v* hurry
aver sete *v* thirst

avere *iv* have
aviatore *m* aviator
aviazione *m* aviation
avidità *f* avarice
avido *adj* greedy
avorio *m* ivory
avvalersi *v* avail
avvelenamento *m* poisoning
avvelenare *v* poison
avventato *adj* reckless
Avvento *m* Advent
avventura *f* adventure
avverbio *m* adverb
avversario *m* adversary
avversione *f* aversion
avversità *f* adversity
avverso *adj* adverse
avvertimento *m* warning
avvertire *v* warn
avviare *v* initiate
avvincente *adj* riveting
avvisare *v* notice
avviso *m* notice
avvitare *v* screw
avvizzire *v* wither
avvocato *m* attorney
avvolgere *v* wrap

avvolgimento *adj* winding
avvolto *adj* shrouded
avvoltoio *m* vulture
azionare *v* set off, propel
azione *f* action, deed
azionista *m* shareholder
azoto *m* nitrogen
azzardarsi *v* venture
azzardo *m* gamble

B

babysitter *f* babysitter
bacchetta *f* baton
baciare *v* kiss
bacinella *f* basin
bacino *m* dock
bacio *m* kiss
backup *m* backup
baffi *m* mustache
bagagli *m* luggage
bagnare *v* soak, water
bagnarsi *v* bathe
bagnato *adj* wet

barista

bagnino *m* lifeguard
bagno *m* bath
baguette *f* baguette
baia *f* bay
baionetta *f* bayonet
balbettare *v* stammer
balcone *m* balcony
balena *f* whale
balla *f* bale
ballare *v* dance
ballo *m* dance
balsamico *adj* balmy
balsamo *m* balm
baluardo *m* bulwark
balzare *v* spring
balzo *m* bounce
bambinaia *f* nanny
bambini *m* children
bambino *m* child, baby
bambola *f* doll
bambù *m* bamboo
banale *adj* trivial
banalità *f* banality
banalizzare *v* trivialize
banana *f* banana
banca *f* bank
bancarella *f* stand

banchetto *m* banquet
banco *m* pew
banda *f* band, gang
bandiera *f* flag
bandito *m* bandit
banditore *m* auctioneer
bando *m* banishment
bara *f* coffin
baracca *f* shack
barattare *v* barter
barattolo *m* canister
barba *f* beard
barbabietola *f* beet
barbarico *adj* barbaric
barbarie *f* savagery
barbarismo *m* barbarism
barbaro *m* barbarian
barbecue *m* barbecue
barbiere *m* barber
barbuto *adj* bearded
barca *f* boat
barcollare *v* stagger
barcone *m* barge
barella *f* stretcher
barile *m* barrel
barilotto *m* keg
barista *f* barmaid

barista *m* bartender
barlume *m* gleam
barometro *m* barometer
barra *f* bar
barrare *v* cross out, slash
barricata *f* barricade
barriera *f* barrier
basare *v* base
base *f* base, basis
baseball *m* baseball
basi *f* basics
basso *adj* low
bastardo *m* bastard
bastonare *v* club
bastonata *f* beating
bastoncino *v* stick
bastone *m* cane
battaglia *f* battle
battagliare *v* battle
battaglione *m* battalion
battere *v* batter, beat
batteri *f* bacteria
battesimo *m* baptism
battezzare *v* baptize
battito *m* beat
bavaglio *m* gag
bazar *m* bazaar

beatitudine *f* bliss
beato *adj* blissful
beccare *v* peck
becco *m* beak, peck
beffa *f* mockery
belga *adj* Belgian
Belgio *m* Belgium
bellezza *f* beauty
bellicoso *adj* belligerent
bellissimo *adj* beautiful
bello *adj* good-looking
belva *adv* berserk
benda *f* bandage
bendare *v* blindfold
bene *adv* alright, well
benedetto *adj* blessed
benedire *v* bless
benedizione *f* benediction
benefattore *m* benefactor
beneficiare *v* benefit
beneficiario *m* beneficiary
benessere *m* affluence, welfare
benevolente *adj* benevolent
benevolenza *f* benevolence
beni *f* belongings
benigno *adj* benign
benissimo *adv* fine

benvenuto *m* welcome
benzina *f* gasoline
bere *v* drink
beretta *f* beret
berlina *f* saloon
bestia *f* beast
bestiale *adj* bestial
bestiame *m* cattle
bevanda *f* drink
bevibile *adj* drinkable
bevitore *m* drinker
biancheria *f* linen
bianco *adj* white
biascicare *v* slur, mumble
Bibbia *f* Bible
biblico *adj* biblical
bibliografia *f* bibliography
biblioteca *f* library
bibliotecario *m* librarian
bici *f* bike
bicicletta *f* bicycle
bidello *m* janitor
bidone *m* bin
bigamia *f* bigamy
bigottismo *m* bigotry
bigotto *adj* bigot
bilancia *f* balance, scales

bilanciare *v* balance
bilancio *m* budget
bile *f* bile
biliardo *m* billiards
bilingue *adj* bilingual
bimensile *adj* bimonthly
binario *m* track
binocoli *m* binoculars
biografia *f* biography
biologia *f* biology
biologico *adj* biological
biondo *adj* blond
birra *f* beer
birreria *f* brewery
biscotto *m* biscuit
bisognoso *adj* needy
bisonte *m* bison
bistecca *f* steak
bizzarro *adj* bizarre
bizze *f* tantrum
blackout *m* blackout
blasfemia *f* blasphemy
blasfemo *v* blaspheme
bloccare *v* block
blocco *m* blockage
blu *adj* blue
bluffare *v* bluff

boa

boa *f* buoy
bobina *f* reel, spool
bocca *f* mouth, vent
bocciare *v* flunk
bocciolo *m* bud
boccone *m* morsel
boicottare *v* boycott
bolla *f* bubble
bollettino *m* bulletin, newsletter
bollire *v* boil
bollire lentamente *v* simmer
bollitore *m* boiler, kettle
bomba *f* bomb
bombardare *v* bomb
bontà *f* goodness
bonus *m* bonus
borbottare *v* grumble
bordello *m* brothel
bordo *m* brim
borghese *adj* bourgeois
borsa *f* bag
borsaiolo *m* pickpocket
borsellino *m* purse
borsetta *f* handbag
botanica *f* botany
botta *f* bump
botteghino *m* box office

bottiglia *f* bottle
bottino *m* booty, loot
bottone *m* button
bovino *m* veal
boxe *f* boxing
bozza *f* draft
braccialetto *m* bracelet
braccio *m* arm
brace *f* cinder
braci *f* embers
bramare *v* yearn
brandello *m* shred
brandire *v* wield
brandy *m* brandy
breve *adj* brief, short
brevemente *adv* briefly
brevetto *m* patent
brevità *f* brevity
brezza *f* breeze
briciola *f* crumb
briefing *m* briefing
brigata *f* brigade
briglia *f* bridle, rein
brillante *adj* brilliant
brillare *v* glitter, shine
brindare *v* toast
brindisi *m* toast

britannico *adj* British
brivido *m* shiver, thrill
brocca *f* jug
brodo *m* broth
bronchite *f* bronchitis
brontolare *v* grouch
brontolone *adj* grouchy
bronzo *m* bronze
browser *m* browser
bruciare *v* burn
bruciatura *f* scorch
bruco *m* caterpillar
brufolo *m* pimple
bruscamente *adv* abruptly
brusco *adj* brusque, abrupt
brusio *m* buzz
brutale *adj* brutal
brutalità *f* brutality
brutalizzare *v* brutalize
bruto *adj* brute
bruttezza *f* ugliness
brutto *adj* ugly
buca *f* pit
buccia *f* peel
buco *m* hole
budella *f* guts
budino *m* pudding

bue *m* ox
bufalo *m* buffalo
bugia *f* lie
bugiardo *adj* liar
bunker *m* bunker
buoi *m* oxen
buono *adj* good
buono *m* voucher
burlare *v* wag
burocrate *m* bureaucrat
burocrazia *f* bureaucracy
burrasca *f* gale
burrascoso *adj* stormy
burro *m* butter
burrone *m* ravine
bussare *v* knock
busta *f* envelope
busta paga *f* payslip
bustarella *f* bribe
buttare *v* throw
buttare via *v* throw away

C

cabina *f* booth, cabin
cacao *m* cocoa
caccia *f* hunting
cacciare *v* hunt
cacciare via *v* chase away
cacciatore *m* hunter
cacciavite *m* screwdriver
cadente *adj* dilapidated
cadere *v* drop, fall
caduta *f* fall, downfall
caffè *m* coffee
caffeina *f* caffeine
calamaro *m* squid
calamita *f* calamity
calare *v* drop in
calcare *m* limestone
calce *f* lime
calciare *v* kick
calcio *m* football
calcolare *v* calculate
calcolatrice *f* calculator
calcolo *m* calculation
caldo *adj* hot, warm
calendario *m* calendar
calibratore *v* calibrate
calibro *m* caliber
calice *m* chalice
calligrafia *f* handwriting
calloso *adj* callous
calma *f* calm
calmarsi *v* calm down
calmo *adj* calm
calore *m* heat, warmth
caloria *f* calorie
calorifero *m* heater
calpestare *v* trample
calunnia *f* calumny
calvario *m* ordeal
calvo *adj* bald
calza da donna *f* stocking
calzatura *f* footwear
calzino *m* sock
calzoleria *f* shoestore
calzoncini *m* shorts
cambiamento *m* change
cambiare *v* change
camera *f* chamber
camerata *f* comrade
cameriera *f* maid, waitress
cameriere *m* waiter
camicetta *f* blouse

camicia *f* shirt
camino *m* fireplace
camion *m* truck
camioncino *m* van
camionista *m* trucker
cammello *m* camel
camminare *v* walk
camminata *f* walk
campagna *f* countryside
campagnolo *m* countryman
campana *f* bell
campanello *m* doorbell
campanile *m* belfry
campeggio *m* camp
campionato *m* league
campione *m* champion
campo *m* field
campo giochi *m* playground
campo minato *m* minefield
camuffare *v* camouflage
canaglia *f* scoundrel
canale *m* canal, channel
canarino *m* canary
cancellare *v* cancel
cancellazione *f* cancellation
cancelleria *f* stationery
cancelliere *m* chancellor

cancello *m* gate
cancerogeno *adj* cancerous
cancrena *f* gangrene
cancro *m* cancer
candeggina *f* bleach
candela *f* candle
candeliere *m* chandelier
candidato *m* candidate
candidatura *f* candidacy
candido *adj* candid
candore *m* candor
cane *m* dog
canguro *m* kangaroo
canicola *f* heatwave
canna *f* reed
cannella *f* cinnamon
cannibale *m* cannibal
cannone *m* cannon
canoa *f* canoe
canonizzare *v* canonize
cantante *m/f* singer
cantare *v* sing, crow
cantiere *m* yard
cantilena *f* chant
cantina *f* winery
canyon *m* canyon
canzone *f* song

caos *m* chaos
caotico *adj* chaotic
capace *adj* able, capable
capacità *f* capacity
capanna *f* hut
capannone *v* shed
capelli *m* hair
capezzolo *m* nipple
capire *v* figure out
capitale *m* capital
capitalismo *m* capitalism
capitalizzare *v* capitalize
capitano *m* captain
capitare *v* happen, occurr
capitolare *v* capitulate
capitolo *m* chapter
capo *m* leader, boss
capofila *m* ringleader
capolavoro *m* masterpiece
caporale *m* corporal
caposquadra *m* foreman
capovolgersi *v* capsize
cappa *f* cape
cappella *f* chapel
cappellano *m* chaplain
cappello *m* hat
cappio *m* noose

cappotto *m* coat
cappuccio *m* hood
capra *f* goat
capriccio *m* fad, whim
capriccioso *adj* naughty
capsula *f* capsule
caramella *f* candy
carato *m* carat
caratteristica *f* feature
carbone *m* coal
carbonella *f* charcoal
carbonizzare *v* char
carburante *m* fuel
carburatore *m* carburetor
carcassa *f* carcass
carcerato *m* inmate
carcere *m* jail, prison
carceriere *m* jailer
cardiaco *adj* cardiac
cardiologia *f* cardiology
carenza *f* shortage
carestia *f* famine
carezza *f* caress
caricare *v* burden, load
caricato *adj* loaded
caricatura *f* caricature
carico *m* cargo, load

carisma *m* charisma
carismatico *adj* charismatic
carità *f* charity
caritatevole *adj* charitable
carnagione *f* complexion
carnale *adj* carnal
carne *f* flesh, meat
carneficina *f* carnage
caro *adj* darling, dear
carota *f* carrot
carrello *m* cart, trolley
carriera *f* career
carriola *f* wheelbarrow
carro *m* carriage, wagon
carro funebre *m* hearse
carta *f* paper
carta vetrata *f* sandpaper
cartella *f* folder
cartellino *m* tag
cartello *m* placard
cartolina *f* postcard
cartone *m* cardboard
casa *f* home, house
casalinga *f* housewife
cascata *f* cascade
casco *m* helmet
casella postale *f* mailbox

casereccio *adj* homemade
caserma *f* barracks
casetta *f* cottage
casinò *m* casino
casseruola *f* saucepan
cassetto *m* drawer
cassiere *m* cashier, teller
casta *f* caste
castagna *m* chestnut
castana *adj* brunette
castello *m* castle
castigare *v* chastise
castigo *m* chastisement
castità *f* chastity
casto *adj* chaste
castoro *m* beaver
casuale *adj* casual, coincidental
casualmente *adv* randomly
cataclisma *m* cataclysm
catacomba *f* catacomb
catalogare *v* catalog
catalogo *m* catalog
cataratta *f* cataract
catasta *f* stack
catastrofe *f* catastrophe
catechismo *m* catechism
categoria *f* category

catena f chain
catenaccio m bolt
catrame m tar
cattedrale f cathedral
cattivo adj bad, evil
cattolicesimo m Catholicism
cattolico adj catholic
cattura f capture
catturare v capture
causa f cause
causare v cause
cautela f caution
cauto adj cautious
cauzione f bail
cava f quarry
cavaliere m knight
cavalleria f cavalry
cavallo m horse
cavarsela v get by
caverna f cave, cavern
caviglia f ankle
cavità f cavity
cavo m cable, wire
cavolfiore m cauliflower
cavolo m cabbage
cecchino m sniper
cecità f blindness

cedere v give in, yield
celebrare v celebrate
celebrazione f celebration
celebrità f celebrity
celeste adj heavenly
celestiale adj celestial
celibato m celibacy
celibe adj celibate
celibe m single
cellulare m cellphone
cemento m cement
cena f supper, dinner
cenare v dine
cencioso adj ragged
cenere f ash
censimento m census
censura f censorship
censurare v censure
centenario m centenary
centesimo m cent
centimetro m centimeter
cento adj hundred
centrale adj central
centralizzare v centralize
centrare v center
centro m center
ceppo m log

chiuso

cera *f* wax
ceramica *f* ceramic
cercare *v* look for, seek
cerchione *m* rim
cereale *m* cereal
cerebrale *adj* cerebral
cerimonia *f* ceremony
cerniera *f* hinge, zipper
certezza *f* certainty
certificare *v* certify
certificato *m* certificate
certo *adj* certain
cerume *m* earwax
cervello *m* brain
cervo *m* deer, venison
cespuglio *m* bush
cessare *v* cease
cestino *m* basket
cetriolo *m* cucumber
chalet *m* chalet
charter *m* charter
chef *n* chef
chi *pro* who
chiacchierare *v* chat
chiacchierone *adj* talkative
chiamare *v* call, dial
chiamare a rapporto *v* debrief

chiamata *f* call
chiaramente *adv* plainly, clearly
chiarezza *f* clearness
chiarimento *m* clarification
chiarire *v* clear, clarify
chiaro *adj* clear
chiassoso *adj* boisterous
chiave *f* key
chiavistello *m* latch
chiesa *f* church
chilogrammo *m* kilogram
chilometraggio *m* mileage
chilometro *m* kilometer
chilowatt *m* kilowatt
chimica *f* chemistry
chimico *adj* chemical
chinarsi *v* bend down
chiodo *m* nail
chiosco *m* kiosk
chiostro *m* cloister
chirurgico *adj* surgical
chirurgo *m* surgeon
chitarra *f* guitar
chiudere *v* terminate, close
chiunque *pro* anyone
chiusa *f* floodgate
chiuso *adj* closed

chiusura f closure
cialda f wafer
cianfrusaglie f junk
cianuro m cyanide
ciao e bye
cibo m food
cicatrice f scar
ciclista m cyclist
ciclo m cycle
ciclone m cyclone
cicogna f stork
ciecamente adv blindly
cieco adj blind
cielo m sky
cifra m digit
ciglio m eyelash
cigno m swan
ciliegia f cherry
cilindro m cylinder
cimitero m cemetery
cinema m cinema
cinghia f strap
cinghiale m boar
cinico adj cynic
cinismo m cynicism
cinquanta adj fifty
cinque adj five

cintura f belt
cioccolato m chocolate
cioè adv namely
ciondolare v hang around
ciondolo m pendant
ciottolo m cobblestone
cipolla f onion
cipresso m cypress
circa adv about
circo m circus
circolare adj circular
circolare v circulate
circolazione f circulation
circolo m circle
circoncidere v circumcise
circoncisione f circumcision
circondare v surround
circostanza f circumstance
circuito m circuit
ciste f cyst
cisterna f cistern
cistifellea f gall bladder
citare v arraign, quote
citazione f subpoena
città f city, town
città natale f hometown
cittadinanza f citizenship

cittadino *m* citizen
civetta *f* owl
civico *adj* civic
civile *adj* civil
civilizzare *v* civilize
civilizzazione *f* civilization
clamore *m* outcry
clamoroso *adj* resounding
clan *m* clan
clandestino *adj* clandestine
clarinetto *m* clarinet
classe *f* class, classroom
classico *adj* classic
classificare *v* classify
clausola *f* clause
clausura *f* enclosure
clavicola *f* collarbone
clemenza *f* leniency, clemency
clero *m* clergy
cliccare *v* click
cliente *m* client, customer
clientela *f* clientele
clima *m* climate
climatico *adj* climatic
clinica *f* clinic
clonare *v* clone
clonazione *f* cloning

club *m* club
coagulare *v* coagulate
coagularsi *v* curdle
coagulazione *f* coagulation
coalizione *f* coalition
cocaina *f* cocaine
cocco *m* coconut
coccodrillo *m* crocodile
coccolare *v* pamper
cocktail *m* cocktail
cocomero *m* watermelon
coda *f* queue, tail
codardamente *adv* cowardly
codice *m* code, pin
codice postale *m* zip code
codificare *v* codify
coefficiente *m* coefficient
coercizione *f* coercion
coerente *adj* coherent
coesione *f* cohesion
coesistere *v* coexist
cogliere *v* seize
cognata *f* sister-in-law
cognato *m* brother-in-law
cognome *m* surname
coincidenza *f* coincidence
coincidere *v* coincide

coinvolgente adj enthralling
coinvolgere v embroil
coinvolto adj involved
colare v trickle
colazione f breakfast
colazione-pranzo m brunch
coleottero m beetle
colera m cholera
colesterolo m cholesterol
colico m colic
colino m strainer
colla f glue, paste
collaborare v collaborate
collaboratore m collaborator
collana f necklace
collant m pantyhose
collare m collar
collassare v collapse
collasso m collapse
collaterale adj collateral
collega f colleague
collegamento m liaison
collegare v link
collera f wrath
collezionare v collect
collezione f collection
collezionista m collector

collina f hill
collinoso adj hilly
collisione f collision
collo m neck
colomba f dove
colonia f cologne, colony
coloniale adj colonial
colonizzare v colonize
colonizzazione f colonization
colonna f column
colonnello m colonel
colono m settler
colorante m dye
colorare v color, dye
colorato adj colorful
colore m color
colossale adj colossal
colpa f blame, fault
colpevole m culprit
colpevole adj guilty
colpevolezza f culpability
colpire v punch, hit
colpo m blow, hit
colpo d'occhio m glance
colpo da sparo m gunshot
colpo di stato m coup
coltello m knife

competitore

coltivabile *adj* arable
coltivare *v* till, cultivate
coltivazione *f* cultivation
coma *m* coma
comandare *v* command
comando *m* commander
combattente *m* fighter
combattere *v* combat
combinare *v* combine
combinazione *f* combination
combustibile *m* combustible
combustione *f* combustion
come *c* as
come *adv* as, how
come *pre* like
cometa *f* comet
comfort *m* comfort
comico *m* comedian
comico *adj* comical
cominciare *v* begin
comitato *m* committee
commedia *f* comedy
commemorare *v* commemorate
commentare *v* comment
commento *m* comment
commerciale *adj* commercial
commerciante *m* merchant

commerciare *v* trade
commercio *m* commerce
commestibile *adj* edible
commettere *v* commit
commissione *f* commission
commozione *f* commotion
commutare *v* commute
compagnia *f* company
compagno *m* companion
comparativo *adj* comparative
compartimento *m* compartment
compassione *f* compassion
compasso *m* compass
compatibile *adj* compatible
compatibilità *f* compatibility
compatire *v* sympathize
compatriota *m* compatriot
compattare *v* compact
compatto *adj* compact
compendio *m* compendium
compensare *v* compensate
compensazione *m* compensation
competente *adj* competent, proficient
competenza *f* competence
competere *v* compete
competitivo *adj* competitive
competitore *m* competitor

competizione *f* competition
compilare *v* compile
compimento *m* fulfillment
compitare *v* spell
compito *m* homework
compleanno *m* birthday
complemento *m* complement
complessità *f* complexity
complessivo *adv* overall
complesso *adj* complex
completamente *adv* completely
completare *v* complete
completo *adj* complete
complicare *v* complicate
complicato *adj* convoluted
complicazione *f* complication
complice *m* accomplice
complicità *f* complicity
complimentarsi *v* commend
complimento *m* compliment
componente *m* component
comporre *v* compose
comportamento *m* behavior
comportare *v* entail
comportarsi *v* behave
comportarsi male *v* misbehave
compositore *m* composer

composizione *f* composition
composto *adj* composed
composto *m* compound
comprare *v* shop, buy
compratore *m* buyer
comprendere *v* understand
comprensibile *adj* understandable
comprensione *m* understanding
comprensivo *adj* comprehensive
compressa *f* tablet
compressione *f* compression
comprimere *v* compress
compromesso *m* compromise
compromettere *v* jeopardize
compulsivo *adj* compulsive
computer *m* computer
comune *adj* common
comunicare *v* communicate
comunicazione *f* communication
comunione *f* communion
comunismo *m* communism
comunista *adj* communist
comunità *f* community
comunque *pro* anyhow
comunque *c* however
con *pre* with
concentrarsi *v* concentrate

concentrico *adj* concentric
concepire *v* conceive
concerto *m* concert
concessione *f* concession
concetto *m* concept
concezione *f* conception
conciliante *adj* amenable
conciliare *v* reconcile
conciliatorio *adj* conciliatory
conciso *adj* concise
concludere *v* conclude
conclusione *m* conclusion
conclusivo *adj* conclusive
concordare *v* agree
concorrente *m* contender
concreto *adj* concrete
condanna *f* conviction
condannare *v* condemn
condannato *adj* doomed
condensare *v* condense
condensazione *f* condensation
condimento *m* condiment
condividere *v* share
condizionato *adj* conditional
condizione *f* condition
condoglianze *f* condolences
condominio *m* condo

condonare *v* condone
condotta *f* conduct
conducente *f* driver
condurre *v* conduct, lead
conduttore *m* conductor
conduttura *f* pipeline
conferenza *f* conference
conferire *v* bestow, confer
conferma *f* confirmation
confermare *v* confirm
confessare *v* confess
confessionale *f* confessional
confessione *f* confession
confessore *m* confessor
confezionare *v* concoct
confidarsi *v* confide
confidente *m* confidant
confidenza *f* confidence
confidenziale *adj* confidential
configurazione *f* setup
confinare *v* confine
confine *m* confinement
confisca *f* confiscation
confiscare *v* confiscate
conflitto *m* conflict
confondere *v* confound
conformare *v* conform

conformarsi

conformarsi *v* comply
conforme *adj* compliant
conformista *adj* conformist
conformità *f* conformity
confortevole *adj* comfortable
confrontare *v* confront
confronto *m* confrontation
confusione *f* confusion
confuso *adj* confusing
confutare *v* refute
congegno *m* gadget
congelare *v* freeze
congelato *adj* frozen
congelatore *m* freezer
congeniale *adj* congenial
congestionato *adj* congested
congestione *f* congestion
congettura *f* conjecture
congiunzione *f* conjunction
congratularsi *v* congratulate
congratulazioni *f* congratulations
congregazione *f* congregation
congresso *m* congress
coniare *v* mint
coniglio *m* rabbit
coniugale *adj* conjugal
coniugare *v* conjugate

coniuge *m/f* spouse
connessione *f* connection
connesso *adj* related
connettere *v* connect
connotare *v* connote
cono *m* cone
conoscente *m* acquaintance
conoscenza *f* knowledge
conquista *f* conquest
conquistare *v* conquer
conquistatore *m* conqueror
consacrare *v* consecrate
consacrazione *f* consecration
consapevole *adj* aware
consecutivo *adj* consecutive
consegna *f* delivery
consegnare *v* deliver
conseguente *adj* consequent
conseguenza *f* consequence
conseguenze *f* aftermath
consenso *m* approval
consentire *v* consent
conserva *f* conserve
conservare *v* conserve
conservativo *adj* conservative
conservazione *f* conservation
considerabile *adj* considerable

considerare *v* consider
considerato *adj* considerate
considerevole *adj* sizable
consigliabile *adj* advisable
consigliare *v* advise
consigliere *m* counselor
consiglio *m* advice
consistente *adj* consistent
consistenza *f* consistency
consistere *v* consist
consolare *v* console
consolato *m* consulate
consolazione *f* consolation
console *m* consul
consolidare *v* consolidate
consonante *f* consonant
consuetudine *f* custom
consultare *v* consult
consulto *m* consultation
consumare *v* consume
consumato *adj* worn-out
consumatore *m* consumer
consumo *m* consumption
conta *f* count
contabile *m* accountant
contabilità *f* bookkeeping
contachilometri *m* odometer

contadino *m* peasant
contagioso *adj* contagious
contaminare *v* contaminate
contaminato *adj* tainted
contaminazione *f* contamination
contante *m* cash
contare *v* count
contare su *v* rely on
contattare *v* contact
contatto *m* contact
contea *f* county
contemplare *v* contemplate
contendere *v* contend
contenere *v* contain, stem
contenitore *m* container
contenuto *m* contents
contenzioso *m* litigation
contessa *f* countess
contesto *m* context
continentale *adj* continental
continente *m* continent
contingente *adj* contingent
continuare *v* continue
continuità *f* continuity
continuo *adj* continuous
conto *m* bill
conto corrente *m* account

contorcersi *v* writhe
contorno *m* contour
contrabbandare *v* smuggle
contrabbando *m* contraband
contraccolpo *m* backlash
contraddire *v* contradict
contraddittorio *adj* contradictory
contraddizione *f* contradiction
contraffare *v* counterfeit
contraffatto *adj* counterfeit
contrapporsi *v* antagonize
contrario *adj* contrary
contrario *m* opposite
contrarre *v* shrink
contrassegnare *v* earmark
contrastare *v* contrast
contrasto *m* contrast
contrattaccare *v* counteract
contrattare *v* contract
contrattazione *f* bargaining
contratto *m* contract
contrazione *f* contraction
contribuire *v* contribute
contribuzione *f* contribution
contrizione *f* contrition
contro *pre* against, versus
controfiletto *m* sirloin

controllare *v* control, check
controllo *m* control
controparte *f* counterpart
controversia *f* controversy
controverso *adj* controversial
contusione *f* bruise
convalescente *adj* convalescent
convalidare *v* validate
conveniente *adj* convenient
convenienza *f* convenience
convenire *v* convene
convento *m* convent
convenzionale *adj* conventional
convenzione *f* convention
convergere *v* converge
conversare *v* converse
conversazione *f* conversation
conversione *f* conversion
convertire *v* convert
convincente *adj* convincing
convincere *v* convince
convinto *adj* staunch
convivere *v* cohabit
convocare *v* summon
convulsione *f* convulsion
cooperare *v* cooperate
cooperativo *adj* cooperative

cooperazione *f* cooperation
coordinare *v* coordinate
coordinatore *m* coordinator
coordinazione *f* coordination
coperchio *m* lid
coperta *f* blanket, cover
coperto *adv* indoor
copertura *f* coverage
copia *f* copy
copiare *v* copy
copione *m* script
coppia *f* couple, pair
coprifuoco *m* curfew
copriletto *m* bedspread
coprire *v* cover
copyright *m* copyright
coraggio *m* courage
coraggioso *adj* brave
corazzata *f* battleship
corda *f* cord, rope
cordiale *adj* cordial
cordone *m* cordon
cornetto *m* cornet
cornice *f* frame
corno *m* horn
coro *m* choir, chorus
corollario *m* corollary

corona *f* crown, wreath
coronaria *adj* coronary
corpo *m* body
corporale *adj* corporal
corporazione *f* corporation
corpulento *adj* corpulent, burly
corpuscolo *m* corpuscle
correggere *v* correct
correlare *v* correlate
correntemente *adv* fluently
correre *v* run, rush
corretto *adj* correct
correzione *n* correction
corridoio *m* hallway
corridore *m* corridor
corriere *m* courier
corrimano *m* handrail
corrispondere *v* correspond
corroborare *v* corroborate
corrodere *v* corrode
corrompere *v* corrupt, bribe
corrotto *adj* corrupt
corruzione *f* corruption
corsa *f* race
corsia *f* lane
corsivo *adj* italics
corso *m* course

corte f court
corteggiare v court
cortese adj courteous
cortesia f courtesy
cortesia m politeness
cortile m courtyard
corvo m crow, raven
cosa f thing
cosa adj what
coscia f thigh
cosciente adj conscious, self-concious
coscienza f conscience
coscritto m conscript
così adv thus
cosmetico m cosmetic
cosmico adj cosmic
cosmonauta f cosmonaut
cospargere v sprinkle
cospicuo adj conspicuous
cospirare v conspire
cospiratore m conspirator
cospirazione f conspiracy
costa f coast, seaside
costante adj constant
costanza f constancy
costare v cost
costellazione f constellation

costernazione f dismay
costiero adj coastal
costipato adj constipated
costipazione f constipation
costituire v constitute
costituzione f constitution
costo m cost
costola f rib
costoso adj expensive
costringere v coerce
costrizione f constraint
costruire v build
costruttivo adj constructive
costruttore m builder
costruzione f construction
costume m costume
cotone m cotton
coupon m coupon
covo m cove
cowboy m cowboy
crampo m cramp
cranio m skull
crasso adj crass
cratere m crater
cravatta f necktie
creare v create
creatività f creativity

creativo *adj* creative
creatore *m* creator
creatura *f* creature
creazione *f* creation
credente *m* believer
credenza *f* dresser
credere *v* believe
credibile *adj* believable
credibilità *f* credibility
credito *m* credit
creditore *m* creditor
credo *m* creed
credulone *m* gullible
crema *f* cream
cremare *v* cremate
crematorio *m* crematorium
cremoso *adj* creamy
crepa *f* crack
crepatura *f* crevice
crepuscolo *m* twilight
crescente *adj* increasing
crescere *v* grow
crescita *f* growth
crespo *m* fuzzy
cresta *f* crest, ridge
criminale *m* criminal, felon
crimine *m* crime, felony

criptato *adj* scrambled
crisi *f* crisis
cristallo *m* crystal
Cristianità *f* Christianity
cristiano *m* christian
criterio *m* criterion
critica *f* critique
criticare *v* criticize
criticismo *m* criticism
critico *adj* critical
croccante *adj* crunchy
croce *f* cross
crociata *f* crusade
crociato *m* crusader
crociera *f* cruise
crocifiggere *v* crucify
crocifissione *n* crucifixion
crocifisso *m* crucifix
crogiolarsi *v* bask
crollare *v* slump
crollo *m* slump
cronaca *f* chronicle
cronico *adj* chronic
cronologia *f* chronology
cronometrare *v* time
crosta *f* crust
crostata *f* tart

cruciale *adj* crucial
crudele *adj* cruel
crudeltà *f* cruelty
crudo *adj* crude
cubico *adj* cubic
cubicolo *m* cubicle
cubo *m* cube
cuccetta *f* berth
cucchiaino *m* teaspoon
cucchiaio *m* spoon
cucciolo *m* puppy
cucina *f* cuisine, kitchen
cucinare *v* cook
cucire *v* sew, stitch
cucitura *f* seam
cuffie *f* headphones
cugino *m* cousin
culla *f* cradle, crib
culminare *v* culminate
culmine *m* climax
culto *m* worship
cultura *f* culture
culturale *adj* cultural
cuneo *m* wedge
cuoco *m* cook
cuoio *m* leather
cuore *m* heart, core

cupo *m* gloomy
cupola *f* dome
cura *f* care, cure
curabile *adj* curable
curare *v* cure, treat
curatore *m* curator
curiosità *f* curiosity
curioso *adj* curious
curva *f* curve
curvare *v* curve, warp
curvato *adj* hunched
cuscino *m* cushion, pillow
custode *m* custodian
custodia *f* custody

D

da *pre* from, since, by
da allora *adv* since then
dado *m* dice
dal momento che *c* inasmuch as
damigella *f* bridesmaid
Danimarca *f* Denmak
dannare *v* damn

dannazione *f* damnation
danneggiare *v* harm
danneggiato *adj* damaging
danno *m* damage, harm
dannoso *adj* detrimental
dardo *m* dart
dare *v* give
dare un'occhiata *v* glance
dare via *v* give away
database *m* database
datare *v* date
dati *m* data
davvero *adv* indeed
dea *n* goddess
debellare *v* stamp out
debitamente *adv* duly
debito *m* debit, debt
debitore *m* debtor
debole *adj* feeble, weak
debolezza *f* weakness
debordare *v* overflow
debutto *m* debut
decadenza *f* decadence
decano *m* dean
decapitare *v* behead
deceduto *adj* deceased
decennio *m* decade

decente *adj* decent
decenza *f* decency
decesso *m* demise
decidere *v* decide
decifrare *v* decipher
decimale *adj* decimal
decimare *v* decimate
decimo *m* tenth
decisione *f* decision
decisivo *adj* decisive
declinare *v* decline, wane
declinazione *f* declension
declino *m* decline
decollare *v* take off
decollo *m* lift-off
decomporre *v* decompose
decomporsi *v* decay
decorare *v* decorate
decorativo *adj* decorative
decorazione *f* décor
decoro *m* decorum
decrepito *adj* decrepit
decretare *v* decree
decreto *m* decree
dedica *f* dedication
dedicare *v* dedicate
deducibile *adj* deductible

dedurre v deduce, infer
deduzione f deduction
defezionare v defect
deficiente adj deficient
deficienza f deficiency
deficit m deficit
definire v define
definitivo adj definitive
definito adj definite
definizione f definition
deflazionare v deflate
deformare v deform
deformato adj warped
deformità f deformity
degenerare v degenerate
degenerato adj degenerate
degenerazione f degeneration
degnare v deign
degno adj worthy
degradante adj degrading
degradare v debase
degrado m degradation
delega f proxy
delegare v delegate
delegato m delegate
delegazione f delegation
delfino m dolphin

deliberare v deliberate
deliberato adj deliberate
delicatezza f delicacy
delicato adj delicate
delineare v outline
delinquente adj delinquent
delinquenza f delinquency
delizia f delight
deliziare v delight
delizioso adj delicious
deludente adj disappointing
deludere v disappoint
delusione f disappointment
demente adj demented
democratico adj democratic
democrazia f democracy
demolire v demolish
demolizione f demolition
demonio m demon
demoralizzare v demoralize
demoralizzato adj dejected
denaro m money
denigrare v denigrate
denominatore m denominator
denotare v denote
densità f density
denso adj dense

dentale *adj* dental
dente *m* tooth
denti *m* teeth
dentiera *f* dentures
dentista *m* dentist
dentro *pre* inside
denudare *v* strip
denunciare *v* denounce
deodorante *m* deodorant
deperibile *adj* perishable
dépliant *m* leaflet
deplorare *v* deplore
deplorevole *adj* deplorable
deporre *v* depose
deportare *v* deport
deportazione *f* deportation
deposito *m* deposit
depravare *adj* deprave
depravazione *f* depravity
depredare *v* loot
depressione *f* depression
deprezzarsi *v* depreciate
deprimente *adj* depressing
deprimere *v* depress
depurazione *f* purification
deragliamento *m* derailment
deragliare *v* derail

deridere *v* deride, mock
derivare *v* derive
derivato *adj* derivative
descrittivo *adj* descriptive
descrivere *v* describe
descrizione *f* description
deserto *m* desert
desiderare *v* desire, wish
desiderio *m* desire, wish
desideroso *adj* eager
designare *v* designate
desistere *v* desist
desolato *adj* desolate
desolazione *f* desolation
despota *m* despot
dessert *m* dessert
destinatario *m* addressee
destinazione *f* destination
destino *m* destiny, fate
destra *m* right
destro *adj* right, adroit
detective *m* detective
detenere *v* detain
detenzione *f* detention
detergente *m* detergent
deterioramento *m* deterioration
deteriorarsi *v* deteriorate

determinare v determine
determinazione f determination
detestabile adj abhorrent
detestare v detest, loathe
detonare v detonate
detonatore m detonator
detonazione f detonation
detrarre v deduct
detriti m debris
dettagliatamente adv in depth
dettaglio m detail
dettare v dictate
deturpare v disfigure
devastante adj devastating
devastare v devastate
devastazione f devastation
deviare v divert, pervert
deviazione f deviation
devote adj devout
devozione f devotion
di pre about, of
di base adj grassroots
di buon gusto adj tasteful
di classe adj classy
di fronte pre facing
di fronte adv opposite
di legno adj wooden

di lusso adj de luxe
di nuovo adv anew, afresh
di ricambio adj spare
diabete m diabetes
diabetico adj diabetic
diabolico adj diabolical
diacono m deacon
diagnosi f diagnosis
diagnosticare v diagnose
diagonale adj diagonal
diagramma m diagram
dialetto m dialect
dialogo m dialogue
diamante m diamond
diametro m diameter
diapositiva v slide
diario m diary
diarrea f diarrhea
diavolo m devil
dibattere v debate
dibattito m debate
dicembre m December
diceria f hearsay
dichiarare v declare
dichiarato adj avowed
dichiarazione f declaration
diciannove adj nineteen

diciassette *adj* seventeen
diciotto *adj* eighteen
dieci *adj* ten
dieta *f* diet
dietro *pre* behind, beyond
difendere *v* defend
difensore *m* defender
difesa *f* defense
difetto *m* defect, flaw
difettoso *adj* defective
diffamare *v* defame
diffamazione *f* libel
differente *adj* different
differenza *f* difference
differire *v* defer, put off
difficile *adj* difficult
difficilmente *adv* hardly
difficoltà *f* difficulty
diffidare di *v* distrust
diffidente *adj* distrustful
diffidenza *f* mistrust
diffondere *v* disseminate
diffuso *adj* widespread
diga *f* dam
digerire *v* digest
digestione *f* digestion
digestivo *adj* digestive

dignità *f* dignity
dignitario *m* dignitary
dilemma *m* dilemma
diligente *adj* diligent
diligenza *f* diligence
diluire *v* dilute
diluvio *m* deluge
dimenare *v* wiggle
dimensione *f* dimension
dimenticare *v* forget
dimettersi *v* resign
dimezzare *v* halve
diminuire *v* decrease, abate
diminuzione *m* decrease
dimissioni *f* resignation
dimostrare *v* demonstrate
dimostrativo *adj* demonstrative
dimostrato *adj* proven
dinamico *adj* dynamic
dinamite *f* dynamite
dinastia *f* dynasty
dinosauro *m* dinosaur
dintorni *m* surroundings
Dio *m* God
diocesi *f* diocese
dipanare *v* unravel
dipartimento *m* department

dipendente *adj* dependent
dipendente *m* employee
dipendenza *f* dependence
dipendere *v* depend
dipingere *v* depict
diploma *m* diploma
diplomatico *m* diplomat
diplomatico *adj* diplomatic
diplomazia *f* diplomacy
diramazione *f* ramification
dire *v* say, tell
diretto *adj* direct
direttore *m* director
direzione *f* direction
dirigere *v* direct
diritto *m* right, law
dirottamento *m* hijack
dirottare *v* hijack
dirottatore *m* hijacker
disabile *adj* disabled
disabilità *f* disability
disaccordo *m* disagreement
disadattato *n* misfit
disagiato *adj* deprived
disagio *m* discomfort
disapprovare *v* disapprove
disarmare *v* disarm

disarmato *adj* unarmed
disarmo *m* disarmament
disastro *m* disaster
disastroso *adj* disastrous
discarica *f* landfill
discendente *m* descendant
discepolo *m* disciple
discernere *v* discern
discesa *f* descent
disciplina *f* discipline
disciplinare *v* regulate
disco *m* disk
disconnettersi *v* log off
discordante *adj* discordant
discordia *f* discord
discorso *m* speech
discrepanza *f* discrepancy
discreto *adj* discreet
discrezione *f* discretion
discriminare *v* discriminate
discussione *f* discussion
discutere *v* discuss
discutibile *adj* debatable, questionable
disegnare *v* sketch
disegnatore *m* draftsman
disegno *m* drawing
diseredare *v* disinherit

disertore *m* deserter
disfare *v* unpack
disfatta *f* overthrow
disgelare *v* thaw
disgelo *m* thaw
disgustare *v* sicken
disgusto *m* disgust
disgustoso *adj* disgusting, foul
disidratare *v* dehydrate
disillusione *f* disillusion
disincantato *adj* disenchanted
disinfettante *m* disinfectant
disinfettare *v* disinfect
disinnescare *v* defuse
disintegrarsi *v* disintegrate
disintegrazione *f* disintegration
disinteressato *adj* unselfish
disobbediente *adj* disobedient
disobbedienza *f* disobedience
disobbedire *v* disobey
disoccupato *adj* unemployed, jobless
disonestà *f* dishonesty
disonesto *adj* dishonest
disonorare *v* disgrace
disonore *m* dishonor
disonorevole *adj* dishonorable
disordinare *v* mess up

disordinato *adj* messy
disordine *m* disorder
disorganizzato *adj* disorganized
disorientare *v* bewilder
disorientato *adj* disoriented
dispari *m* odds
disparità *f* disparity
dispensare *v* dispense
disperato *adj* desperate
disperazione *f* despair
disperdere *v* disperse
dispersione *f* dispersal
dispetto *m* spite
dispettoso *adj* spiteful
dispiacere *v* displease
dispiacere *m* displeasure
dispiaciuto *adj* afraid
disponibile *adj* available
disponibilità *f* readiness
dispositivo *m* device
disposizione *f* aptitude
disposto *adj* willing
dispotico *adj* despotic
disprezzare *v* despise
disprezzo *m* contempt
disputare *v* dispute
dissentire *v* dissent

dissidente *adj* dissident
dissimile *adj* dissimilar
dissipare *v* dispel
dissoluto *adj* dissolute
dissoluzione *f* dissolution
dissolvere *v* fade
dissonante *adj* dissonant
dissuadere *v* dissuade
dissuasione *f* deterrence
distanza *f* distance
distillare *v* distill
distinguere *v* distinguish
distintivo *adj* distinctive
distinto *adj* distinct
distinzione *f* distinction
distorcere *v* distort
distorsione *f* distortion
distrarre *v* distract
distrazione *f* distraction
distretto *m* district
distribuire *v* distribute
distribuzione *f* dispensation
districare *v* extricate
distruggere *v* destroy
distruttivo *adj* destructive
distruttore *m* destroyer
distruzione *f* destruction

disturbare *v* disturb
disumano *adj* inhuman
disunione *f* disunity
disuso *m* disuse
dito *m* finger
dito del piede *m* toe
dittatore *m* dictator
dittatoriale *adj* dictatorial
dittatura *f* dictatorship
dittongo *m* diphthong
divagare *v* digress
divano *m* couch, sofa
divario *m* gap
diventare *v* become
diversi *adj* several
diversificare *v* diversify
diversione *f* diversion
diversità *f* diversity
diverso *adj* diverse
divertente *adj* amusing
divertimento *m* fun
divertire *v* amuse
divertirsi *v* revel
dividendo *m* dividend
dividere *v* divide, split
divieto *m* prohibition
divinità *f* divinity

dotto

divino *adj* divine
divisibile *adj* divisible
divisione *f* division
divorare *v* devour
divorziare *v* divorce
divorziato *m* divorcee
divorzio *m* divorce
divulgare *v* divulge, popularize
dizionario *m* dictionary
doccia *f* shower
docile *adj* docile
docilità *f* docility
documentario *m* documentary
documento *m* document
dodicesimo *adj* twelfth
dodici *adj* twelve
dogana *f* customs
dogmatico *adj* dogmatic
dolce *adj* sweet
dolcemente *adv* softly
dolcezza *f* sweetness
dolci *m* sweets
dolente *adj* sore
dolere *v* hurt
dollaro *m* dollar, buck
dolore *m* ache, pain
doloroso *adj* painful

domanda *f* demand, question
domandare *v* demand
domani *adv* tomorrow
domare *v* quell, tame
domenica *f* Sunday
domestico *adj* domestic
dominare *v* dominate
dominatore *adj* domineering
dominazione *f* domination
dominio *m* dominion
donare *v* donate
donatore *m* donor
donazione *f* donation
donna *f* woman
donne *f* women
dono *m* bounty
dopo *pre* after
dopo *adv* afterwards
doppio *adj* dual, double
dorato *adj* golden
dormicchiare *v* snooze
dormire *v* sleep
dormitorio *m* dormitory
dosaggio *m* dosage
dotato *adj* gifted
dote *f* dowry
dotto *m* duct

dottrina f doctrine
dove adv where
dovere m duty
dovere v must, owe, ought to
dovuto adj due
dozzina f dozen
drago m dragon
drammatico adj dramatic
drastico adj drastic
drenaggio m drainage
drenare v drain
droga f dope, drug
drogare v dope, drug
dubbio m doubt
dubbioso adj doubtful
dubitare v doubt
duca m duke
duchessa f duchess
due adj two
due volte adv twice
duello m duel
duplicare v duplicate
duplicazione f duplication
duramente adv harshly
durante pre during
durare v last
durata f duration
duraturo adj lasting
durevole adj durable
durezza f hardness
duro adj hard, harsh

E

e c and
ebraico adj Jewish
Ebraismo m Judaism
ebreo m Jew
eccellente adj excellent
eccellenza f excellence
eccellere v excel
eccentrico adj eccentric
eccessivo adj excessive
eccesso m excess
eccetto adv aside from
eccezionale adj exceptional
eccezione m exception
eccitante adj exciting
eccitare v excite
eccitazione f excitement
ecclesiastico m clergyman

eclissare *v* outshine
eclissi *f* eclipse
eco *m* echo
ecologia *f* ecology
economia *m* economy
economico *adj* inexpensive
edicola *m* newsstand
edificio *m* edifice
editore *m* publisher
edizione *f* edition
educare *v* educate
educativo *adj* educational
effettivo *adj* factual
effetto *m* effect
efficace *adj* effective
efficacia *f* effectiveness
efficiente *adj* efficient
efficienza *f* efficiency
effigie *f* effigy
effusione *f* outpouring
effusivo *adj* effusive
egli *pro* he
egoismo *m* selfishness
egoista *adj* selfish
elaborare *v* compute
elastico *adj* elastic
elefante *m* elephant

elegante *adj* elegant
eleganza *m* elegance
eleggere *v* elect
elementare *adj* elementary
elemento *m* element
elemosina *f* alms
elencare *v* itemize, list
elenco *m* directory, list
elettricista *m* electrician
elettricità *f* electricity
elettrico *adj* electric
elettrificare *v* electrify
elettronico *adj* electronic
elevare *v* elevate
elevarsi *v* soar
elevazione *m* elevation
elezione *f* election
elicottero *m* helicopter
eliminare *v* eliminate
eloquenza *m* eloquence
elsa *f* hilt
eludere *v* elude, evade
elusione *f* avoidance
emaciato *adj* emaciated
emanare *v* emanate
emancipare *v* emancipate
emarginato *adj* outcast

emblema *m* emblem
embrione *m* embryo
emendamento *m* amendment
emergenza *f* emergency
emergere *v* emerge
emettere *v* emit, utter
emicrania *m* migraine
emigrante *m* emigrant, migrant
emigrare *v* emigrate
emisfero *m* hemisphere
emissione *f* emission
emorragia *f* bleeding
emotivo *adj* emotional
emozione *m* emotion
empio *adj* wicked
enciclopedia *f* encyclopedia
enclave *m* enclave
endovenoso *adj* intravenous
energia *f* energy
energico *adj* energetic
enfasi *f* emphasis
enigma *m* riddle, puzzle
enigmatico *adj* puzzling
enorme *adj* huge
entrambi *adj* both
entrante *adj* incoming
entrare *v* go in, enter, come in, get in
entrata *f* entry, way in
entro *pre* within
entusiasmante *adj* rousing
entusiasmare *v* thrill
entusiasmo *m* enthusiasm
enumerare *v* enumerate
epidemico *m* epidemic
epilessia *f* epilepsy
episodio *m* episode
epistola *f* epistle
epitaffio *m* epitaph
epoca *f* epoch, era
equatore *m* equator
equazione *f* equation
equilibrio *m* equilibrium
equipaggiare *v* equip
equipaggio *m* crew
equiparare *v* equate
equità *f* fairness
equivalente *adj* equivalent
erba *f* grass, herb
erbaccia *f* weed
erede *m* heir
eredità *f* inheritance
ereditare *v* inherit
ereditario *adj* hereditary
ereditiera *f* heiress

eremita *m* hermit
eresia *f* heresy
eretico *adj* heretic
eretto *adj* erect
erigere *v* erect
ermetico *adj* airtight
ernia *f* hernia
eroe *m* hero
erogare *v* disburse
eroico *adj* heroic
eroina *f* heroin
eroismo *m* heroism
errare *v* err, mistake
errato *adj* erroneous
erroneo *adj* misguided
errore *m* error, mistake
eruttare *v* erupt
eruzione *f* eruption, rash
esagerare *v* exaggerate
esagerato *adj* overdone
esalazioni *f* fumes
esaltare *v* exalt
esame *m* examination
esaminare *v* examine
esanime *adj* lifeless
esasperare *v* exasperate
esatto *adj* exact

esaurimento *m* exhaustion
esaurire *v* exhaust
esaurito *adj* sold-out
esca *f* bait
esclamare *v* exclaim
escludere *v* exclude
escogitare *v* devise
escursione *f* excursion
esecutivo *m* executive
eseguire *v* perform
esempio *m* example
esemplare *adj* exemplary
esemplare *m* specimen
esemplificare *v* exemplify
esente *adj* exempt
esenzione *f* exemption
esercitare *v* exercise
esercito *m* army
esercizio *m* exercise
esibizione *f* exhibition
esigente *adj* demanding
esilarante *adj* exhilarating
esiliare *v* exile
esilio *m* exile
esistenza *f* existence
esistere *v* exist
esitante *adj* hesitant

esitare v hesitate
esitazione f hesitation
esodo m exodus
esofago m esophagus
esonerare v exonerate
esorbitante adj exorbitant
esorcista m exorcist
esordio m onset
esortare v exhort, urge
esotico adj exotic
espandere v expand
espandersi v branch out
espansione f expansion
espediente n expedient
espellere v eject, expel
esperienza f experience
esperimento m experiment
esperto adj expert
espiare v expiate
espiazione f atonement
esplicito adj explicit
esplodere v explode
esplorare v explore
esploratore m explorer, scout
esplosione f explosion
esplosivo adj explosive
esporre v expose

esportare v export
esposto adj exposed
espressione f expression
espresso adj express
espropriare v expropriate
espulsione f expulsion
essa pro she
essenza f essence
essenziale adj essential
essere v be
essere m being
essere cauto v beware
essere umano m human being
essi pro they
essiccato adj dried
est f east
estasi m ecstasy
estate f summer
estatico adj ecstatic
estendere v extend
estendersi v sprawl, stretch
estensione f extension
estenuante adj gruelling
esterno adj external, outer
estetico adj aesthetic
estinto adj extinct
estorcere v extort

estorsione *f* extortion
estradare *v* extradite
estradizione *f* extradition
estraneo *adj* extraneous
estraneo *m* outsider
estraniato *adj* estranged
estrarre *v* extract
estratto *m* excerpt
estremamente *adv* exceedingly
estremista *adj* extremist
estremità *f* extremities
estremo *adj* extreme
estroverso *adj* extroverted
estuario *m* estuary
esultante *adj* elated
esultare *v* exult
età *f* age
eternità *f* eternity
eterno *adj* everlasting
etica *f* ethics
etichetta *m* etiquette, label
etico *adj* ethical
euforia *f* euphoria
Europa *f* Europe
europeo *adj* European
evacuare *v* evacuate
evadere *v* break free

evaporare *v* evaporate
evasione *f* evasion
evasivo *adj* evasive
evento *m* event
eventualità *f* eventuality
evidente *adj* noticeable
evidenziatore *m* marker
evitabile *adj* avoidable
evitare *v* avert, avoid
evocare *v* evoke
evoluzione *f* evolution
evolvere *v* evolve
extra *adv* extra

F

fabbrica *f* factory
fabbricare *v* fabricate
fabbro *m* blacksmith
faccia *f* face
facciata *f* frontage
facile *adj* easy
facilitare *v* facilitate
facilmente *adv* easily

facoltà

facoltà f faculty
facoltativo adj optional
fagiano m pheasant
fagiolino m green bean
fagiolo m bean
faida f feud
falcare v stride
falce f sickle
falciare v mow
falco m hawk
falegname m carpenter
falegnameria f carpentry
falena f moth
fallacia f fallacy
fallimento m failure
fallire v fail
fallito adj bankrupt
falò m bonfire
falsificare v falsify
falsificazione f forgery
falsità f falsehood
falso adj fake, untrue
fama f fame
fame f hunger
famigerato adj notorious
famiglia f family
familiare adj homely, familiar

famoso adj famous
fanatico adj fanatic
fango m mud
fangoso adj muddy
fantasia f fantasy
fantasma m ghost
fantastico adj fantastic
fanteria f infantry
fantoccio m puppet
far impazzire v madden
far uscire v let out
fare v do, make
fare attenzione v watch out
fare gargarismi v gargle
fare la spia v snitch
fare la spola v shuttle
fare provvista v hoard
fare punti v score
fare scalo v stop over
fare visita v stop by
farfalla f butterfly
farfugliare v babble
farina f flour
farina d'avena f oatmeal
farmacia f drugstore, pharmacy
farmacista m pharmacist, chemist
farmaco m medication

faro *m* lighthouse
farsa *f* farce
farsi avanti *v* come forward
fasciare *v* bandage
fascicolo *m* dossier
fascino *m* allure, charm
fascio *m* bundle
fase *f* phase, stage
fastidio *m* nuisance
fastidioso *adj* annoying
fastoso *adj* lavish
fasullo *adj* phoney
fata *f* fairy
fatale *adj* fatal
fatica *f* fatigue
faticare *v* toil
fatidico *adj* fateful
fattibile *adj* feasible
fatto *m* fact
fattore *m* factor
fattoria *f* farm
fattura *f* invoice
favola *f* fable
favoloso *adj* fabulous
favore *m* favor
favorevole *adj* favorable
favorire *v* accommodate

fazzoletto *m* handkerchief
febbraio *m* February
febbre *f* fever
febbrile *adj* feverish
fede *f* belief, faith
fedele *adj* faithful
fedeltà *f* loyalty
federa *f* pillowcase
federale *adj* federal
fegato *m* liver
felice *adj* happy
felicità *f* happiness
femmina *f* female
femminile *adj* feminine
femminuccia *adj* sissy
fenditura *f* cleft, fissure
fenomeno *m* phenomenon
ferire *v* injure
ferirsi *v* wound
ferita *f* wound
fermare *v* stop
fermata *f* stop
fermentare *v* ferment
fermento *m* ferment
fermezza *f* firmness
fermo *adj* firm
feroce *adj* ferocious

ferocia *f* ferocity
ferro *m* iron
ferrovia *f* railroad
fertile *adj* fertile
fertilità *f* fertility
fertilizzare *v* fertilize
fervente *adj* fervent
fessura *f* slot, leak
festa *f* feast, party
festivo *adj* festive
fetido *adj* fetid
feto *m* fetus
fetore *m* stench
fetta *f* slice
fiacco *adj* faint
fiamma *f* flame
fiammata *f* flare
fianco *m* flank, hip
fiasco *m* flop
fibbia *f* buckle
fibra *f* fiber
ficcanaso *adj* nosy
fiche *f* chip
fico *m* fig
fidanzata *f* girlfriend
fidanzato *m* fiancé
fiducia *f* trust

fiducioso *adj* confident
fieno *m* hay
fiera *f* fair
figlia *f* daughter
figliastra *f* stepdaughter
figliastro *m* stepson
figliata *f* litter
figlio *m* son
figura *f* figure
fila *f* row
filastrocca *f* carol
filato *m* yarn
filiale *adj* subsidiary
film *m* film, movie
filo *m* thread
filo interdentale *m* floss
filosofia *f* philosophy
filosofo *m* philosopher
filtrare *v* filter
filtro *m* filter
finale *adj* final
finanziare *v* finance, fund
finanziario *adj* financial
fine *f* ending, end
fine settimana *m* weekend
finestra *f* window
fingere *v* pretend, feign

finire *v* end up, finish
finlandese *adj* Finnish
Finlandia *f* Finland
fino a *pre* until, till
finora *adv* hitherto
finzione *f* fiction
fiocco di neve *m* snowflake
fiordo *m* fjord
fiore *m* flower
fiorire *v* flourish
firma *f* signature
firmare *v* sign
fisarmonica *f* accordion
fischiare *v* whistle
fischio *m* whistle
fisica *f* physics
fisicamente *adv* physically
fisico *adj* bodily
fissare *v* gaze
fitness *m* fitness
fittizio *adj* fictitious
fiume *m* river
fiutare *v* sniff
flagello *m* scourge
flauto *m* flute
flessibile *adj* flexible
flettere *v* flex

flirtare *v* flirt
flotta *f* fleet
fluido *m* fluid
fluire *v* flow
flusso *m* flow, stream
fluttuare *v* fluctuate
fobia *f* phobia
focaccia *f* bun
focolaio *m* outbreak
focolare *m* hearth
fodera *f* lining
fogli *f* sheets
foglia *f* leaf
fogna *f* sewer
folgorare *v* electrocute
folla *f* crowd, throng
folle *adj* insane
follemente *adv* madly
follia *f* folly, insanity
fondamenta *f* groundwork
fondamentale *adj* fundamental
fondatore *m* founder
fondazione *f* foundation
fonderia *f* foundry
fondi *m* funds
fondo *m* fund, bottom
fontana *f* fountain

forare *v* bore
forbici *f* scissors
forca *f* pitchfork
forchetta *f* fork
foresta *f* forest
forfora *f* dandruff
forgiare *v* forge
forma *f* shape, form
formaggio *m* cheese
formale *adj* formal
formalità *f* formality
formalizzare *v* formalize
formalmente *adv* formally
formare *v* shape
formato *m* format
formazione *f* formation
formica *f* ant
formula *f* formula
formulazione *f* wording
fornire *v* provide, furnish
fornitore *m* supplier
forniture *f* supplies
forno *m* furnace, oven
forno a microonde *m* microwave
forse *adv* perhaps
forte *adj* strong
fortemente *adv* loudly

fortezza *f* fortress
fortificare *v* fortify
fortuna *f* fortune
fortunato *adj* fortunate
forza *f* strength
forzare *v* force
forzatamente *adv* forcibly
foschia *f* haze
fosforo *m* phosphorus
fossa *f* ditch
fossile *m* fossil
foto *f* photo
fotocopia *f* photocopy
fotocopiatrice *f* copier
fotografare *v* photograph
fotografo *m* photographer
fra *pre* between
fragile *adj* frail, fragile
fragilità *f* frailty
fragola *f* strawberry
fragore *m* crash
fragrante *adj* fragrant
fragranza *f* fragrance
fraintendere *v* misconstrue
frammento *m* fragment
francamente *adv* frankly
francese *adj* French

franchezza *f* frankness
franchising *m* franchise
Francia *f* France
franco *adj* frank
frangia *f* fringe
frantumarsi *v* shatter
frase *f* sentence
frate *m* friar
fratellastro *m* stepbrother
fratelli *m* brethren
fratello *m* brother
fraternità *f* brotherhood
fraterno *adj* brotherly
frattanto *adv* meantime
frattura *f* fracture
fraudolento *adj* fraudulent
frazione *f* fraction
freccia *f* arrow
freddare *v* gun down
freddezza *f* coldness
freddo *m* chill
freddo *adj* cold
fregare *v* sneak
fregata *f* frigate
fremito *m* shudder
frenare *v* brake, curb
frenesia *f* frenzy

frenetico *adj* frantic, frenzied
freno *m* brake
frequentare *v* frequent
frequente *adj* frequent
frequenza *f* frequency
freschezza *f* freshness
fresco *adj* chilly, cool
frescura *f* coolness
fretta *f* haste
frettolosamente *adv* hastily
frettoloso *adj* hasty
friggere *v* fry
frittata *f* omelette
fritto *adj* fried
frivolo *adj* frivolous
frode *f* sham, fraud
frontale *adj* front
frontalmente *adv* head-on
fronte *f* front
frontiera *f* frontier
frugale *adj* frugal
frugalità *f* frugality
frullatore *m* blender
frumento *m* wheat
frusta *f* whip
frustare *v* lash, whip
frustata *f* lash

frustrare v frustrate
frustrazione f frustration
frutta f fruit
fruttato adj fruity
frutteto m orchard
frutti di mare m seafood
fruttuoso adj fruitful
fucile m rifle
fuga f stampede
fugace adj fleeting
fuggire v escape, flee
fulmine m thunderbolt
fumare v smoke
fumatore m smoker
funerale m funeral
fungo m mushroom, fungus
funzione m function
fuoco m fire
fuori adv out
fuoribordo adv overboard
fuorilegge v outlaw
fuoriuscire v leak
fuorviare v mislead
furfante m rascal, villain
furiosamente adv furiously
furioso adj furious
furore m furor, fury

furtivo adj stealthy
furto m theft, larceny
fusibile m fuse
fusione f merger, fusion
futile adj futile
futilità f futility
futuro m future

G

gabbare v dupe
gabbia f cage
gabbiano m seagull
gabinetto m lavatory, toilet
gaffe f blunder
galante adj gallant
galassia f galaxy
galleggiare v float
galleria f gallery
gallina f hen
gallo m rooster, cock
gallone m gallon
galoppare v gallop
galvanizzare v galvanize

gamba *f* leg
gamberetto *m* shrimp
gambero *m* prawn
gamma *f* range
gancio *m* hook
gangster *m* gangster, mobster
garage *m* garage
garante *m* guarantor
garantire *v* guarantee
garantire per *v* vouch for
garanzia *f* guarantee
gareggiare *v* race
garofano *m* carnation
garza *f* gauze
gas *m* gas
gastrico *adj* gastric
gattino *m* kitten
gatto *m* cat
gattonare *v* crawl
gelato *m* ice cream
gelido *adj* frosty, ice-cold
gelo *m* frost
gelosia *f* jealousy
geloso *adj* jealous
gelsomino *m* jasmine
gemello *m* twin
gemere *v* groan, moan

gemito *m* groan, moan
gemma *f* gem
gene *m* gene
generale *m* general
generalizzare *v* generalize
generare *v* generate
generatore *m* generator
generazione *f* generation
genere *m* gender
generico *adj* generic
genero *m* son-in-law
generosità *f* generosity
genetico *adj* genetic
geniale *adj* genial
genio *m* genius
genitori *m* parents
gennaio *m* January
genocidio *m* genocide
gente *f* folks
gentile *adj* polite, gentle
gentilezza *f* kindness
gentilmente *adv* kindly
genuino *adj* genuine
geografia *f* geography
geologia *f* geology
geometria *f* geometry
gerarchia *f* hierarchy

Germania

Germania *f* Germany
germe *m* germ
germinare *v* germinate
germogliare *v* sprout
gerundio *m* gerund
gessato *adj* striped
gesso *m* chalk, crayon
gestazione *f* gestation
gestibile *adj* manageable
gesticolare *v* gesticulate
gestione *f* management
gestire *v* manage
gestire male *v* mismanage
gesto *m* gesture
gettare *v* throw
gettone *m* token
geyser *m* geyser
ghiacciaia *f* icebox
ghiacciaio *m* glacier
ghiaccio *m* ice
ghiaia *f* gravel, pebble
ghianda *f* acorn
ghiandola *f* gland
ghigliottina *f* guillotine
ghiottone *m* glutton
ghirlanda *f* garland
già *adv* already

giacca *f* jacket
giaguaro *m* jaguar
giallo *adj* yellow
Giappone *m* Japan
giapponese *adj* Japanese
giardiniere *m* gardener
giardino *m* garden
giarrettiera *f* garter
gigante *m* giant
gigantesco *adj* gigantic
ginecologia *f* gynecology
ginocchio *m* knee
giocare *v* play
giocatore *m* player
giocattolo *m* toy
gioco *m* play, game
giocoliere *m* juggler
giocoso *adj* playful
giogo *m* yoke
gioia *f* joy, zest
gioielleria *f* jewelry store
gioielliere *m* jeweler
gioiello *m* jewel
gioioso *adj* joyful
gioire *v* rejoice
giornale *m* newspaper
giornaliero *adv* daily

giornalista *f* journalist
giorno *m* day
giorno feriale *m* weekday
giovane *adj* young
giovanile *adj* youthful
giovedì *m* Thursday
gioventù *f* youth
gioviale *adj* jovial
giraffa *f* giraffe
girare *v* turn, spin, swivel
girarsi *v* turn over
giro *m* turn, lap
gironzolare *v* loiter
gita *f* outing
giù *adv* down
giubilante *adj* jubilant
giudicare male *v* misjudge
giudice *m* judge
giudizioso *adj* judicious
giugno *m* June
giumenta *f* mare
giungla *f* jungle
giunzione *f* junction
giuramento *m* oath
giurare *v* vow, swear
giuria *f* jury
giustamente *adv* justly

giustificare *v* justify
giustizia *f* justice
glaciale *adj* frigid
gladiatore *m* gladiator
globo *m* globe
gloria *f* glory
glorificare *v* glorify
glorioso *adj* glorious
glossario *m* glossary
glucosio *m* glucose
gobba *f* hump
gobbo *m* hunchback
goccia *f* drop, globule
gocciolamento *m* drip
gocciolare *v* drip
godimento *m* enjoyment
goffaggine *f* clumsiness
gola *f* gorge, throat
golfo *m* gulf
gomito *m* elbow
gomma *f* eraser, gum
gonfiare *v* bloat, inflate, swell
gonfio *adj* bloated, swollen
gonfiore *m* swelling
gonna *f* skirt
gorilla *m* gorilla
gotta *f* gout

governante _m_ housekeeper
governare _v_ govern
governatore _m_ governor
governo _m_ government
gozzovigliare _v_ guzzle
gradimento _m_ liking
grado _m_ grade
graduale _adj_ gradual
gradualmente _adv_ piecemeal
graffa _f_ staple, clamp
graffetta _f_ paperclip
graffiare _v_ claw, scratch
grafico _adj_ graphic
grammatica _f_ grammar
grammo _m_ gram
Gran Bretagna _f_ Britain
granaio _m_ barn
granata _f_ grenade
granchio _m_ crab
grande _adj_ big, great, large
grandezza _f_ greatness
grandinare _v_ hail
grandine _f_ hail
granito _m_ granite
grano _m_ grain
grasso _m_ fat, grease
grassoccio _adj_ chubby

gratificante _adj_ rewarding
gratificare _v_ gratify
gratitudine _f_ gratitude
grato _adj_ grateful
grattacielo _m_ skyscraper
grattare _v_ scratch
grave _adj_ serious, severe
gravemente _adv_ gravely
gravidanza _f_ pregnancy
gravità _f_ gravity, severity
gravitare _v_ gravitate
gravoso _adj_ burdensome
grazia _f_ grace, thanks
grazie _e_ thanks
grazioso _adj_ gracious, pretty
Grecia _f_ Greece
greco _adj_ Greek
gregge _m_ flock
grembiule _m_ apron
grembo _m_ womb
grezzo _adj_ raw
gridare _v_ shout, call out
grido _m_ shout, cry
grigio _adj_ gray
griglia _f_ broiler, grill
grigliare _v_ grill, broil
grilletto _m_ trigger

grillo *m* cricket
Groenlandia *f* Greenland
grondaia *f* gutter
grossolano *adj* coarse
grotta *f* grotto
grottesco *adj* grotesque
groviglio *m* tangle
gru *f* crane
gruccia *f* crutch
grumo *m* clot, lump
gruppo *m* cluster, group
guadagnare *v* earn, gain
guadagni *m* earnings
guadagno *m* gain
guancia *f* cheek
guanto *m* glove
guardare *v* look, view
guardia *f* guard
guardiano *m* attendant
guarire *v* heal
guaritore *m* healer
guarnigione *m* garrison
guarnire *v* garnish
guarnizione *f* garnish
guarnizioni *f* trimmings
guasto *m* breakdown
guazzabuglio *m* muddle

guerra *f* war
guerriero *m* warrior
guerriglia *f* guerrilla
guida *f* guide
guida turistica *f* guidebook
guidare *v* guide
guinzaglio *m* leash
guscio *m* shell
gustare *v* taste
gusto *m* taste

H

hamburger hamburger
handicap handicap
hardware hardware
hashish hashish
hobby hobby
hostess stewardess
hotel hotel

I

iceberg *m* iceberg
icona *f* icon
idea *f* idea
ideale *adj* ideal
ideare *v* mastermind
identico *adj* identical
identificare *v* identify
identità *f* identity
ideologia *f* ideology
idiota *m* idiot
idiota *adj* idiotic
idolatria *f* idolatry
idolo *m* idol
idraulico *adj* hydraulic
idrogeno *m* hydrogen
idromassaggio *m* whirlpool
iena *f* hyena
ieri *adv* yesterday
igiene *m* hygiene
ignaro *adj* unaware
ignorante *adj* ignorant
ignoranza *f* ignorance
ignorare *v* ignore, disregard
il *a* the

illecito *adj* illicit, unlawful
illegale *adj* illegal
illeggibile *adj* illegible
illimitato *adj* unlimited
illogico *adj* illogical
illudere *v* delude
illuminare *v* illuminate, light
illuminazione *f* lighting
illusione *f* illusion
illustrare *v* illustrate
illustrazione *f* illustration
illustrazioni *f* artwork
illustre *adj* illustrious
imballare *v* pack
imbalsamare *v* embalm
imbarazzante *adj* awkward
imbarazzare *v* embarrass
imbarazzato *adj* ashamed
imbarazzo *m* predicament
imbarcare *v* embark
imbarcarsi *v* board
imbattersi in *v* run across
imbattibile *adj* unbeatable
imbavagliare *v* gag
imbellire *v* beautify
imbestialire *v* enrage
imboscare *v* ambush

impensabile

imboscata *f* ambush
imbottigliare *v* bottle
imbottire *v* pad
imbottitura *f* padding
imbrattare *v* smear
imbrogliare *v* cheat
imbroglione *m* cheater
imitare *v* imitate
imitazione *f* imitation
immacolato *adj* immaculate, spotless
immaginare *v* imagine
immaginazione *f* imagination
immagine *f* image
immaturità *f* immaturity
immaturo *adj* immature
immediato *adj* immediate
immensità *f* immensity
immenso *adj* immense
immergere *v* immerse
immeritato *adj* undeserved
immersione *f* immersion
immettere *v* enter
immigrante *m* immigrant
immigrare *v* immigrate
immigrazione *f* immigration
imminente *adj* imminent
immischiarsi *v* meddle

immobile *adj* immobile
immobilizzare *v* immobilize
immondizia *f* garbage
immorale *adj* immoral
immoralità *f* immorality
immortale *adj* immortal
immortalità *f* immortality
immune *adj* immune
immunità *f* immunity
immunizzare *v* immunize
immutabile *adj* immutable
impacchettare *v* wrap up
impaginazione *f* layout
impantanarsi *v* bog down
imparare *v* master
imparato *adj* learned
imparziale *adj* impartial
impasse *adj* deadlock
impatto *m* impact
impaziente *adj* impatient
impazienza *f* impatience
impeccabile *adj* impeccable
impedimento *m* impediment
impegnare *v* pledge, engage
impegnato *adj* committed
impegno *m* commitment
impensabile *adj* unthinkable

imperatore *m* emperor
imperatrice *f* empress
imperdonabile *adj* inexcusable
imperfezione *f* imperfection
imperiale *adj* imperial
imperialismo *m* imperialism
impermeabile *m* raincoat
impermeabile *adj* waterproof
impero *m* empire
impersonale *adj* impersonal
impertinente *adj* impertinent
impertinenza *f* impertinence
impetuoso *adj* impetuous
impiantare *v* plant
impianto *m* plant
impiegare *v* employ
impiegatizio *adj* clerical
impiegato *m* clerk
impilare *v* pile
implacabile *adj* relentless
implicare *v* implicate
implicazione *f* implication
implicito *adj* implicit
implorare *v* plead, implore
imponente *adj* awesome
impopolare *adj* unpopular
imporre *v* impose

importanza *f* importance
importare *v* import
importazione *f* importation
imposizione *f* imposition
impossibile *adj* impossible
impossibilità *f* impossibility
impostazione *f* setting
impotente *adj* impotent
impoverito *adj* impoverished
imprecare *v* cuss
impreciso *adj* imprecise
imprenditore *m* entrepreneur
impresa *f* firm, venture
impressionante *adj* impressive
impressionare *v* impress
imprevedibile *adj* unpredictable
imprevisto *adj* unexpected
imprevisto *m* hold-up
imprigionare *v* imprison
improbabile *adj* unlikely
impronta *f* footprint
improvvisare *v* improvise
improvvisato *adv* impromptu
improvviso *adj* sudden
imprudente *adj* unwise
impulsivo *adj* impulsive
impulso *m* impulse

impunità *f* impunity
impuro *adj* impure
imputare *v* ascribe
imputato *m* defendant
in *pre* in
in anticipo *adv* beforehand
in cima *adv* atop
in corso *adj* ongoing
in discesa *adv* downhill
in fiamme *adj* aflame
in fretta *adv* hurriedly
in linea *adv* abreast
in lutto *adj* bereaved
in particolare *adv* particularly
in realtà *adv* actually
in ritardo *adj* overdue
in salita *adv* uphill
in scatola *adj* canned
in sospeso *adj* pending
in uscita *adj* outgoing
inabilitare *v* incapacitate
inaccessibile *adj* inaccessible
inadatto *adj* unsuitable
inafferrabile *adj* elusive
inaffidabile *adj* unreliable
inalare *v* inhale
inammissibile *adj* inadmissible

inappropriato *adj* improper
inasprire *v* embitter
inaudito *adj* unheard-of
inaugurare *v* inaugurate
inaugurazione *f* inauguration
incalcolabile *adj* incalculable
incantare *v* enchant
incantevole *adj* enchanting
incapace *adj* incapable
incapacità *f* inability
incarcerare *v* jail
incarnare *v* embody
incatenare *v* chain
incendiario *m* arsonist
incendio *m* arson
incenso *m* incense
incentivo *m* incentive
incertezza *f* quandary
incerto *adj* uncertain
incessante *adj* unending
inchiesta *f* investigation
inchinarsi *v* bow
inchino *m* bow
inchiostro *m* cartridge
inciampare *v* stumble
incidentale *adj* incidental
incidente *m* incident

incidere *v* engrave
incinta *adj* pregnant
incisione *f* incision
incitamento *m* incitement
incitare *v* incite
inclinare *v* incline, tilt
inclinato *adj* slanted
inclinazione *f* inclination
includere *v* include
incluso *adv* inclusive
incollare *v* glue, paste
incolpare *v* blame
incolto *adj* uneducated
incolume *adj* unharmed
incompatibile *adj* incompatible
incompetente *adj* incompetent
incompetenza *f* incompetence
incompleto *adj* incomplete
inconfutabile *adj* irrefutable
inconscio *adj* unconscious
incontinenza *f* incontinence
incontrare *v* encounter
incontro *m* meeting
incoraggiare *v* encourage
incorniciare *v* frame
incoronare *v* crown
incoronazione *f* crowning

incorporare *v* incorporate
incorporato *adj* built-in
incorreggibile *adj* incorrigible
incorrere *v* run into
incredibile *adj* incredible
incredulità *f* disbelief
incremento *m* increment
increspatura *f* ripple
incriminare *v* incriminate
incrinare *v* crack
incrociare *v* cross
incrociato *adj* cross
incrocio *m* crossroads
incubo *m* nightmare
incudine *f* anvil
incurabile *adj* incurable
indagare *v* inquire
indagine *f* survey
indebito *adj* undue
indebolire *v* weaken
indecenza *f* indecency
indecisione *f* indecision
indeciso *adj* indecisive
indennità *f* indemnity
indennizzare *v* indemnify
indeterminato *adj* indefinite
indicare *v* indicate

infausto

indicazione f indication
indice m index
indicibile adj unspeakable
indietreggiare v back, step back
indietro adv back
indifeso adj helpless
indifferente adj indifferent
indifferenza f indifference
indigente adj indigent
indigenti adj destitute
indigestione f indigestion
indipendente adj independent
indipendenza f independence
indiretto adj indirect
indirizzare v address
indirizzo m address
indiscreto adj indiscreet
indiscrezione f indiscretion
indiscusso adj undisputed
indiscutibile adj indisputable
indispensabile adj indispensable
indisposto adj indisposed
individuare v pinpoint
indivisibile adj indivisible
indizio m clue
indolore adj painless
indossare v dress, wear

indottrinare v indoctrinate
indovinare v guess
indugiante adj lingering
indugiare v linger
indulgente adj indulgent
indumento m garment
indurire v harden
indurre v induce
industria f industry
industrioso adj industrious
inefficace adj ineffective
inefficiente adj inefficient
ineguale adj unequal
inequivocabile adj unequivocal
inesatto adj inaccurate
inesperto adj inexperienced
inesplicabile adj inexplicable
inestimabile adj invaluable
inetto adj inept
inevitabile adj inevitable
infagottare v muffle
infallibile adj unfailing, infallible
infame adj infamous
infantile adj childish
infanzia f childhood
infastidire v annoy
infausto adj ominous

infedele

infedele *adj* unfaithful
infedeltà *f* infidelity
infelice *adj* unhappy
infelicità *f* unhappiness
inferiore *adj* inferior
infermeria *f* infirmary
infermiere *m* nurse
inferno *m* hell
infertile *adj* infertile
infestato *adj* infested
infettare *v* infect
infettivo *adj* infectious
infezione *f* infection
infiammabile *adj* flammable
infiammare *v* ignite
infiammazione *f* inflammation
infido *adj* treacherous
infilare *v* thread
infiltrare *v* infiltrate
infiltrazione *f* infiltration
infine *adv* eventually
infinito *adj* infinite, endless
inflazione *f* inflation
inflessibile *adj* inflexible
infliggere *v* inflict
influente *adj* influential
influenza *f* flu, influence

influire *v* affect
infondato *adj* groundless, unfounded
informale *adj* informal
informalità *f* informality
informare *v* inform
informatore *m* informer
informazione *f* information
infornare *v* bake
infrazione *f* infraction
infrequente *adj* infrequent
infruttuoso *adj* unprofitable
infuocato *adj* fiery
infuriare *v* infuriate
infusione *m* infusion
ingaggiare *v* engage
ingannare *v* deceive
ingannatore *adj* deceitful
ingannevole *adj* deceptive
inganno *m* deception
ingegnere *m* engineer
ingegnosità *f* ingenuity
ingenuo *adj* naive
ingerire *v* ingest
ingessare *v* plaster
Inghilterra *f* England
inghiottire *v* engulf, swallow
inginocchiarsi *v* kneel

ingiustamente adv unfairly
ingiustificato adj unjustified
ingiustizia f injustice
ingiusto adj unjust
inglese adj English
ingombrante adj cumbersome
ingranaggio m gear
ingrandire v enlarge
ingratitudine f ingratitude
ingrato adj ungrateful
ingraziare v ingratiate
ingrediente m ingredient
ingresso m admission, entrance
inguine m groin
inibire v inhibit
iniettare v inject
iniezione f injection
ininterrotto adj unbroken
iniziale adj initial
iniziali f initials
inizialmente adv initially
iniziare v start
iniziativa f initiative
inizio m beginning
innanzitutto adv foremost
innato adj innate
innegabile adj undeniable

innestare v implant
inno m anthem, hymn
innocente adj innocent
innocenza f innocence
innocuo adj harmless
innovazione m innovation
innumerevole adj countless
inoltrare v submit
inoltre adv furthermore
inondare v inundate
inondazione f flooding
inopportuno adj inappropriate
inorridire v horrify
inosservato adj unnoticed
inquietudine f worry
inquilino m tenant
inquinamento m pollution
inquinare v pollute
inquisizione f inquisition
insabbiamento m coverup
insaccare v sack
insalata f salad
insanguinato adj bloody
insapore adj tasteless
insaziabile adj insatiable
inscatolare v can
insediamento m settlement

insegnamento *f* tuition
insegnante *m* teacher
insegnare *v* teach
inseguimento *m* chase
inseguire *v* chase, stalk
insenatura *f* creek
insensibile *adj* insensitive
inseparabile *adj* inseparable
inserimento *m* insertion
inserire *v* insert
insetto *m* insect
insicurezza *f* insecurity
insieme *m* set
insignificante *adj* insignificant
insincerità *f* insincerity
insincero *adj* insincere
insinuare *v* insinuate
insinuazione *f* insinuation
insipido *adj* insipid
insistente *adj* pushy
insistenza *f* insistence
insistere *v* insist
insoddisfatto *adj* dissatisfied
insolente *adj* insolent
insolito *adj* unusual
insolubile *adj* insoluble
insonnia *f* insomnia

insopportabile *adj* unbearable
insorgere *v* riot
instabile *adj* unstable
instabilità *f* instability
installare *v* install
installazione *f* installation
instancabile *adj* tireless
instillare *v* instil
insufficiente *adj* insufficient
insultare *v* insult
insulto *m* insult
insurrezione *f* insurgency
intarsiato *adj* inlaid
intasare *v* clog
intatto *adj* intact
integrare *v* integrate
integrazione *f* integration
integrità *f* integrity
intelligente *adj* intelligent
intendere *v* intend
intensificare *v* intensify
intensità *f* intensity
intensivo *adj* intensive
intenso *adj* intense
intenzione *f* intention
interamente *adv* entirely
intercedere *v* intercede

intercessione *f* intercession
intercettare *v* intercept
interessante *adj* interesting
interessarsi di *v* care about
interessato *adj* interested
interesse *m* interest
interesse personale *m* self-interest
interferenza *f* interference
interferire *v* interfere
interiore *adj* inner
intermediario *m* intermediary
intermezzo *m* interlude
internare *v* intern
interno *adj* interior, inside
intero *adj* entire
interpretare *v* interpret
interpretazione *f* interpretation
interprete *m* interpreter
interrogare *v* interrogate
interrompere *v* interrupt
interruttore *m* switch
interruzione *f* interruption
intersecare *v* intersect
intervallo *m* interval
intervenire *v* intervene
intervento *m* intervention
intervista *f* interview

intestino *m* intestine
intimidire *v* intimidate
intimità *f* intimacy
intimo *adj* intimate
intoccabile *adj* untouchable
intollerabile *adj* intolerable
intolleranza *f* intolerance
intonarsi *v* match
intoppo *m* hitch
intorno *pro* around
intorpidito *adj* numb
intossicato *adj* intoxicated
intrattenere *v* entertain
intravedere *v* glimpse
intrecciare *v* intertwine
intrepido *adj* intrepid
intricato *adj* intricate
intrigante *adj* intriguing
intrigo *m* intrigue
intrinseco *adj* intrinsic
introdurre *v* introduce
introduzione *f* introduction
intromettersi *v* intrude
introverso *adj* introvert
intrusione *f* intrusion
intruso *m* intruder
intuizione *f* intuition

inumidire *v* moisten
inutile *adj* useless
invadere *v* invade
invalidare *v* invalidate
invalido *m* invalid
invasione *f* invasion
invasore *m* invader
invece *adv* instead
inventare *v* invent
inventario *m* inventory
inventato *adj* trumped-up
invenzione *f* invention
inverno *m* winter
inversione *f* inversion
inverso *m* inverse
investimento *m* investment
investire *v* invest
investitore *m* investor
inviare *v* send
inviato *m* envoy
invidia *f* envy
invidiare *v* envy
invidioso *adj* envious
invincibile *adj* invincible
invisibile *adj* invisible
invitare *v* invite
invito *m* invitation

invocare *v* invoke
invogliare *v* entice
io *pro* I
iodio *m* iodine
ipnosi *m* hypnosis
ipnotizzare *v* hypnotize
ipocrisia *f* hypocrisy
ipocrita *adj* hypocrite
ipotesi *f* hypothesis
irato *adj* irate
Irlanda *f* Ireland
irlandese *adj* Irish
ironia *f* irony
ironico *adj* ironic
irragionevole *adj* unreasonable
irrazionale *adj* irrational
irreale *adj* unreal
irrealistico *adj* unrealistic
irregolare *adj* irregular
irreparabile *adj* irreparable
irrequieto *adj* restless
irresistibile *adj* irresistible
irresponsabile *adj* careless
irreversibile *adj* irreversible
irrevocabile *adj* irrevocable
irrigare *v* irrigate
irrigazione *f* irrigation

irrigidire *v* stiffen
irrilevante *adj* irrelevant
irrispettoso *adj* disrespectful
irritante *adj* irritating
irritare *v* irritate
irrompere *v* break in
iscriversi *v* enroll
iscrizione *f* enrollment
islamico *adj* Islamic
isola *f* island
isolamento *m* isolation
isolare *v* isolate
ispanico *adj* Hispanic
ispettore *m* inspector
ispezionare *v* inspect
ispezione *f* inspection
ispirare *v* inspire
ispirazione *f* inspiration
istantanea *f* snapshot
istante *m* instant
isteria *f* hysteria
isterico *adj* hysterical
istigare *v* instigate
istinto *m* instinct
istituire *v* institute
istituto *m* institute
istituzione *f* institution
istrice *m* porcupine
istruire *v* instruct
istruttore *m* instructor
Italia *f* Italy
italiano *adj* Italian
itinerario *m* itinerary

L

la *a* the
là *adv* there
labbro *m* lip
labirinto *m* labyrinth
laboratorio *m* lab
laconico *adj* terse
lacrima *f* tear
lacrimoso *adj* tearful
lacuna *f* gap
ladro *m* thief
lago *m* lake
laguna *f* lagoon
laico *m* layman
lama *f* blade
lamentarsi *v* lament, wail

lamentela *f* complaint
lamento *m* lament
laminare *v* foil
lampada *f* lamp
lampadina *f* bulb
lampione *m* lamppost
lampo *m* lightning, flash
lampone *m* raspberry
lana *f* wool
lancia *f* spear
lanciare *v* launch, toss, cast
lancio *m* launch, kickoff
languire *v* languish
lanterna *f* lantern
lapidare *v* stone
lapide *f* tombstone
largamente *adv* broadly
larghezza *f* breadth
laringe *f* larynx
lasciare *v* let
laser *m* laser
lassativo *adj* laxative
lassista *adj* lax
lastra *f* slab
laterale *adj* lateral
lateralmente *adv* sideways
latitante *m* fugitive

latitudine *f* latitude
lato *m* side
latte *m* milk
lattiginoso *adj* milky
lattuga *f* lettuce
laurea *f* graduation, degree
laurearsi *v* graduate
lavabile *adj* washable
lavagna *f* blackboard
lavanderia *f* laundry
lavare *v* wash
lavastoviglie *f* dishwasher
lavorare *v* work
lavoratore *m* worker
lavoretto *m* chore
lavoro *m* work, labor
leale *adj* loyal
lebbra *f* leprosy
lebbroso *m* leper
leccare *v* lick
lecito *adj* lawful
lega *f* alloy
legale *adj* legal
legalità *f* legality
legalizzare *v* legalize
legame *adj* binding
legame *m* bond

librario

legamento *m* ligament
legare *v* tie, bequeath
legato *adj* bound
leggenda *f* legend
leggere *v* read
leggermente *adv* lightly
leggero *adj* light
leggibile *adj* legible
leggio *m* lectern
legiferare *v* legislate
legione *f* legion
legislatore *m* legislator
legislatura *f* legislature
legislazione *f* legislation
legittimo *adj* legitimate
legna *f* firewood
legname *m* lumber
legno *m* wood
lenire *v* soothe
lentamente *adv* slowly
lenti *f* lenses
lenticchia *f* lentil
lentiggine *f* freckle
lentigginoso *adj* freckled
lento *adj* slow, slack, sluggish
lenzuola *f* bedding
leone *m* lion

leonessa *f* lioness
leopardo *m* leopard
lepre *f* hare
letale *adj* lethal
letame *m* manure
lettera *f* letter
letterale *adj* literal
letteralmente *adv* literally, verbatim
letterato *adj* literate
letteratura *f* literature
letto *m* bed
lettore *m* reader
lettura *f* reading
leucemia *f* leukemia
leva *f* lever
levigare *v* smooth
levigatezza *f* smoothness
levigato *adj* smooth
levriero *m* greyhound
lezione *f* lesson
liberare *v* liberate, free
liberarsi di *v* get rid of
liberazione *f* liberation
libero *adj* free
libertà *f* freedom
libidinoso *adj* prurient
librario *m* bookseller

L

librarsi v hover
libreria f bookstore
libro m book
libro di testo m textbook
libro mastro m ledger
licenza f licence
licenziamento m dismissal
licenziare v lay off
lieto adj glad
lievito m yeast
limitare v limit
limitazione f limitation
limite m limit
limonata f lemonade
limone m lemon
lince f lynx
linciare v lynch
linea f line
linea aerea f airliner
linfa f sap
lingerie f lingerie
lingotto m ingot
lingua f tongue
liquame m sewage
liquidare v liquidate
liquidazione f liquidation
liquido m liquid

liquore m liquor
litania f litany
litigare v argue, quarrel
litigio m quarrel
litigioso adj quarrelsome
litorale m coastline
litro m litre
liturgia f liturgy
livellare v level
livello m level
livido adj livid
locale adj local
locali m premises
località f location
localizzare v locate
locanda f inn
locatario m lessee
locatore m lessor
locusta f locust
lodare v praise
lode f praise
lodevole adj praiseworthy
logica f logic
logico adj logical
logorare v wear down
lombata f loin
longitudine f longitude

lontano *adj* distant, far
lontra *f* otter
lordo *adj* gross
loro *pro* theirs, them
loro *adj* their
lotta *f* fight
lottare *v* fight, wrestle
lottatore *m* wrestler
lotteria *f* lottery
lozione *f* lotion
lubrificare *v* lubricate
lubrificazione *f* lubrication
lucchetto *m* padlock
luccicare *v* gleam
luce *f* light
lucentezza *f* gloss
lucernario *m* skylight
lucertola *f* lizard
lucidare *v* polish
lucido *adj* shiny, lucid
lucrativo *adj* lucrative
luglio *m* July
lugubre *adj* dismal
lumaca *f* snail
luminosità *f* brightness
luminoso *adj* bright
luna *f* moon

lunedì *m* Monday
lunghezza *f* length
lungo *adj* long
luogo *m* lieu, place
lupetto *m* cub
lupo *m* wolf
lurido *adj* filthy
lusinga *f* flattery
lusingare *v* flatter
lusinghiero *adj* complimentary
lusso *m* luxury
lussuoso *adj* luxurious
lussuria *f* lust
lussurioso *adj* lustful
lutto *m* mourning

M

ma *c* but
macabro *adj* gruesome
macchia *f* blemish, smear, stain
macchiare *v* stain
macchina *f* machine
macchinare *v* plot

macchiolina

macchiolina *m* speck
macellaio *m* butcher
macellare *v* slaughter
macellazione *f* slaughter
macelleria *f* butchery
macerie *f* rubble
macinare *v* grind
maciullare *v* mangle
madre *f* mother
maestà *f* majesty
maestoso *adj* majestic
magazzino *m* warehouse
maggio *m* May
maggioranza *f* majority
maggiordomo *m* butler
maggiore *m* major
magia *f* magic
magico *adj* magical
magistrato *m* magistrate
maglia *f* jersey
maglione *m* sweater
magnate *m* tycoon
magnete *m* magnet
magnetico *adj* magnetic
magnetismo *m* magnetism
magnifico *adj* magnificent
magnitudo *m* magnitude

mago *m* wizard
magro *adj* lean
mai *adv* never
maiale *m* pig, pork
mais *m* corn
maiuscola *f* capital letter
mal di denti *m* toothache
mal di mare *n* seasickness
mal di orecchi *m* earache
mal di testa *m* headache
malaria *f* malaria
malato *adj* ill, sick
malattia *f* disease, illness
maldestro *adj* clumsy
male *adv* badly
male *m* evil
maledetto *adj* accursed
maledizione *v* curse
malevolo *adj* malevolent
malfunzionamento *m* malfunction
malgrado *c* although
malignare *v* malign
malignità *f* malignancy
maligno *adj* malignant
malinconia *f* melancholy
malizia *f* malice
malizioso *adj* mischievous

marciare

malmenare *v* maul
malnutrizione *f* malnutrition
malsano *adj* unhealthy
maltrattare *v* mistreat
malvagità *f* wickedness
malvolentieri *adv* unwillingly
mamma *f* mom
mammifero *m* mammal
mammut *m* mammoth
manager *m* manager
mancante *adj* missing
mancanza *f* lack
mancare *v* lack
mancia *f* gratuity
manciata *f* handful
mandare *v* send, remit
mandarino *m* tangerine
mandato *m* mandate
mandibola *f* jaw
mandorla *f* almond
maneggiare *v* handle
manette *f* handcuffs
manganellare *v* bludgeon
mangiare *v* eat
mangiatoia *f* manger
maniaco *adj* maniac
manica *f* sleeve

manichino *m* dummy
maniere *f* manners
manierismo *m* mannerism
manifestare *v* manifest
maniglia *f* handle
manipolare *v* manipulate
mano *f* hand
manodopera *f* manpower
manopola *f* knob
manoscritto *m* manuscript
manovella *f* crank
manovra *f* maneuver
mansione *f* duty
mantello *m* cloak
mantenere *v* maintain
mantenersi *v* hold on to
manuale *m* handbook
manuale *adj* manual
manutenzione *f* upkeep, maintenance
manzo *m* beef
mappa *f* map
marca *f* brand, make
marchiare *v* mark
marchio *m* trademark
marcia *f* march
marciapiede *m* pavement
marciare *v* march

marcio *adj* rotten
mare *m* sea
marea *f* tide
maremoto *m* tidal wave
maresciallo *m* marshal
margherita *f* daisy
marginale *adj* marginal
margine *m* edge, margin
marina militare *f* navy
marinaio *m* sailor
marinare *v* marinate
marino *adj* marine
marito *m* husband
marmellata *f* marmalade, jam
marmitta *f* muffler
marmo *m* marble
marrone *adj* brown
Marte *m* Mars
martedì *m* Tuesday
martello *m* hammer
martire *m* martyr
martirio *m* martyrdom
marxista *adj* marxist
marzo *m* March
maschera *f* mask
mascherare *v* disguise
maschile *adj* masculine

maschio *m* male
masochismo *m* masochism
massa *f* mass
massacro *m* massacre
massaggiare *v* massage
massaggio *m* massage
massiccio *adj* massive
massima *f* maxim
massimo *adj* maximum
masso *m* boulder
masticare *v* chew
matematica *f* math
materasso *m* mattress
materiale *m* material
materialismo *m* materialism
maternità *f* maternity
materno *adj* maternal
matita *f* pencil
matrigna *f* stepmother
matrimonio *m* marriage
mattina *f* morning
mattone *m* brick
maturare *v* ripen
maturità *f* maturity
maturo *adj* mature, ripe
mazzo *m* bunch
me stesso *pro* myself

meccanico *m* mechanic
meccanismo *m* mechanism
meccanizzare *v* mechanize
medaglia *f* medal
medaglione *m* medallion
media *m* average
mediare *v* mediate
mediatore *m* mediator
medicina *f* medicine
medicinale *adj* medicinal
medico *m* physician
medievale *adj* medieval
medio *adj* medium
mediocre *adj* mediocre
mediocrità *f* mediocrity
meditare *v* meditate
meditazione *f* meditation
meglio *adj* better
mela *f* apple
melagrana *f* pomegranate
melodia *f* melody
melodico *adj* melodic
melone *m* melon
membrana *f* membrane
membro *m* member
memo *m* memo
memorabile *adj* memorable

memore *adj* mindful
memoria *f* memory
memorie *f* memoirs
memorizzare *v* memorize
mendicante *m* beggar
mendicare *v* beg
meningite *f* meningitis
meno *adv* less, minus
menopausa *f* menopause
mensa *f* canteen
mensilmente *adv* monthly
mensola *f* shelf
mensole *f* shelves
menta *f* mint
mentale *adj* mental
mentalità *f* mentality
mentalmente *adv* mentally
mente *f* mind
mentire *v* lie
mento *m* chin
mentre *c* whereas, while
menù *m* menu
menzionare *v* mention
menzione *f* mention
meraviglia *f* marvel
meravigliarsi *v* wonder
meraviglioso *adj* wonderful

mercato

mercato *m* market
merce *f* merchandise
mercoledì *m* Wednesday
mercurio *m* mercury
meridionale *adj* southern
meritare *v* deserve
meritevole *adj* deserving
merito *m* merit
merluzzo *m* cod
meschinità *f* meanness
meschino *adj* mean, petty
mescolare *v* shuffle, mix
mescolarsi *v* mingle
mese *m* month
messaggero *m* messenger
messaggio *m* message
Messia *m* Messiah
messicano *adj* Mexican
mestruazioni *f* menstruation
metà *m* half
metafora *f* metaphor
metallico *adj* metallic
metallo *m* metal
meteora *f* meteor
meticoloso *adj* meticulous
metodico *adj* methodical
metodo *m* method

metrico *adj* metric
metro *m* meter
metropoli *f* metropolis
metropolitana *f* subway
mettere *v* put
mezzanotte *f* midnight
mezzi *m* means
mezzo *m* middle
mezzo *adv* half
mezzogiorno *m* noon
microbo *m* microbe
microfono *m* microphone
microscopio *m* microscope
midollo *m* marrow
midollo osseo *m* bone marrow
miele *m* honey
mietere *v* reap
miglio *m* mile
miglioramento *m* improvement
migliorare *v* improve
migliore *adj* best
migrare *v* migrate
miliardo *m* billion
milionario *adj* millionaire
milione *m* million
milioni di *m* millions (of)
militante *adj* militant

mille *adj* thousand
millennio *m* millennium
milligrammo *m* milligram
millimetro *m* millimeter
mimare *v* mime
minaccia *f* threat
minacciare *v* threaten
minare *v* undermine
minatore *m* miner
minerale *m* ore, mineral
miniera *f* mine
minigonna *f* miniskirt
minimizzare *v* minimize
minimo *m* minimum
ministero *m* ministry
ministro *m* minister
minoranza *f* minority
minore *adj* minor
minuscolo *adj* tiny
minuto *m* minute
minuto *adj* petite
mio *pro* mine
mio *adj* my
miope *adj* shortsighted
miracolo *m* miracle
miracoloso *adj* miraculous
miraggio *m* mirage

mirare *v* aim
miscela *f* blend
miserabile *adj* miserable
miseria *f* misery
misericordia *f* mercy
misericordioso *adj* merciful
misero *adj* paltry
missile *m* missile
missionario *m* missionary
missione *f* mission
misterioso *adj* mysterious
mistero *m* mystery
mistico *adj* mystic
mistificare *v* mystify
misto-up *adj* mixed-up
mistura *f* concoction
misura *f* measure
misurare *v* measure
misurazione *f* measurement
mite *adj* meek, mild
mitezza *f* meekness
mito *m* myth
mitragliatrice *f* machine gun
mittente *m* sender
mixer *m* mixer
mobile *adj* mobile
mobili *m* furniture

mobilitare v mobilize
moda f fashion
modalità f modality
modello m model
moderato adj moderate
moderazione f moderation
modernizzare v modernize
moderno adj modern
modestia f modesty
modesto adj modest
modificare v modify
modo m manner
modo di dire m idiom
modulo m module
mogli f wives
moglie f wife
molare m molar
molecola f molecule
molestare v molest
molestia f harassment
molesto adj disturbing
mollusco m shellfish
molo m pier
molti adj lots, many
moltiplicare v multiply
moltiplicazione f multiplication
moltitudine f multitude

molto adv lot, much, very
momento m moment
monaco m monk
monarca m monarch
monarchia f monarchy
monastero m monastery
monastico adj monastic
mondano adj worldly
mondo m world
monello adj brat
moneta f coin
monogamia f monogamy
monologo m monologue
monopolio m monopoly
monotonia f monotony
monotono adj monotonous
montagna f mountain
montare v mount, ride
montuoso adj mountainous
monumentale adj monumental
monumento m monument
mora f blackberry
morale adj moral
morale m moral, lesson
moralità f morality
morbidezza f softness
morbido adj soft

morbillo *m* measles
mordere *v* bite
morente *adj* dying
morfina *f* morphine
morire *v* die
mormorare *v* murmur
mormorio *m* murmur
morsa *f* clamp
morso *m* bite
mortaio *m* mortar
mortale *adj* deadly
mortalità *f* mortality
morte *f* death
mortificare *v* mortify
mortificazione *f* mortification
morto *adj* dead
mosaico *m* mosaic
moschea *f* mosque
mostrare *v* exhibit, show
mostro *m* monster
mostruoso *adj* monstrous
motel *m* motel
motivare *v* motivate
motivo *m* motive
motocicletta *m* motorcycle
motore *m* engine
motorino *m* scooter

motosega *f* chainsaw
motto *m* motto
mozzafiato *adj* breathtaking
mozzicone *m* stub
mozzo *m* hub
mucca *f* cow
mucchio *m* heap
muco *m* mucus
muffa *f* rot, mildew
mulino *m* mill
mulo *m* mule
multa *f* fine
multare *v* fine
mummia *f* mummy
municipio *m* city hall, town hall
munizione *f* ammunition
munizioni *f* munitions
muratore *m* mason
muro *m* wall
muschio *m* moss
muscolo *m* muscle
museo *m* museum
musica *f* music
musicista *m* musician
muso *m* muzzle
musulmano *adj* Muslim
mutare *v* mutate

mutilare v mutilate
muto adj dumb, mute
mutuo m mortgage

N

nano m dwarf, midget
narice f nostril
narrare v narrate
nascere v be born
nascita f birth
nascondere v conceal, hide
nascondiglio m hideaway
nascosto adj hidden
naso m nose
nastro m ribbon, tape
Natale m Christmas
nativo adj native
natura f nature
naturale adj natural
naturalmente adv naturally
naufragio m shipwreck
naufrago m castaway
nausea f nausea

nauseato adj squeamish
navata f nave, aisle
nave f ship, vessel
navigare v sail, browse
navigazione f navigation
nazionale adj national
nazionalità f nationality
nazione f nation
né c nor
nebbia f fog, mist
nebbioso adj foggy
nebuloso adj hazy
necessario adj necessary
necessità f necessity
necessitare v necessitate, need
negare v deny
negativo adj negative
negazione f denial
negligente adj negligent
negligenza f negligence
negoziare v negotiate
negoziazione f negotiation
negozio m shop, store
nemico m enemy, foe
neonato m newborn
nerezza f blackness
nero adj black

nostro

nervo *m* nerve
nervoso *adj* nervous, edgy
nessuno *pro* nobody
netto *adj* net
neutralizzare *v* neutralize
neutro *adj* neutral
neve *f* snow
nevicare *v* snow
nevicata *f* snowfall
nevrotico *adj* neurotic
nichel *m* nickel
nicotina *f* nicotine
nido *m* nest
niente *m* nothing
nipote *m* nephew
nipote *f* niece
nobile *adj* noble
nobilitare *v* dignify
nobiltà *f* nobility
noce *f* nut, walnut
nocivo *adj* harmful
nodo *m* knot
noi *pro* we, us
noi stessi *pro* ourselves
noia *f* boredom
noioso *adj* boring, tedious
noleggiare *v* hire, charter

nome *m* name
nomignolo *m* nickname
nomina *f* appointment
nominare *v* appoint
non *adv* not
non comune *adj* uncommon
non fumatore *m* nonsmoker
non idoneo *adj* unfit
non piacere *v* dislike
non protetto *adj* unprotected
noncurante *adj* mindless, irrespective
nonna *f* grandmother
nonni *m* grandparents
nonno *m* grandfather
nono *adj* ninth
nonostante *c* despite
nonostante *adv* notwithstanding
nord *m* north
nord-est *m* northeast
norma *f* norm
normale *adj* normal
normalizzare *v* normalize
normalmente *adv* normally
norvegese *adj* Norwegian
Norvegia *f* Norway
nostalgia *f* nostalgia
nostro *pro* ours

nostro *adj* our
nota *f* note
notaio *m* notary
notare *v* note
notevole *adj* remarkable
notifica *f* notification
notificare *v* notify
notizie *f* news
notte *f* night
notturno *adj* nocturnal
novanta *adj* ninety
nove *adj* nine
novello sposo *m* newlywed
novembre *m* November
novità *f* novelty
novizio *m* novice
nozione *f* notion
nozze *f* wedding
nubile *f* maiden
nucleare *adj* nuclear
nudismo *m* nudism
nudista *m* nudist
nudità *f* nudity
nudo *adj* naked, bare
nullo *adj* null, void
numero *m* number
numeroso *adj* numerous

nuora *f* daughter-in-law
nuotare *v* swim
nuotatore *m* swimmer
nuoto *m* swimming
nuovamente *adv* again
nuovissimo *adj* brand-new
nuovo *adj* new
nutriente *adj* nutritious
nutrimento *m* nourishment
nutrire *v* nourish
nutrizione *f* nutrition
nuvola *f* cloud
nuvoloso *adj* cloudy
nuziale *adj* bridal

O

o *c* or
oasi *f* oasis
obbediente *adj* obedient
obbedienza *f* obedience
obbedire *v* obey
obbligare *v* obligate
obbligato *adj* obliged

olocausto

obbligatorio *adj* mandatory, obligatory
obbligo *m* obligation
obeso *adj* obese
obiettare *v* object
obiettivo *m* goal, target, aim
obiezione *f* objection
obitorio *f* mortuary
oblio *m* oblivion
obliquo *adj* oblique
oblungo *adj* oblong
obsoleto *adj* obsolete
oca *f* goose
occasionale *adj* occasional
occasione *f* occasion
occhiali *m* eyeglasses
occhiata *f* glimpse
occhieggiare *v* blink
occhiello *m* buttonhole
occhio *m* eye
occidentale *adj* western
occorrenza *f* occurrence
occulto *adj* occult
occupante *m* occupant
occupare *v* occupy
occupato *adj* busy
occupazione *f* occupation
oceano *m* ocean

oche *f* geese
odiare *v* hate
odio *m* hatred
odioso *adj* hateful
odissea *f* odyssey
odorare *v* smell
odore *m* odor
offendere *v* offend
offensivo *adj* offensive
offerta *f* bid, offer
offesa *f* offense
officiare *v* officiate
offrire *v* offer, bid
offuscare *v* overshadow
oggetto *m* object, item
oggi *adv* today
ogni *adj* each, every
ogniqualvolta *adv* whenever
ognuno *pro* everyone
okay *adv* okay
Olanda *f* Holland
olandese *adj* Dutch
Olimpiadi *f* Olympic Games
olio *m* oil
oliva *f* olive
olmo *m* elm
olocausto *m* holocaust

oltraggio m outrage
oltre adv beside, beyond
oltre pre over
oltre a adv apart
oltremare adv overseas
oltrepassare v overstep
omaggio m homage
ombelico m navel
ombra f shade, shadow
ombrello m umbrella
ombroso adj shady
omelia f homily
omettere v omit
omicidio m murder
omissione f omission
oncia f ounce
onda f wave
ondeggiare v sway
ondulato adj wavy
onestà f honesty
onesto adj honest
onnipotente adj almighty
onore m honor
opaco adj opaque
opera f opera
operare v operate
oppio m opium

opponente m opponent
opporre v counter
opporsi v oppose
opportunità f opportunity
opportuno adj opportune
opposizione f opposition
opposto adj opposite
oppressione f oppression
oppresso adj downtrodden
opprimere v oppress
optare v opt for
opulenza f opulence
opuscolo m pamphlet
opzione f option
ora f hour
oracolo m oracle
oralmente adv orally
orangutan m orangutan
orario adv hourly
orbita f orbit
orchestra f orchestra
ordinare v ordain
ordinario adj ordinary
ordinazione f ordination
ordine m order
orecchino m earring
orecchio m ear

orfano *m* orphan
orfanotrofio *m* orphanage
organismo *m* organism
organista *m* organist
organizzare *v* organize
organizzazione *f* organization
organo *m* organ
orgoglio *m* pride
orgoglioso *adj* proud
orientale *adj* eastern, oriental
orientamento *m* orientation
orientare *v* orient
orientato *adj* oriented
originale *adj* original
origine *m* origin, source
origliare *v* eavesdrop
orizzontale *adj* horizontal
orizzonte *m* horizon
orlo *m* hem, brink
ormeggiare *v* moor
ormone *m* hormone
ornamentale *adj* ornamental
ornamento *m* ornament
oro *m* gold
orologiaio *m* watchmaker
orologio *m* clock, watch
orrendo *adj* horrendous

orribile *adj* horrible
orrore *m* horror
orso *m* bear
ortodosso *adj* orthodox
ortografia *f* spelling
orzo *m* barley
osare *v* dare
oscenità *f* obscenity
osceno *adj* obscene
oscillare *v* swing, wobble
oscillazione *m* swing
oscurità *f* darkness
oscuro *adj* obscure
ospedale *m* hospital
ospitalità *f* hospitality
ospite *m* guest, host
osservare *v* observe
osservatorio *m* observatory
osservazione *f* observation
ossessionare *v* obsess
ossessione *f* obsession
ossigeno *m* oxygen
osso *m* bone
ostacolare *v* hinder
ostacolo *m* obstacle
ostaggio *m* hostage
ostentare *v* flaunt

ostentato adj ostentatious
ostetrica f midwife
ostile adj hostile
ostilità f hostility
ostinato adj opinionated, obstinate
ostinazione f obstinacy
ostrica f oyster
ostruire v obstruct
ostruzione f obstruction
ottanta adj eighty
ottavo adj eighth
ottenere v obtain
ottico adj optical
ottico m optician
ottimismo m optimism
ottimista adj optimistic
otto adj eight
ottobre m October
ottuso adj dull
ovaia f ovary
ovale adj oval
ovazione f ovation
ovest m west
ovunque c wherever
ovviamente adv obviously
ovvio adj obvious

P

pacchetto m package, parcel
pacco postale m parcel post
pace f peace
pacificare v pacify
pacifico adj peaceful
padella f pan
padiglione m pavilion
padre m father
padrona f mistress
padronanza f mastery, poise
padrone m master
paesaggio m landscape
paesano m villager
paese m country
paffuto adj plump
paga f pay
pagabile adj payable
pagamento m payment
pagano adj pagan
pagare v pay
pagina f page
paglia f straw
pagliaccio m clown
pagliaio m haystack

pagnotta *f* loaf
pala *f* shovel
palato *m* palate
palazzo *m* palace
palestra *f* gymnasium
pallavolo *m* volleyball
pallido *adj* pale
palloncino *m* balloon
pallone *m* ball
pallore *m* paleness
pallottola *f* bullet
palma *f* palm
palmo *m* palm
palo *m* stake, post
palpabile *adj* palpable
palpebra *f* eyelid
palpitare *v* throb
palpito *m* throb
palude *f* swamp, bog
pancetta *f* bacon
panchina *f* bench
pancia *f* belly
panciotto *m* vest
pancreas *m* pancreas
pane *m* bread
panettiere *m* baker
panico *m* panic

panificio *m* bakery
pannocchia *f* cob
pannolino *m* diaper
panorama *m* panorama
panoramica *f* overview
pantaloni *m* pants, trousers
pantano *m* quagmire
pantera *f* panther
pantofola *f* slipper
Papa *m* Pope
papà *m* dad
papato *m* papacy
papavero *m* poppy
pappagallo *m* parrot
parabola *f* parable
parabrezza *m* windshield
paracadute *m* parachute
paradiso *m* paradise
paradosso *m* paradox
parafango *m* fender
paragonabile *adj* comparable
paragonare *v* compare
paragone *m* comparison
paralisi *f* paralysis
paralizzare *v* paralyze
parallelo *m* parallel
paralume *m* lampshade

parametri *m* parameters
paranoico *adj* paranoid
parassita *m* parasite
paraurti *m* bumper
parcheggiare *v* park
parcheggio *m* parking
parco *m* park
parente *m* relative
parentela *f* kinship
parentesi *f* parenthesis
parere *m* opinion
pari *adj* equal, even
parità *f* equality
parlamentare *m* parliamentarian
parlamento *m* parliament
parlare *v* speak, talk
parola *f* word
parotite *f* mumps
parrocchetto *m* parakeet
parrocchia *f* parish
parrocchiale *adj* parochial
parrocchiano *m* parishioner
parrucca *f* wig
parrucchiere *m* hairdresser
parsimonia *f* parsimony
parsimonioso *adj* thrifty
parte *f* part

partecipante *m* contributor
partecipare *v* participate
partecipazione *f* participation
partenariato *m* partnership
partenza *f* departure
particella *f* particle
participio *m* participle
particolare *adj* particular
partigiano *m* partisan
partire *v* depart, leave
partita *f* batch
partizione *f* partition
partner *m* partner
parvenza *f* semblance
parziale *adj* partial
parzialmente *adv* partially
pascolare *v* graze
pascolo *m* meadow, pasture
Pasqua *f* Easter
passaggio *m* passage
passamano *m* braid
passaporto *m* passport
passare *v* go over, pass
passare sopra a *v* override
passatempo *m* pastime
passato *adj* past
passeggero *m* passenger

passeggiare *v* stroll
passeggiata *f* promenade
passero *m* sparrow
passione *f* passion
passivo *adj* passive
passo *m* step, pass
passo-passo *adv* step-by-step
password *f* password
pasta *f* dough, pulp
pasticceria *f* pastry
pasticciare *v* goof
pastinaca *f* parsnip
pasto *m* meal
pastorale *adj* pastoral
pastore *m* shepherd
pastorizzare *v* pasteurize
patata *f* potato
patate fritte *f* fries
patente *adj* patent
paternità *f* paternity
paterno *adj* fatherly
patetico *adj* pathetic
patibolo *m* gallows
patio *m* patio
patria *f* homeland
patriarca *m* patriarch
patrigno *m* stepfather

patrimonio *m* patrimony
patriota *m* patriot
patriottico *adj* patriotic
patrocinio *m* patronage
patrono *m* patron
patteggiare *v* bargain
pattinare *v* skate
pattino *m* skate
patto *m* deal, pact
pattuglia *f* patrol
pattuire *v* deal
paura *f* fear
pauroso *adj* fearful
pausa *f* pause, lull
pavone *m* peacock
paziente *m* patient
pazienza *f* patience
pazzia *f* craziness
pazzo *adj* crazy, mad
peccaminoso *adj* sinful
peccare *v* sin
peccato *m* sin, pity
peccatore *m* sinner
pecora *m* sheep
peculiare *adj* peculiar
pedaggio *m* toll
pedagogia *f* pedagogy

pedale *m* pedal
pedante *adj* pedantic
pedina *f* pawn
pedinare *v* tail
pedone *m* pedestrian
peduncolo *m* stalk
peggio *adj* worse
peggiorare *v* worsen
peggiore *adj* worst
pegno *m* pledge
pelare *v* skin
pelle *f* skin
pellegrino *m* pilgrim
pellicano *m* pelican
pelliccia *f* fur
peloso *adj* hairy, furry
pena *f* penalty
penalizzare *v* penalize
pendente *m* pendant
pendio *m* slope
pendolo *m* pendulum
penetrare *v* penetrate
penicillina *f* penicillin
penisola *f* peninsula
penitente *m* penitent
penitenza *f* penance
penna *f* pen

pennello *m* paintbrush
penny *m* penny
penoso *adj* distressing
pensare *v* think
pensiero *m* thought
pensione *f* pension
pentagono *m* pentagon
pentimento *m* repentance
pentirsi *v* repent
pentito *adj* remorseful
pentola *f* pot
penzolare *v* dangle
pepe *m* pepper
peperone *m* bell pepper
per *pre* per, for
per cento *adv* percent
per sempre *adv* forever
pera *f* pear
percentuale *f* percentage
percepire *v* perceive
percezione *f* perception
perché *c* because
perché *adv* why
percorrere *v* pace
percorso *m* path
perdente *m* loser
perdere *v* lose, miss

perdita *f* loss, leakage
perdonabile *adj* forgivable
perdonare *v* forgive
perdono *m* forgiveness
perenne *adj* perennial
perfetto *adj* perfect
perfezione *f* perfection
perforare *v* perforate
perforazione *f* perforation
pergamena *f* parchment
pericolo *m* danger, hazard, peril
pericoloso *adj* dangerous
periferia *f* outskirts
perimetro *m* perimeter
periodo *m* period
perire *v* perish
perla *f* pearl
permanente *adj* permanent
permeare *v* permeate
permesso *m* permission
permettere *v* permit
pernice *f* partridge
pernicioso *adj* pernicious
perno *m* linchpin
perpetrare *v* perpetrate
perplessità *f* misgivings
perseguire *v* pursue

perseguitare *v* persecute
perseverare *v* persevere
persistente *adj* persistent
persistenza *f* persistence
persistere *v* persist
persona *f* person
personale *adj* personal
personale *m* staff
personalità *f* personality
persone *f* people
personificare *v* personify
persuadere *v* persuade
persuasione *f* persuasion
persuasivo *adj* persuasive
pertanto *adv* therefore
pertinente *adj* relevant
perturbare *v* perturb
perturbazione *f* perturbation
perverso *adj* perverse
pervertito *adj* pervert
pesante *adj* heavy
pesantezza *f* heaviness
pesare *v* weigh
pesca *f* peach
pescatore *m* fisherman
pesce *m* fish
peso *m* weight

pessimismo *m* pessimism
pessimista *adj* pessimistic
pessimo *adj* abysmal
peste *f* pest, plague
petalo *m* petal
petardo *m* firecracker
petizione *f* petition
petrolio *m* petroleum
pettegolare *v* gossip
pettegolo *m* gossip
pettinare *v* comb
pettinatura *f* hairdo
pettine *m* comb
petto *m* chest, bust
pezzetto *m* pat
pezzo *m* chunk, piece
piacere *v* please, like
piacere *m* pleasure
piacevole *adj* pleasant
piacevolmente *adv* nicely
piaga *f* sore
pianeta *m* planet
piangere *v* mourn, weep
pianificare *v* plan
pianificazione *f* planning
pianista *m* pianist
piano *m* floor, plan

piano *adj* flat
piano terra *m* ground floor
pianoforte *m* piano
pianto *m* crying
pianura *f* plain
piattaforma *f* platform
piattino *m* saucer
piatto *m* dish
piattola *f* cockroach
piazza *f* square
piccante *adj* spicy
piccione *m* pigeon
picco *m* peak
piccolo *adj* little, small
piccone *m* pickup
pidocchio *m* louse
piede *m* foot
piedi *m* feet
piega *f* crease, pleat
piegare *v* fold
piegarsi *v* bend
pieghevole *adj* pliable
pienamente *adv* fully
pieno *adj* full
piercing *m* piercing
pietà *f* piety
pietoso *adj* pitiful

placca

pietra *f* stone
pietra angolare *f* cornerstone
pietra miliare *f* milestone
pietrificato *adj* petrified
pigiama *m* pajamas
pignolo *adj* nitpicking, fussy
pigrizia *f* laziness
pigro *adj* idle, lazy
pila *f* battery; pile
pilastro *m* pillar
pillola *f* pill
pilota *m* pilot
pinguino *m* penguin
pinna *f* fin
pino *m* pine
pinta *f* pint
pinza *f* pincers, pliers
pinzare *v* staple
pinzatrice *f* stapler
pinzetta *f* tweezers
pio *adj* pious
pioggerella *f* drizzle
pioggia *f* rain
piombo *m* lead
pioniere *m* pioneer
piovere *v* rain
piovigginare *v* drizzle
piovoso *adj* rainy
pipistrello *m* bat
piramide *f* pyramid
pirata *m* pirate
pirateria *f* piracy
pisello *m* pea
pisolino *m* nap
pista *f* runway
pistola *f* gun, pistol
pitone *m* python
pittore *m* painter
pittoresco *adj* picturesque
pittura *f* painting
più *adj* multiple, more
più *adv* plus
più avanti *adv* further
più lontano *adv* farther
più tardi *adv* later
piuma *f* feather
piumone *m* comforter
piuttosto *adv* rather
pizzicare *v* pinch
pizzico *m* pinch
pizzicotto *m* nip
pizzo *m* lace
placare *v* appease
placca *f* badge

placido

placido *adj* placid
plasmare *v* mold
plastica *f* plastic
platino *m* platinum
plausibile *adj* plausible
plotone *m* platoon
plurale *m* plural
plutonio *m* plutonium
po' *adv* little bit
pochi *adj* few
poco *m* bit
poco pratico *adj* impractical
podista *m* runner
poesia *f* poem, poetry
poeta *m* poet
poggiare *v* lean on
poi *adv* afterwards, then
poiana *f* buzzard
polacco *adj* Polish
polare *adj* polar
poligamia *f* polygamy
poligamo *adj* polygamist
politica *f* policy, politics
politico *m* politician
polizia *f* police
poliziotto *m* policeman
polizza *f* policy

pollame *m* poultry
pollice *m* inch, thumb
polline *m* pollen
pollo *m* chicken
polmone *m* lung
polmonite *f* pneumonia
polo *m* pole
Polonia *f* Poland
polpastrello *m* fingertip
polpetta *f* meatball
polpo *m* octopus
polsino *m* cuff
polso *m* wrist
poltrona *f* armchair
polvere *f* dust, powder
polverizzare *v* pulverize
polveroso *adj* dusty
pomeriggio *m* afternoon
pomodoro *m* tomato
pompa *f* pump, hose
pompare *v* pump
pompelmo *m* grapefruit
pompiere *m* fireman
pomposità *f* pomposity
ponte *m* bridge
pontefice *m* pontiff
ponteggio *m* scaffolding

pontile *m* wharf
popcorn *m* popcorn
popolare *adj* popular
popolare *v* populate
popolazione *f* population
poppa *f* stern
porcellana *f* porcelain
porco *m* hog
poro *m* pore
poroso *adj* porous
porre *v* put, suppose
porta *f* door
porta candele *m* candlestick
portacenere *m* ashtray
portachiavi *m* key ring
portafoglio *m* wallet
portare *v* carry, bring
portata *f* entrée; reach
portatile *adj* portable
portatore *m* bearer
portico *m* porch
portiere *m* porter, goalkeeper
porto *m* harbor, port
Portogallo *m* Portugal
portoghese *adj* Portuguese
porzione *f* portion
posare *v* lay

posate *f* cutlery
positivo *adj* positive
posizione *f* position, standing
possedere *v* own, possess
possente *adj* mighty
possesso *m* possession
possibile *adj* possible
possibilità *f* possibility
posta *f* mail
poster *m* poster
posteri *m* posterity
posteriore *adj* posterior, rear
postino *m* mailman
posto *m* place, post
posto vacante *m* vacancy
potare *v* prune
potente *adj* powerful
potenziale *adj* potential
potere *v* can, may
potere *m* power, force
povero *adj* poor
povertà *f* poverty
pragmatico *n* pragmatist
pranzo *m* lunch
prateria *f* prairie
pratica *f* practice
praticabile *adj* workable

praticamente *adv* virtually
praticare *v* practise
pratico *adj* practical
prato *m* lawn, meadow
preambolo *m* preamble
precario *adj* precarious
precauzione *f* precaution
precedente *adj* previous
precedere *v* precede
precetto *m* precept
precipitare *v* plummet
precipitato *adj* rash
precipitoso *adj* precipitous
precipizio *m* precipice
precisione *f* accuracy
preciso *adj* precise
precoce *adj* precocious
precorrere *v* anticipate
precursore *m* precursor
preda *f* prey
predecessore *m* predecessor
predicare *v* preach
predicatore *m* preacher
predicazione *f* preaching
predilezione *f* predilection
predire *v* predict
predisposto *adj* predisposed

predominare *v* predominate
prefabbricare *v* prefabricate
prefazione *f* preface
preferenza *f* preference
preferire *v* prefer
preferito *adj* favorite
prefisso *m* prefix
pregare *v* pray
preghiera *f* prayer
pregiudizio *m* prejudice
pregustazione *f* foretaste
preistorico *adj* prehistoric
prelevare *v* levy
preliminare *adj* preliminary
preludio *m* prelude
prematuro *adj* premature, untimely
premeditare *v* premeditate
premere *v* press
premessa *f* premise
premiare *v* award
premier *m* premier
premio *m* award, prize
premuroso *adj* caring
prendere *v* take
prenotazione *f* reservation
preoccupante *adj* worrisome
preoccupare *v* worry

preoccuparsi *v* mind
preoccupato *adj* worried
preparare *v* prepare
preparazione *f* preparation
preposizione *f* preposition
prepotente *adj* bully
prerogativa *f* prerogative
presa *f* grip
presagio *m* omen
presagire *v* foreshadow
prescrivere *v* prescribe
prescrizione *f* prescription
presentazione *f* presentation
presentimento *m* premonition
presenza *f* presence
preservare *v* preserve
presidente *m* president
presidenza *f* presidency
presiedere *v* preside
pressione *f* pressure
prestare *v* loan, lend
prestatore *m* pawnbroker
prestazione *f* performance
prestigiatore *m* magician
prestigio *m* prestige
prestito *m* loan
presto *adv* early, soon

presumere *v* presume
presuntuoso *adj* conceited
presunzione *f* presumption
pretesa *f* pretension
prevalente *adj* prevalent
prevalere *v* prevail
prevedere *v* foresee
prevenire *v* prevent
preventivo *adj* preventive
prevenzione *f* prevention
previsione *f* foresight, prevision
prezioso *adj* precious
prezzemolo *m* parsley
prezzo *m* price
prigionia *f* captivity
prigioniero *m* prisoner
prima *adv* before
prima *pre* before
prima *adj* prior
primato *m* primacy
primavera *f* spring
primitivo *adj* primitive
primo *adj* first, prime
primordiale *adj* main
principale *adj* principal
principe *m* prince
principessa *f* princess

principiante

principiante *m* beginner
principio *m* principle
priorità *f* priority
prisma *m* prism
privacy *f* privacy
privare *v* deprive
privato *adj* private
privazione *f* deprivation
privilegio *m* privilege
privo *adj* devoid
probabile *adj* probable
probabilità *f* probability
problema *m* problem
problematico *adj* problematic
procedere *v* proceed
procedimento *m* proceeding
procedura *f* procedure
processione *f* procession
processo *m* trial, process
procione *m* raccoon
proclamare *v* proclaim
proclamazione *f* proclamation
procrastinare *v* procrastinate
procreare *v* procreate
procurare *v* procure
procuratore *m* prosecutor
prodigare *v* lavish

prodigio *m* prodigy
prodigioso *adj* prodigious
prodotti *m* produce
prodotto *m* product
produrre *v* produce
produttivo *adj* productive
produzione *f* production
profanare *v* desecrate
profano *adj* profane
professare *v* profess
professionale *adj* professional
professione *f* profession
professore *m* professor
profeta *m* prophet
profezia *f* prophecy
profilo *m* profile
profitto *m* profit
profondità *f* depth
profondo *adj* deep
profumo *m* perfume
progettare *v* design, project
progetto *m* project
programma *m* program
programmatore *m* programmer
progredire *v* progress
progressivo *adj* progressive
progresso *m* progress

proibire v forbid, ban
proiettile m projectile
proiettore m floodlight
prole f offspring
prologo m prologue
prolungare v prolong
promemoria m reminder
promessa f promise
promettente adj coming
prominente adj prominent
promiscuo adj promiscuous
promozione f promotion
promuovere v promote
prono adj prone
pronome m pronoun
pronto adj prompt, ready
pronunciare v pronounce
propaganda f propaganda
propagare v propagate
propensione f propensity
proporre v propose
proporzione f proportion
proposizione f proposition
proposta f proposal
proprietà f property
proprietario m owner
proprio adv right

proprio adj own
prosa f prose
prosciutto m ham
prosperare v prosper
prosperità f prosperity
prospero adj prosperous
prospettiva f perspective
prossimità f proximity
prossimo adj forthcoming, next
prossimo m neighbor
prostata f prostate
prostrato adj prostrate
proteggere v protect
proteina f protein
protesta f protest
protestare v protest
protezione f protection
protocollo m protocol
prototipo m prototype
protrarre v protract
protratto adj protracted
prova f proof
provare v prove, try
provenire da v come from
proventi m proceeds
proverbio m proverb, saying
provincia f province

provocante *adj* defiant
provocare *v* provoke
provocazione *f* provocation
provvidenza *f* providence
provvisorio *adj* provisional
prua *f* prow
prudente *adj* prudent
prudenza *f* prudence
prudere *v* itch
prugna *f* plum
prugna secca *f* prune
prurito *m* itchiness
pseudonimo *m* pseudonym
psichiatra *m* psychiatrist
psichiatria *f* psychiatry
psichico *adj* psychic
psicologia *f* psychology
psicopatico *m* psychopath
pubblicamente *adv* publicly
pubblicare *v* publish
pubblicazione *f* publication
pubblicità *f* advertising
pubblicizzare *v* advertise
pubblico *adj* public
pubblico *m* audience
pubertà *f* puberty
puerile *adj* puerile

pugile *m* boxer
pugnalare *v* stab
pugnalata *f* stab
pugnale *m* dagger
pugno *m* fist
pulce *f* flea
pulcino *m* chick
puledro *m* colt
puleggia *f* pulley
pulire *v* clean
pulire a secco *v* dryclean
pulito *adj* clean, neat
pulitore *m* cleaner
pulizia *f* cleanliness
pullman *m* coach
pulpito *m* pulpit
pulsare *v* pulsate
pungente *adj* stinging
pungere *v* prick, sting
pungiglione *m* sting
punibile *adj* punishable
punire *v* punish
punizione *f* punishment
punta *f* tip, point
punta di piedi *f* tiptoe
puntare *v* point
punteggio *m* score

puntina *f* thumbtack
punto *m* stitch, dot, point
punto culminante *m* highlight
punto di vista *m* viewpoint
puntuale *adj* punctual
puntura *f* puncture
punzecchiare *v* prod
purea *f* puree
purezza *f* purity
purga *f* purge
purgare *v* purge
purgatorio *m* purgatory
purificare *v* purify
puro *adj* pure
pus *m* pus
putrido *adj* putrid
puzza *f* stink
puzzare *v* stink
puzzolente *adj* smelly

Q

quaderno *m* workbook
quadrante *m* dial
quadrato *adj* square
quaglia *f* quail
qualche *adj* some
qualcosa *pro* something
qualcuno *pro* someone
quale *adj* which
quale *pro* whom
qualificare *v* qualify
qualità *f* quality
qualunque *adj* any
qualunque *pro* anything
quando *adv* when
quantità *f* quantity
quaranta *adj* forty
Quaresima *f* Lent
quartiere *m* neighborhood
quarto *adj* fourth
quasi *adv* almost, nearly
quattordici *adj* fourteen
quattro *adj* four
quelli *adj* those
quello *adj* that
quercia *f* oak
querela *f* lawsuit
querelare *v* sue
questi *adj* these
questionario *m* questionnaire

questione f question
questo adj this
qui adv here
quindi adv hence, then, therefore
quindici adj fifteen
quinto adj fifth
quota f dues
quotazione f quotation
quotidiano adj daily
quoziente m quotient

R

rabbia f rabies, anger
rabbino m rabbi
rabbrividire v shudder
racchetta f racket
raccogliere v gather, pick up
raccoglimento m gathering
raccolta f collection
raccolto m crop, harvest
raccomandare v recommend
raccontare v recount
racconto m tale

racket m racketeering
radar m radar
raddoppiare v double, redouble
raddrizzare v straighten out
radere v shave, raze
radiatore m radiator
radiazione f radiation
radicale adj radical
radicato adj ingrained
radice f root
radio f radio
radiografia f X-ray
rado adj sparse
radunare v muster
radunarsi v assemble
raduno m rally
raffica f gust
raffinare v refine
raffineria f refinery
rafforzare v strengthen
raffreddamento m cooling
raffreddare v chill
raffreddarsi v cool down
ragazza f girl, gal
ragazzo m boy, lad
raggio m radius, ray
raggiungere v reach

raggrinzire *v* wrinkle
ragionamento *m* reasoning
ragionare *v* reason
ragione *f* reason
ragionevole *adj* sensible
ragnatela *f* cobweb, spiderweb
ragno *m* spider
raid *m* raid
rallentare *v* rein, slow down
rallentatore *m* slow motion
rame *m* copper
rammaricarsi *v* regret
rammarico *m* regret
rammendare *v* darn
rammollito *adj* wimp
ramo *m* branch
ramoscello *m* bough
rampa *f* ramp
rampante *adj* rampant
rana *f* frog
ranch *m* ranch
rancore *m* rancor, grudge
randagio *adj* stray
rango *m* rank
rapidamente *adv* quickly
rapido *adj* rapid, swift
rapimento *m* kidnapping

rapina *f* robbery
rapinare *v* rob
rapinatore *m* robber
rapire *v* kidnap
rapitore *m* kidnapper
rapporto *m* rapport, relationship
rappresaglia *f* reprisal
rappresentare *v* represent
raramente *adv* rarely
raro *adj* rare
raschiare *v* scrape
rasoio *m* razor
rassicurare *v* reassure
rastrello *m* rake
rata *f* installment
ratifica *f* ratification
ratificare *v* ratify
ratto *m* rat
rattoppare *v* botch
rattristare *v* sadden
rauco *adj* husky, hoarse
ravanello *m* radish
ravvedersi *v* repent
ravvivare *v* revive
razionale *adj* rational
razionalizzare *v* rationalize
razionare *v* ration

razione *f* ration
razza *f* breed
razzismo *m* racism
razzista *adj* racist
razzo *m* rocket
re *m* king
reagire *v* react
reale *adj* actual, real
reali *m* royalty
realismo *m* realism
realistico *adj* down-to-earth
realizzabile *adj* attainable
realizzare *v* realize, attain
realtà *f* reality
reattivo *adj* responsive
reazione *f* reaction
recedere *v* recede
recente *adj* recent
recentemente *adv* recently
recessione *f* recession
recesso *m* recess
recinto *m* fence
reciproco *adj* reciprocal
recital *m* recital
recitare *v* recite
reclamo *m* complaint
reclinare *v* recline

recluso *m* recluse
recluta *f* recruit
reclutare *v* recruit
recuperare *v* recover
recupero *m* recovery
reddito *m* income
redenzione *f* redemption
referendum *m* referendum
refrigerare *v* refrigerate
regalare *v* present
regale *adj* regal, royal
regalo *m* gift, present
reggente *m* regent
reggimento *m* regiment
reggiseno *m* bra
regime *m* regime
regina *f* queen
regionale *adj* regional
regione *f* region
registrare *v* record
registrarsi *v* register
registratore *m* recorder
registrazione *f* registration, record
regnare *v* reign
regno *m* kingdom
regola *f* rule
regolabile *adj* adjustable

regolamento *m* regulation
regolarità *f* regularity
regolarmente *adv* regularly
reiterazione *f* recurrence
relativo *adj* relative
relazione *f* report
relazioni *f* dealings
relegare *v* relegate
religione *f* religion
religioso *adj* religious
reliquia *f* relic
relitto *m* wreckage
remare *v* row
remissivo *adj* submissive
remo *m* oar
remunerare *v* remunerate
rene *m* kidney
renna *f* reindeer
reparto *m* ward
replica *f* replay, replica
replicare *v* replicate
reporter *m* reporter
repressione *f* repression
represso *adj* pent-up
reprimere *v* repress
repubblica *f* republic
repulsione *f* revulsion

repulsivo *adj* repulsive
reputazione *f* reputation
requisito *m* requirement
resa *f* surrender
rescissione *f* breach
residenza *f* residence
residuo *m* residue
resiliente *adj* resilient
resistenza *f* resistance
resistere *v* resist
respingere *v* repel, reject
respirare *v* breathe
respirazione *f* breathing
respiro *m* breath
responsabile *adj* liable
responsabilità *f* liability
resta *f* remains
restare *v* remain
restauro *m* restoration
restio *adj* reluctant
restituire *v* return, give back
restituzione *f* restitution
resto *m* remainder
restringere *v* restrict
restrittivo *adj* restrictive
resurrezione *f* resurrection
rete *f* network

retroattivo *adj* retroactive
rettangolare *adj* rectangular
rettangolo *m* rectangle
rettificare *v* rectify
rettile *m* reptile
retto *m* rectum
rettore *m* rector
reumatismo *m* rheumatism
reversibile *adj* reversible
revisionare *v* review
revisione *f* revision
revocare *v* revoke
riabilitare *v* rehabilitate
riapparire *v* reappear
riarso *adj* parched
riassumere *v* epitomize, summarize
riattaccare *v* hang up
ribadire *v* reiterate
ribattere *v* hit back
ribellarsi *v* rebel
ribelle *m* rebel
ribellione *f* rebellion
ricaduta *f* fallout
ricamare *v* embroider
ricambiare *v* reciprocate
ricamo *m* embroidery
ricaricare *v* recharge, refill

ricattare *v* blackmail
ricatto *m* blackmail
ricatturare *v* recapture
ricchezza *f* wealth
ricciolo *m* curl
ricco *adj* rich, wealthy, well-to-do
ricerca *f* quest, search
ricercare *v* search
ricetta *f* recipe
ricettivo *adj* receptive
ricevere *v* receive
ricevimento *m* receipt
richiedente *m* applicant
richiedere *v* claim
richiesta *f* claim
richiudere *v* recap
riciclare *v* recycle
ricompensa *f* reward
ricompensare *v* reward
ricongiungersi *v* rejoin
riconoscere *v* recognize
riconquistare *v* win back
riconsiderare *v* reconsider
ricordare *v* remember
ricordo *m* remembrance, memento
ricorrere a *v* recourse
ricorso *m* recourse

ricostruire v rebuild
ricreare v recreate
ricreazione f recreation
ridacchiare v giggle
ridere v laugh
ridicolizzare v ridicule
ridicolo m ridicule
ridicolo adj ridiculous
ridondante adj redundant
ridurre v reduce, slacken
ridursi a v boil down to
rieleggere v reelect
riemanazione f reenactment
riemergere v resurface
riempimento m filling
riempire v fill, stuff
rientro m reentry
rifare v redo
riferimento m reference
riferire v report
riferirsi a v refer to
rifinanziare v refinance
rifiutare v rebuff, refute
rifiuto m refusal, rejection
riflessione f reflection
riflessivo adj reflexive
riflettere v reflect

riflettore m spotlight
rifluire v ebb
riforma f reform
riformare v reform
rifornire v refuel
rifuggire v shun
rifugiato m refugee
rifugio m haven, refuge
rigenerazione f regeneration
righello m ruler
rigidità f stiffness
rigido adj stiff, rigid
rigonfiamento m bulge
rigore m rigor
rigoroso adj strict
riguadagnare v regain
riguardo a pre concerning
rilasciare v release
rilassante adj relaxing
rilassarsi v relax
rilevare v detect
riluttante adj reluctant
rima f rhyme
rimanente adj remaining
rimbalzare v rebound
rimbombare v boom
rimborsare v reimburse

rimborso *m* repayment
rimediare *v* remedy
rimedio *m* remedy
rimessa *f* remittance
rimodellare *v* remodel
rimorchiare *v* tow
rimorchio *m* trailer
rimorso *m* remorse
rimozione *m* removal
rimpatriare *v* repatriate
rimproverare *v* rebuke
rimprovero *m* rebuke
rimuovere *v* remove
rinascita *f* rebirth
rincuorare *v* hearten
rinforzare *v* bolster
rinfrescante *adj* refreshing
rinfrescare *v* freshen, cool
ringhiare *v* growl
ringiovanire *v* rejuvenate
ringraziare *v* thank
rinnegare *v* disown
rinnovare *v* renew
rinnovo *m* renewal
rinoceronte *m* rhinoceros
rinomato *adj* renowned
rinuncia *f* renunciation

rinunciare *v* renounce
rinunciare a *v* back down
rinviare *v* postpone
rinvio *m* postponement
riordinare *v* tidy
riorganizzare *v* reorganize
riparare *v* repair
riparazione *f* reparation
riparo *m* shelter
ripetere *v* repeat
ripetizione *f* repetition
ripido *adj* steep
ripiegare *v* fall back
riportare *v* bring back
riposante *adj* restful
riposare *v* rest
riposarsi *v* repose
riposo *m* repose, rest
riprendere *v* resume, take back
ripresa *f* resumption
ripresentarsi *v* recur
ripristinare *v* restore
riprodurre *v* reproduce
riproduzione *f* reproduction
ripudiare *v* repudiate
ripugnante *adj* repugnant
ripugnanza *f* distaste

ritiro

ripulsa *f* repulse
risarcire *v* redress
risata *f* laugh
risate *f* laughter
riscaldamento *m* heating
riscaldarsi *v* warm up
riscattare *v* ransom
riscatto *m* ransom
rischiare *v* risk
rischio *m* risk
rischioso *adj* risky
risentimento *m* resentment
risentirsi *v* resent
riservare *v* reserve
risibile *adj* laughable
risiedere *v* reside
riso *m* rice
risoluto *adj* resolute
risoluzione *f* resolution
risolvere *v* resolve
risorsa *f* resource
risparmi *m* savings
risparmiare *v* economize
rispettare *v* respect
rispettivo *adj* respective
rispetto *m* respect
rispetto a *pre* regarding

rispetto di sé *m* self-respect
rispettoso *adj* respectful
risplendere *v* glow
rispondere *v* answer, reply
risposare *v* remarry
risposta *f* answer, reply
rissa *f* brawl
ristagnare *v* stagnate
ristampa *f* reprint
ristampare *v* reprint
ristorante *m* restaurant
ristoro *m* refreshment
ristrutturare *v* refurbish
risultato *m* outcome
risuscitare *v* resuscitate
risveglio *m* awakening
ritaglio *m* clipping
ritardare *v* delay
ritardato *adj* retarded
ritardo *m* delay
ritenere *v* deem
ritenuta *f* restraint
ritenzione *f* retention
ritirare *v* withdraw
ritirarsi *v* retreat, retire
ritirato *adj* withdrawn
ritiro *m* withdrawal

ritmo *m* pace, rhythm
rito *m* rite
ritornare *v* return, go back
ritorno *m* comeback
ritrarre *v* portray
ritrattare *v* recant, retract
ritratto *m* portrait
ritroso *adj* backward
riunione *f* reunion
riunirsi *v* meet, cluster
riva *f* shore
rivale *m* rival
rivalità *f* rivalry
rivedere *v* revise
rivelare *v* reveal
rivelatore *adj* revealing
rivelatore *m* detector
rivelazione *f* revelation
rivendicare *v* vindicate
riverenza *f* reverence
rivettare *v* rivet
rivista *f* magazine
rivivere *v* relive
rivolta *f* revolt, upturn
rivoltante *adj* revolting
rivoltarsi *v* revolt
rivoltella *f* revolver

roba *f* stuff
robusto *adj* sturdy
roccia *f* rock
roccioso *adj* rocky
roditore *m* rodent
romanticismo *m* romance
romanziere *m* novelist
romanzo *m* novel
rombare *v* rumble
rombo *m* rumble
rompere *v* tear, break
rompersi *v* break up
ronzare *v* buzz, hum
rosa *adj* pink
rosa *f* rose
rosario *m* rosary
roseo *adj* rosy
rospo *m* toad
rosso *adj* red
rossore *m* blush
rotaia *f* rail
rotazione *f* rotation
rotolare *v* roll
rotolo *m* scroll
rotondo *adj* round
rotta *f* route
rottame *m* scrap

sacramento

rotto *adj* broken
rottura *f* break, rupture
rotula *f* kneecap
roulotte *f* caravan
routine *f* routine
rovente *adj* red-hot
rovesciare *v* spill
rovina *f* ruin
rovinare *v* ruin
rovistare *v* ransack
rubacchiare *v* pilfer
rubare *v* steal
rubinetto *m* faucet, tap
rubino *m* ruby
rude *adj* rude
rudezza *f* bluntness
rudimentale *adj* rudimentary
ruga *f* wrinkle
ruggine *f* rust
ruggire *v* roar
ruggito *m* roar
rugiada *f* dew
rullante *m* snare
rullare *v* roll
rum *m* rum
rumore *m* noise
rumoroso *adj* noisy

ruota *f* wheel
ruotare *v* rotate
rurale *adj* rural
russare *v* snore
Russia *f* Russia
russo *adj* Russian
rustico *adj* rustic
ruttare *v* belch, burp
rutto *m* burp, belch
ruvido *adj* rough
ruzzolare *v* tumble

S

sabato *m* Saturday
sabbia *f* sand
sabotaggio *m* sabotage
sabotare *v* sabotage
saccheggiare *v* plunder
sacco *m* sack
sacerdote *m* priest
sacerdotessa *f* priestess
sacerdozio *m* priesthood
sacramento *m* sacrament

sacrificare

sacrificare *v* sacrifice
sacrificio *m* sacrifice
sacrilegio *m* sacrilege
sacro *adj* sacred
sadico *m* sadist
saggezza *f* wisdom
saggio *adj* wise
saggio *m* essay
sala *f* hall
sala da ballo *f* ballroom
sala da pranzo *f* dining room
salario *m* wage
salato *adj* salty
saldare *v* solder, weld
saldatore *m* welder
sale *m* salt
salice *m* willow
saliente *adj* salient
salire *v* go up
salita *f* climbing
saliva *f* saliva
salmone *m* salmon
salotto *m* living room
salsa *f* sauce
salsiccia *f* sausage
saltare *v* jump, leap
saltellare *v* hop

salto *m* jump, leap
salubre *adj* wholesome
salutare *v* greet
salute *f* health
saluti *m* greetings
salvadanaio *m* piggy bank
salvare *v* save, rescue
salvataggio *m* rescue
salvatore *m* savior
salvezza *f* salvation
salvo *pre* barring, except
salvo *adj* safe
sambuco *m* elder
sandalo *m* sandal
sandwich *m* sandwich
sangue *m* blood
sanguinare *v* bleed
sanguinario *adj* bloodthirsty
sanguinoso *adj* bloody
sanguisuga *f* leech
sanità *f* sanity
sano *adj* healthy, sane
santificare *v* sanctify
santità *f* holiness
santo *adj* holy
santuario *m* sanctuary
sanzionare *v* sanction

scaletta

sanzione *f* sanction
sapere *v* know
sapiente *adj* wise
sapore *m* flavor
sarcasmo *m* sarcasm
sarcastico *adj* sarcastic
sardina *f* sardine
sarta *f* seamstress
sarto *m* tailor
satanico *adj* satanic
satellite *m* satellite
satira *f* satire
saturare *v* saturate
saziare *v* quench
sazio *adj* replete
sbadigliare *v* yawn
sbadiglio *m* yawn
sbagliare *v* miscalculate
sbagliato *adj* mistaken
sbalorditivo *adj* astounding, staggering
sbalzare *v* overthrow
sbandato *m* drifter
sbandire *v* banish
sbarcare *v* disembark
sbarco *m* landing
sbarramento *m* barrage
sbattere *v* slam

sbattere contro *v* bump into
sbattuto *adj* beaten
sbiadito *adj* faded
sbiancare *v* whiten
sbirciare *v* peep
sbirciata *f* peep
sbloccare *v* unlock
sbocciare *v* blossom
sbocco *m* outlet
sbottonare *v* unbutton
sbriciolare *v* crumble
sbrinare *v* defrost
sbucciare *v* peel
scacchi *m* chess
scacciare *v* drive out
scadente *adj* shoddy
scadenza *f* expiration
scadere *v* expire
scafo *m* hull
scagliare *v* hurl
scala *f* stairs
scala mobile *f* escalator
scala musicale *f* scale
scalare *v* climb
scaldacqua *f* waterheater
scaldare *v* heat
scaletta *f* ladder

scalone *m* staircase
scalpello *m* chisel
scaltro *adj* shrewd
scalzo *adj* barefoot
scambiare *v* swap
scambio *m* interchange, swap
scanalatura *f* groove
scandagliare *v* sound out
scandalizzare *v* scandalize
scandalo *m* scandal
scandaloso *adj* outrageous
scannerizzare *v* scan
scapolo *m* bachelor
scappare *v* get away
scappatella *f* escapade
scappatoia *f* loophole
scaramuccia *f* skirmish
scaricare *v* download, unload
scarico *m* dump
scarno *adj* meager
scarpa *f* shoe
scarsamente *adv* thinly
scarsità *f* scarcity
scarso *adj* scarce
scartare *v* discard, scrap
scartoffie *f* paperwork
scatenare *v* unleash, spark off

scatola *f* box, can
scattare *v* jerk
scavare *v* excavate
scegliere *v* choose
scelta *f* choice
scena *f* scene
scenario *m* scenario
scendere *v* go down, get down
scenico *adj* scenic
scettico *adj* sceptic
scheggia *f* splinter
scheggiare *v* splinter
scheletro *m* skeleton
schema *f* outline, pattern
scherma *f* fencing
schermo *m* screen
schernire *v* scorn
scherzare *v* joke
scherzo *m* joke, prank
schiacciante *adj* crushing
schiacciare *v* crush, mash
schiaffeggiare *v* slap
schiaffo *m* slap
schiantare *v* crash
schiavitù *f* slavery
schiavo *m* slave
schietto *adj* outspoken

schifezza *f* crap
schifoso *adj* crappy
schiuma *f* lather, foam
schivare *v* fend, duck
schizzare *v* splash
schizzo *m* sketch
sciacallo *m* jackal
sciacquare *v* rinse
scialbo *adj* faint
sciame *m* swarm
sciarada *f* charade
sciare *v* ski
sciarpa *f* scarf
sciatto *adj* sloppy
scientifico *adj* scientific
scienza *f* science
scienziato *m* scientist
scimmia *f* ape, monkey
scimpanzé *m* chimpanzee
scindere *v* sever
scintilla *f* spark
scintillare *v* sparkle
scioccante *adj* shocking
scioccare *v* shock
sciocchezze *f* nonsense
sciocco *m* goof
sciocco *adj* silly

sciogliere *v* dissolve, loose
sciopero *m* walkout
sciroppo *m* syrup
scisma *f* schism
scissione *f* severance
scivolare *v* slip
scivolata *f* slip
scivolo *m* chute
scodella *f* bowl
scogliera *f* reef, cliff
scoiattolo *m* squirrel
scolastico *adj* academic
scollegare *v* disconnect
scolpire *v* carve
scommessa *f* bet
scommettere *v* bet, stake
scomodo *adj* inconvenient
scomparire *v* disappear
scomparsa *f* disappearance
scompiglio *m* disorder
sconfiggere *v* defeat
sconfinare *v* trespass
sconfitta *f* defeat
sconosciuto *adj* unfamiliar
scontare *v* discount
scontento *adj* discontent
sconto *m* discount

scontrarsi v collide
scontrino f receipt, sales slip
scontro m clash
scontroso adj grumpy
sconvolgere v convulse
sconvolto adj distraught
scopa f broom
scoperta f discovery
scopo m purpose
scoppiare v burst
scoppio m blast
scoprire v discover
scoraggiante adj daunting
scoraggiare v daunt
scorciatoia f shortcut
scorpione m scorpion
scorrere v glide
scorta f escort; stockpile
scortese adj impolite
scortesia f discourtesy
scossa f jerk, jolt
scosso adj shaken
scostante adj unfriendly
scostarsi v step aside
scottare v scald
scottatura f burn
scovare v track

screditare v discredit
scremare v skim
scricchiolare v creak
scricchiolio m creak
scrigno m casket
scritto adj written
scrittore m writer
scrittura f writing
scrivania f desk
scrivere v write, type
scrofa v sow
scrupoli m scruples
scrupolo m qualm
scrupoloso adj scrupulous
scudo m shield
sculacciare v spank
sculacciata f spanking
scultore m sculptor
scultura f sculpture
scuola f school
scuotere v jolt
scurire v darken
scuro adj dark
scusa f excuse
scusarsi v apologize
scuse f apology
sdraiare v soak up

sdraiarsi *v* lie
se *c* if, whether
se stessa *pro* herself
se stessi *pro* themselves
se stesso *pro* oneself
sebbene *c* though
seccare *v* hassle
seccatura *f* hassle
secchio *m* bucket, pail
secco *adj* skinny
secolo *m* century
secondario *adj* secondary
secondo *pre* according to
secondo *m* second
secondo *adj* second
sedano *m* celery
sedare *v* sedate
sedazione *f* sedation
sede *f* headquarters
sedere *v* sit
sedia *f* chair
sedia a rotelle *f* wheelchair
sedici *adj* sixteen
sedile *f* seat
seducente *adj* enticing
sedurre *v* seduce
seduta *f* sitting

seduti *adj* seated
seduzione *f* seduction
sega *f* saw
segala *f* rye
segare *v* saw
segmento *m* segment
segnale *m* signal
segno *m* portent, sign
segregare *v* segregate
segregazione *f* segregation
segretario *m* secretary
segreto *m* secrecy, secret
seguace *m* follower
seguire *v* follow
seguito *m* sequel
sei *adj* six
selezionare *v* select
selezione *f* selection
sella *f* saddle
selvaggio *adj* savage
sembrare *v* seem
seme *m* seed
semestre *m* semester
seminario *m* seminary
seminterrato *m* basement
semplice *adj* simple
semplicemente *adv* simply

semplicità *f* simplicity
semplificare *v* simplify
sempre *adv* always
senape *f* mustard
senato *m* senate
senatore *m* senator
senile *adj* senile
senior *adj* senior
seno *m* bosom, breast
sensazionale *adj* stunning
sensazione *f* sensation
sensibile *adj* sensitive
senso *m* sense
sensuale *adj* sensual
sentenza *f* judgment
sentiero *m* trail
sentimentale *adj* sentimental
sentimento *m* feeling
sentinella *f* sentry
sentire *v* feel, sense
sentore *m* inkling
senza *pre* without
senza cuore *adj* heartless
senza Dio *adj* godless
senza dubbio *adv* undoubtedly
senza figli *adj* childless
senza fili *adj* wireless

senza fondo *adj* bottomless
senza intoppi *adv* smoothly
senza maniche *adj* sleeveless
senza parole *adj* speechless
senza piombo *adj* unleaded
senza pretese *adj* unassuming
senza scala *adv* nonstop
senza successo *adj* unsuccessful
senza valore *adj* worthless
senzatetto *adj* homeless
separare *v* separate
separarsi *v* part
separato *adj* separate
separazione *f* separation
sepoltura *f* burial
seppellire *v* bury
sequenza *f* sequence
sequestrare *v* abduct
sequestro *m* abduction
sera *f* evening
serbatoio *m* reservoir
serenata *f* serenade
serenità *f* serenity
sereno *m* serene
sergente *m* sergeant
serie *f* series
sermone *m* sermon

serpente *m* serpent, snake
serra *f* dike
serrare *v* shut, close
servire *v* serve
servizio *m* service
servo *m* servant
sessanta *adj* sixty
sessione *f* session
sesso *m* sex
sessualità *f* sexuality
sesto *adj* sixth
seta *f* silk
setacciare *v* scour
sete *f* thirst
setta *f* sect
settanta *adj* seventy
sette *adj* seven
settembre *m* September
settimana *f* week
settimanale *adv* weekly
settimo *adj* seventh
settore *m* sector
severamente *adv* sternly
severo *adj* stern
sezione *f* section
sfaccettatura *f* facet
sfacciato *adj* cheeky

sfavorevole *adj* unfavorable
sfida *f* defiance
sfidare *v* challenge
sfiducia *f* distrust
sfilata *f* parade
sfoglia *f* puff
sfondo *m* background
sfortunato *adj* unlucky
sforzare *v* strain
sforzarsi *v* endeavor
sforzo *m* exertion, strain
sfrattare *v* evict
sfregare *v* rub
sfruttamento *m* exploitation
sfruttare *v* exploit
sfumatura *f* nuance
sgabello *m* stool
sgargiante *adj* flamboyant
sgomentare *v* appall
sgradevole *adj* distasteful
sgranocchiare *v* munch
sgravio *m* remission
sgridare *v* scold
sgridata *f* scolding
sguazzare *v* paddle
sherry *m* sherry
shopping *m* shopping

sì *adv* yes
sibilare *v* hiss
siccità *f* drought
sicuramente *adv* surely
sicurezza *f* security
sicuro *adj* secure
sidro *m* cider
siero *m* serum
sifilide *f* syphilis
sigaretta *f* cigarette
sigaro *m* cigar
sigillare *v* seal
sigillo *m* seal
significare *v* signify
significativo *adj* meaningful
significato *m* meaning
signora *f* lady, madam
signore *m* gentleman, mister
signoria *f* lordship
signorile *adj* genteel
signorina *f* miss
silenzio *m* silence
silenzioso *adj* quiet, silent
silhouette *f* silhouette
sillaba *f* syllable
simbolico *adj* symbolic
simbolo *m* symbol

simile *adj* akin, such
simili *adj* similar, alike
simmetria *f* symmetry
simpatia *f* liking
simulare *v* simulate
simultaneo *adj* concurrent, simultaneous
sinagoga *f* synagogue
sincerità *f* sincerity
sincero *adj* sincere
sincronizzare *v* synchronize
sindaco *m* mayor
sinfonia *f* symphony
singhiozzare *v* sob
singhiozzo *m* sob
singolare *adj* singular
singolo *adj* single
sinistra *f* left
sinistro *adj* sinister
sinodo *m* synod
sinonimo *m* synonym
sintesi *f* synthesis
sintomo *m* symptom
sintonizzare *v* tune
sirena *f* mermaid
siringa *f* syringe
sistema *f* system
sistematico *adj* systematic

sito *m* site
sito web *m* web site
situato *adj* situated, located
situazione *f* situation
slacciare *v* unfasten
sleale *adj* unfair
slealtà *f* disloyalty
slitta *f* sleigh
slogan *m* slogan
slogare *v* dislocate
sloggiare *v* dislodge
smaltimento *m* disposal
smaltire *v* dispose
smantellare *v* dismantle
smarrire *v* misplace
smascherare *v* unmask
smeraldo *m* emerald
sminuire *v* demean
sminuzzare *v* chop
smontare *v* dismount
smontarsi *v* come apart
smorfia *f* grimace
snello *adj* slender
sobborgo *m* suburb
sobrio *adj* sober
socchiuso *adj* ajar
soccombere *v* succumb

socialismo *m* socialism
socialista *adj* socialist
socializzare *v* socialize
società *f* guild, society
socievole *adj* sociable
soda *f* soda
soddisfacente *adj* satisfactory
soddisfare *v* indulge, satisfy
soddisfatto *v* content
soddisfazione *n* satisfaction
sofferenza *f* suffering
soffiare *v* blow
soffiato *adj* puffed
soffitto *m* ceiling
soffocante *adj* stifling
soffocare *v* choke, suffocate
soffrire *v* suffer
soffuso *adj* mellow
soggetto *m* subject
soggiorno *m* stay
soglia *f* threshold
sognare *v* dream
sogno *m* dream
solare *adj* solar
solco *m* furrow
soldato *m* soldier
sole *m* sun

soleggiato adj sunny
solenne adj solemn
solidarietà f solidarity
solido adj solid
solitario adj loner, solitary
solitudine f solitude
sollecitare v solicit
solletico m tickle
sollevamento m hoist
sollevare v raise, lift
sollevarsi v rise
sollevazione f uprising
sollievo m relief, solace
solo adj alone, lonely
soltanto adv only
solubile adj soluble
soluzione f solution
solvente adj solvent
somiglianza f likeness
somma f sum
sommergere v submerge
sommerso adj sunken
sommossa f riot
sondaggio m poll
sondare v probe
sonnecchiare v doze
sonnellino m doze

sonno m sleep
sontuoso adj plush, sumptuous
sopportabile adj bearable
sopportare v withstand
sopprimere v suppress
sopra pre above, upon
soprabito m overcoat
sopracciglio m eyebrow
sopraffare v overpower
soprattutto adv especially
sopravvalutare v overrate
sopravvivenza f survival
sopravvivere v survive
sordità f deafness
sordo adj deaf
sorella f sister
sorellastra f stepsister
sorgere v arise
sorpassare v overtake
sorprendente adj amazing
sorprendere v surprise
sorpresa f surprise
sorpreso adj startled
sorridere v smile
sorriso m smile
sorseggiare v sip
sorso m sip

sorta f sort
sorveglianza f surveillance
sospendere v suspend
sospensione f suspension
sospensore m suspenders
sospettare v suspect
sospetto adj suspicious
sospetto m suspect, suspicion
sospettoso adj suspicious
sospirare v sigh
sospiro m sigh
sostantivo m noun
sostanza f substance
sostanziale adj substantial
sostegno m backing
sostenere v sustain, uphold
sostenitore m supporter
sostentamento m sustenance
sostituire v substitute, supersede
sostituto m substitute
sostituzione f replacement
sotterraneo adj underground
sottile adj subtle
sotto pre below, under
sottolineare v underline
sottolineato adj pointed out
sottomettere v subdue

sottopassaggio m underpass
sottoporsi v undergo
sottoprodotto m by-product
sottoscrivere v underwrite
sottostante adj underlying
sottotitolo m subtitle
sottrarre v subtract
sottrarsi v shirk
sottrazione f subtraction
souvenir m souvenir
sovietico adj soviet
sovranità f sovereignty
sovrano adj sovereign
sovrappeso adj overweight
sovrapporre v overlap
sovrastimare v overstate
sovrintendere v oversee
sovvenzionare v subsidize
sovvenzione f subsidy
spaccare v smash
spaccatura f rift
spada f sword
Spagna f Spain
spagnolo m Spaniard
spagnolo adj Spanish
spalla f shoulder
sparare v shoot

spartiacque *m* watershed
spasimo *m* pang
spasmo *m* spasm
spaventare *v* scare
spavento *m* fright
spaventoso *adj* frightening
spazio *m* space
spazio aereo *m* airspace
spazioso *adj* spacious
spazzare *v* sweep
spazzatura *f* rubbish
spazzola *f* brush
spazzolare *v* brush
specchio *m* mirror
speciale *adj* special
specialità *f* specialty
specializzarsi *v* specialize
specie *f* species
specifico *adj* specific
speculare *v* speculate
speculazione *f* speculation
spedire *v* mail
spedizione *f* expedition
spegnere *v* extinguish, switch off
spendere *v* spend
spensierato *adj* carefree
speranza *f* hope

spergiuro *m* perjury
sperma *m* sperm
speronare *v* ram
sperone *m* spur
spesa *f* expense
spesso *adj* thick
spessore *m* thickness
spettatore *m* spectator
spezia *f* spice
spia *f* spy
spiacente *adj* sorry
spiacevole *adj* displeasing
spiaggia *f* beach
spiare *v* spy
spiccare *v* stand out
spiegamento *m* deployment
spiegare *v* explain
spietato *adj* ruthless
spina *f* thorn
spina dorsale *f* spine
spingere *v* push
spinoso *adj* thorny
spinta *f* boost
spintone *m* shove
spionaggio *m* espionage
spirito *m* spirit
spiritoso *adj* witty

spirituale *adj* spiritual
splendido *adj* splendid
splendore *m* splendor
spogliarsi *v* undress
spogliatoio *m* locker room
sponsor *m* sponsor
spontaneità *f* spontaneity
spontaneo *adj* spontaneous
sporadico *adj* sporadic
sporcare *v* soil
sporcizia *f* dirt, filth
sporco *adj* dirty
sporgere *v* protrude
sport *m* sport
sportivo *adj* sporty
sportivo *m* sportsman
sposa *f* bride
sposare *v* marry
sposato *adj* married
sposo *m* bridegroom
spostamento *m* shift
spostare *v* shift, move
sprangare *v* bar
sprecare *v* squander
spreco *m* waste
spregevole *adj* despicable
spregiativo *adj* derogatory

spremere *v* squeeze
spremere in *v* squeeze in
sprezzante *adj* scornful
sprofondare *v* sink
spronare *v* spur
spruzzare *v* spray
spudorato *adj* shameless
spugna *f* sponge
spuntato *adj* blunt
sputare *v* spit
squadra *f* team
squagliare *v* melt
squalificare *v* disqualify
squallido *adj* sleazy
squalo *m* shark
squarcio *m* gash
squilibrato *adj* deranged
squilibrio *m* imbalance
squisito *adj* exquisite
squittire *v* squeak
sradicare *v* uproot
stabile *adj* stable
stabile *m* building
stabilire *v* establish
stabilirsi *v* settle down
stabilità *f* stability
staccabile *adj* detachable

staccare *v* detach
stagionale *adj* seasonal
stagionatura *f* seasoning
stagione *f* season
stagnante *adj* stagnant
stagnazione *f* stagnation
stagno *m* tin, pool
stalla *f* stable
stampa *f* print
stampante *f* printer
stampare *v* print
stanchezza *f* tiredness
stanco *adj* weary, tired
standard *m* standard
standardizzare *v* standardize
stantio *adj* stale
stanza *f* room
stanze *f* quarters
stanziare *v* allocate
stare *v* stay
stare attento *v* look out
stare in piedi *v* stand
starnutire *v* sneeze
starnuto *m* sneeze
stasera *adv* tonight
statistica *f* statistic
stato *m* state, status

stato d'animo *m* mood
statua *f* statue
statuto *m* statute
stazione *f* station
stazione termale *f* spa
stecca *f* splint
stella *f* star
stelo *m* stem
sterco *m* dung
sterile *adj* sterile
sterilizzare *v* sterilize
sterlina *f* pound
sterminare *v* exterminate
stesso *adj* same
stile *m* style
stima *f* estimation
stimare *v* esteem
stimolante *m* stimulant
stimolare *v* stimulate
stimolo *m* stimulus
stipare *v* cram
stipendio *m* salary
stipulare *v* stipulate
stirare *v* iron
stivale *m* boot
stoico *adj* stoic
stomaco *m* stomach

studiare

stordire v stun
storia f history, story
storico m historian
storie f fuss
storpiare v cripple
storpio adj cripple
straccio m rag
strada f road, street
strada senza uscita f dead end
stranezza f oddity
strangolare v strangle
straniero adj foreign
straniero m foreigner
strano adj weird
straordinario m overtime
strappare v rip, snatch
strappo m wrench
straripare v flood
strascicare v trail
stratagemma m ploy
strategia f strategy
strato m layer
stravagante adj extravagant
stravaganza f extravagance
straziante adj agonizing
strega f witch
stregare v bewitch
stregone m sorcerer
stregoneria f sorcery
strenuo adj strenuous
stressante adj stressful
stretta f grasp, clutch
strettamente adv narrowly
stretto m strait
stretto adj narrow, tight
strettoia f bottleneck
stria f stripe
stridere v screech
stridulo adj squeaky
strillare v shriek
strillo m shriek
stringa f string
striscia f strip
strisciare v creep
striscione m banner
strizzare v wring
strofinare v wipe
stropicciare v crease
strumento m tool
strutto m lard
struttura f structure
struzzo m ostrich
studente m student
studiare v study

studioso *m* scholar
stufa *f* stove
stufato *m* stew
stuoia *f* mat
stupefacente *m* narcotic
stupefatto *adj* aghast
stupendo *adj* stupendous
stupidità *f* stupidity
stupido *adj* stupid
stupire *v* amaze
stupito *adj* dazed
stupore *m* amazement
stuprare *v* rape
stupratore *m* rapist
stupro *m* rape
stuzzicadenti *m* toothpick
su *pre* on
subbuglio *m* mayhem
subdolo *adj* devious
subentrare *v* take over
sublime *adj* sublime
succedere *v* succeed
successivo *adj* subsequent
successo *m* success
successore *m* successor
succhiare *v* suck
succo *m* juice

succoso *adj* juicy
succulento *adj* succulent
sud *m* south
sud-est *m* southeast
sudare *v* sweat
sudario *m* shroud
sudicio *adj* filthy
sudiciume *m* grime
sudore *m* sweat
sufficiente *adj* sufficient
suffumicare *v* fumigate
suggerimento *m* suggestion
suggerire *v* suggest
suggestivo *adj* suggestive
sughero *m* cork
sugo *m* gravy
suicidio *m* suicide
suo *pro* hers, his
suo *adj* her, his, its
suocero *m* father-in-law
suolo *m* soil
suonare *v* sound, play, ring
suonare il clacson *v* honk
suono *m* sound
suora *f* nun
superare *v* surpass, exceed
superbo *adj* superb

superficiale *adj* shallow
superficie *f* surface
superfluo *adj* superfluous
superiore *adj* superior
superiorità *f* superiority
supermercato *m* supermarket
superpotenza *f* superpower
superstite *m* survivor
superstizione *f* superstition
supervisionare *v* supervise
supervisione *f* oversight
supplente *adj* alternate
supplicare *v* beseech
supponendo *c* supposing
supporre *v* suppose
supposizione *f* guess
suppurare *v* fester
supremazia *f* supremacy
supremo *adj* supreme
surfare *v* surf
suscitare *v* arouse
suspense *f* suspense
sussistenza *f* livelihood
sussistere *v* subsist
sussurrare *v* whisper
sussurro *m* whisper
svaligiare *v* burglarize

svaligiatore *m* burglar
svalutare *v* devalue
svalutazione *f* devaluation
svanire *v* vanish
svantaggio *m* disadvantage
svedese *adj* Sweedish
sveglia *f* alarm clock
svegliare *v* awake
svegliarsi *v* wake up
sveglio *adj* awake
svelare *v* unveil
svelto *adj* brisk
svenimento *m* faint
svenire *v* faint, pass out
sventura *f* misfortune
Svezia *f* Sweden
sviluppare *v* develop
sviluppo *m* development
svincolare *v* untie
Svizzera *f* Switzerland
svizzero *adj* Swiss
svolazzare *v* flutter
svuotare *v* empty

T

tabacco *m* tobacco
tabella *f* chart
taccagno *m* miser
taccheggio *m* shoplifting
taccuino *m* notebook
tacere *v* shut up
tafferuglio *m* scuffle
tagliare *v* slit, cut
tagliare corto *v* cut short
taglierina *f* cutter
taglio *m* cut
tagliuzzare *v* shred
talento *m* talent
tallone *m* heel
talpa *f* mole
tamburo *m* drum
tana *f* burrow
tangente *f* tangent
tangibile *adj* tangible
tappare *v* plug
tappeto *m* carpet
tappeto erboso *m* turf
tappo *m* cap, plug
tarantola *f* tarantula
tardi *adv* late, tardy
tardivo *adj* belated
targa *m* plate
tariffa *f* fee, fare, rate
tariffario *m* tariff
tartaro *m* tartar
tartaruga *f* turtle
tasca *f* pocket
tassa *m* tax
tastiera *f* keyboard
tattica *f* tactics
tattico *adj* tactical
tatto *m* tact
taverna *f* tavern
tavolo *m* table, board
taxi *m* cab
tazza *f* cup, mug
tè *m* tea
te stesso *pro* yourself
teatro *m* theater
tecnica *f* technique
tecnicità *f* technicality
tecnico *adj* technical
tecnico *m* technician
tecnologia *f* technology
tedesco *adj* German
tedio *m* tedium

tegola *f* tile
teiera *f* teapot
tela *f* canvas, web
telaio *m* loom
telecomando *m* remote control
telefonare *v* phone
telefono *m* phone
telegiornale *m* newscast
telegramma *f* telegram
telepatia *f* telepathy
telescopio *m* telescope
televisione *f* television
telo *m* drape
tema *f* theme
temere *v* dread
temibile *adj* formidable
tempera *f* temper
temperatura *f* temperature
tempesta *f* storm
tempestivo *adj* timely
tempio *m* temple
tempo *m* time, weather
tempo libero *m* leisure
temporale *m* thunderstorm
temporaneo *adj* temporary
temporeggiare *v* stall
temuto *adj* dreaded

tenacia *f* tenacity
tenda *f* tent
tende *f* curtains
tendenza *f* tendency
tendone *m* awning
tenente *m* lieutenant
tenere *v* keep, hold
tenerezza *f* tenderness
tenero *adj* tender
tenersi in piedi *v* stand up
tennis *m* tennis
tenore *m* tenor
tensione *f* stress, tension
tentacolo *m* tentacle
tentare *v* tempt, attempt
tentativo *m* attempt
tentazione *f* temptation
tenue *adj* tenuous
tenuta *f* estate
teologia *f* theology
teologo *m* theologian
teoria *f* theory
teppista *m* hoodlum, hooligan
terapia *f* therapy
termine *m* term
termini *m* terms
terminologia *f* terminology

termite *f* termite
termometro *m* thermometer
termostato *m* thermostat
terra *f* earth, land
terraferma *f* mainland
terrazza *f* terrace
terrecotte *f* crockery
terremoto *m* earthquake
terreno *m* ground
terrestre *adj* terrestrial
terribile *adj* terrible
terrificante *adj* terrifying
territorio *m* territory
terrore *m* terror
terrorismo *m* terrorism
terrorista *m* terrorist
terrorizzare *v* terrify
terzo *adj* third
tesi *f* thesis
teso *adj* strained, tense, uptight
tesoriere *m* treasurer
tesoro *m* treasure
tessera *f* card
tessere *v* weave
tessitura *f* texture
tessuto *adj* woven
tessuto *m* fabric, cloth

testa *f* head
testamento *m* testament
testardo *adj* stubborn
testimone *m* eyewitness
testimonianza *f* testimony
testimoniare *v* testify
testo *m* text
tetto *m* roof
tiepido *adj* lukewarm
tigre *f* tiger
timbrare *v* stamp
timbro *m* stamp
timbro postale *m* postmark
timidezza *f* shyness
timido *adj* shy, timid
timone *m* rudder, helm
timore *m* awe
timpano *m* eardrum
tintinnare *v* rattle
tipico *adj* typical
tipo *m* type, kind
tirannia *f* tyranny
tiranno *m* tyrant
tirapiedi *m* henchman
tirare *v* pull
tirare su *v* hitch up
tiratore *m* marksman

tiro *m* shot
tirocinante *m* trainee
tiroide *f* thyroid
titolo *m* title
tizio *m* fellow, partner
toccante *adj* touching
toccare *v* touch, touch on
tocco *m* touch
tollerabile *adj* tolerable
tolleranza *f* tolerance
tollerare *v* tolerate
tomba *f* grave, tomb
tonaca *f* cassock
tonico *m* tonic
tonnellata *f* ton
tonno *m* tuna
tono *m* tone
tonsilla *f* tonsil
topi *m* mice
topo *m* mouse
toppa *f* patch
torbido *adj* murky
torcia *f* torch
tormenta *f* blizzard
tormentare *v* torment
tormento *m* torment
tornare *v* revert

torneo *m* tournament
toro *m* bull
torre *f* tower
torreggiante *adj* towering
torrente *f* torrent
torretta *f* turret
torrido *adj* torrid
torsione *f* twist
torta *f* cake, pie
tortura *f* torture
torturare *v* torture
tosse *f* cough
tossico *adj* toxic
tossina *f* toxin
tossire *v* cough
tostapane *m* toaster
totale *adj* total
totalità *f* totality
totalitario *adj* totalitarian
toupet *m* hairpiece
tour *m* tour
tovaglia *f* tablecloth
tovagliolo *m* napkin
tra *pre* amid, among, between
traballante *adj* shaky
traboccare *v* boil over
tracannare *v* gulp down

tracciare

tracciare *v* trace
trachea *f* windpipe
tradimento *m* treason
tradire *v* betray
traditore *m* traitor
tradizione *f* tradition
tradurre *v* translate
traduttore *m* translator
trafficare *v* traffic
traffico *m* traffic
trafiggere *v* pierce
tragedia *f* tragedy
traghetto *m* ferry
tragico *adj* tragic
traiettoria *f* trajectory
tralasciare *v* leave out
tram *m* streetcar
trama *f* plot
tramandare *v* hand down
tramare *v* plot
trambusto *m* hustle
tramonto *m* sunset
trampolino *m* springboard
trance *f* trance
trangugiare *v* gulp, gobble
tranquillità *f* tranquility
tranquillo *adj* uneventful

transazione *f* transaction
transito *m* transit
transitorio *adj* transient
transizione *f* transition
trapanare *v* drill
trapano *m* drill
trapassare *v* run through
trapiantare *v* graft, transplant
trapianto *m* graft
trappola *f* pitfall, trap
trapunta *f* quilt
trascendere *v* transcend
trascinare *v* drag
trascorrere *v* elapse
trascrivere *v* transcribe
trascurare *v* neglect
trasferimento *m* transfer
trasferire *v* relocate, transfer
trasformare *v* transform
trasformazione *f* transformation
trasfusione *f* transfusion
trasmettere *v* transmit
trasmissione *f* broadcast
trasparente *adj* transparent
trasportare *v* transport, haul
trasudare *v* exude
trattamento *m* treatment

trattato *m* treaty
trattenere *v* withhold
trattino *m* hyphen
tratto *m* stretch, span
trattore *m* tractor
traumatico *adj* traumatic
traumatizzare *v* traumatize
trave *f* beam
traversata *f* crossing
travestimento *m* disguise
traviare *v* astray
travisare *v* misinterpret
trazione *f* traction
tre *adj* three
trebbiare *v* thresh
tredici *adj* thirteen
tregua *f* truce, respite
tremare *v* tremble, quiver
tremolare *v* flicker
tremore *m* tremor
treno *m* train
trenta *adj* thirty
treppiede *m* tripod
triangolo *m* triangle
tribolazione *f* tribulation
tribù *f* tribe
tribuna *f* grandstand

tribunale *m* tribunal
tricheco *m* walrus
trimestrale *adj* quarterly
trimestre *m* trimester
trincea *f* trench
trincerato *adj* entrenched
trionfante *adj* triumphant
trionfo *m* triumph
triplo *adj* triple
triste *adj* sad
tristezza *f* sadness
tritare *v* mince
trofeo *m* trophy
tromba *f* trumpet
trombosi *f* thrombosis
tronco *m* trunk, torso
trono *m* throne
tropicale *adj* tropical
tropico *m* tropic
trota *f* trout
trovare *v* find
trucco *m* trick
truce *adj* grim, cruel
truffa *f* scam, swindle
truffare *v* swindle
truffato *adj* crooked
truffatore *m* crook

truppa f troop
tu pro you
tubature f plumbing
tubercolosi f tuberculosis
tubo m pipe
tuffarsi v dive, plunge
tuffatore m diver
tuffo m plunge
tugurio m slum
tulipano m tulip
tumore m tumor
tumulto m tumult, uproar
tumultuoso adj hectic, tumultuous
tunica f tunic
tuo pro yours
tuo adj your
tuono m thunder
tuorlo m yolk
turba f mob
turbina f turbine
turbinare v whirl
turbolento adj rowdy, turbulent
turbolenza f turbulence
Turchia f Turkey
turco adj Turk
turismo m tourism
turista m tourist

turno m shift, turn
tuttavia adv nonetheless
tutti pro everybody
tutto pro everything
tutto adj all

U

ubriachezza f drunkenness
ubriaco adj drunk
uccello m bird
uccidere v kill, slay
uccisione m killing
udibile adj audible
udire v hear
udito m hearing
ufficiale m officer
ufficiale adj official
ufficio m office
ufficio postale m post office
ufficioso adj unofficial
ugello m nozzle
ulcera f ulcer
ultimamente adv lately

ultimare *v* finalize
ultimatum *n* ultimatum
ultimo *adj* last
ultrasuono *m* ultrasound
umanistico *adj* humanistic
umanità *f* humankind
umano *adj* human
umidità *f* humidity
umido *adj* humid
umile *adj* humble
umiliante *adj* demeaning
umiliare *v* humiliate
umilmente *adv* humbly
umiltà *f* humility
umorismo *m* humor
umoristico *adj* humorous
un *a* a, an
un giorno *adv* some day
una volta *adv* once
una volta che *c* once
unanimità *f* unanimity
undicesimo *adj* eleventh
undici *adj* eleven
ungere *v* anoint, grease
unghia *f* fingernail
unghia del piede *f* toenail
unguento *m* ointment

unico *adj* sole, unique
unificare *v* unify
unificazione *f* unification
uniforme *f* uniform
uniformità *f* uniformity
unilaterale *adj* unilateral
unione *f* union
unire *v* unite, join
unità *f* unity, unit
universale *adj* universal
università *f* university
universo *m* universe
uno *a* a, an
uno *adj* one
unto *adj* fatty, greasy
uomini *m* men
uomo *m* man
uovo *m* egg
uragano *m* hurricane
urbano *adj* urban
urgente *adj* pressing, urgent
urgenza *f* urgency
urina *f* urine
urinare *v* urinate
urlare *v* yell, scream
urlo *m* scream
urna *f* urn

usciere *m* usher
uscire *v* go out, get out
uscita *f* exit, way out
usignolo *m* nightingale
uso *m* usage, use
usuale *adj* usual
usurare *v* wear out
usurpare *v* usurp
utensile *m* utensil
utente *m* user
utero *m* uterus
utile *adj* useful
utilità *f* usefulness
utilizzare *v* utilize, use
uva *f* grape
uva passa *f* raisin

V

vacante *adj* vacant
vacanza *f* vacation
vaccinare *v* vaccinate
vaccino *m* vaccine
vacillare *v* falter, waver
vagabondo *m* vagrant
vagare *v* prowl, wander
vaglia postale *m* money order
vagliare *v* sift
vago *adj* vague
vaiolo *m* smallpox
valanga *f* avalanche
validità *f* validity
valido *adj* valid
valigia *f* suitcase
valle *f* valley
valore *m* value
valoroso *adj* valiant
valutare *v* evaluate
valutazione *f* appraisal
valvola *f* valve
vampiro *m* vampire
vanamente *adv* vainly
vandalismo *m* vandalism
vandalizzare *v* vandalize
vandalo *m* vandal
vanga *f* spade
vangelo *m* gospel
vanificare *v* thwart
vanità *f* vanity
vano *adj* vain
vantaggio *m* advantage

vantaggioso *adj* beneficial, advantageous
vantarsi *v* brag, boast
vapore *m* steam
vaporizzare *v* vaporize
variabile *adj* variable
variare *v* vary
varicella *f* chicken pox
varietà *f* variety
vario *adj* varied, various
vasca *f* tub
vasca da bagno *f* bathtub
vaso *m* jar, vase
vaso da fiori *m* flowerpot
vassoio *m* tray
vasto *adj* vast
vecchiaia *f* old age
vecchio *adj* old
vedere *v* behold, see
vedova *f* widow
vedovo *m* widower
vegetariano *adj* vegetarian
vegetazione *f* vegetation
veglia *f* vigil
veicolo *m* vehicle
vela *f* sail
velato *adj* covert
veleno *m* poison, venom

velenoso *adj* poisonous
vello *m* fleece
velluto *m* velvet
velo *m* veil
veloce *adj* fast
velocità *f* speed
velocizzarsi *v* speed
vena *f* vein
vendere *v* sell
vendetta *f* revenge
vendicare *v* avenge
vendicarsi *v* revenge
vendicativo *adj* vindictive
vendita *f* sale
venditore *m* salesman
venerare *v* venerate
venerdì *m* Friday
venire *v* come
ventesimo *adj* twentieth
venti *adj* twenty
ventilare *v* ventilate
ventilazione *f* ventilation
vento *m* wind
ventola *f* fan
ventoso *adj* windy
venuta *f* coming
veramente *adv* really

verbalmente *adv* verbally
verbo *m* verb
verde *adj* green
verdetto *m* verdict
verdura *f* vegetable
verga *f* rod
vergine *f* virgin
verginità *f* virginity
vergogna *f* shame
vergognarsi *v* shame
vergognoso *adj* shameful
verificare *v* verify, test
verità *f* truth
veritiero *adj* truthful
verme *m* worm
vernice *f* paint, varnish
verniciare *v* paint
verruca *f* wart
versare *v* pour
versatile *adj* versatile
versato *adj* versed
versione *f* version
verso *m* verse
verso *pre* towards
vertebra *f* vertebra
verticale *adj* upright
vertice *m* summit

vertigine *f* dizziness
vertiginoso *adj* dizzy
vescica *f* bladder, blister
vescovo *m* bishop
vespa *f* wasp
vestigio *m* vestige
vestire *v* clothe, dress
vestiti *m* clothes
vestito *m* dress
veterano *m* veteran
veterinario *m* veterinarian
vetreria *f* glassware
vetro *m* glass
via *f* way
viadotto *m* viaduct
viaggiare *v* travel
viaggiatore *m* traveler
viaggio *m* trip, journey
viale *m* avenue
vibrante *adj* vibrant
vibrare *v* vibrate
vibrazione *f* vibration
vice *m* vice
viceversa *adv* vice versa
vicinanza *f* vicinity
vicino *pre* near, close to
vicolo *m* alley

vietare *v* prohibit
vigilante *adj* watchful
vigilanza *f* supervision
vigilia *f* eve
vigliaccheria *f* cowardice
vigliacco *m* coward
vigna *f* vineyard
vignetta *f* sketch
vigore *m* force
villaggio *m* village
vincere *v* win
vincitore *m* victor, winner
vino *m* wine
viola *adj* purple
violare *v* violate
violento *adj* violent
violenza *f* violence
violetta *f* violet
violinista *m* violinist
violino *m* fiddle, violin
vipera *f* viper
virare *v* veer, tack
virgola *f* comma
virile *adj* manly, virile
virilità *f* virility
virtù *f* virtue
virtuoso *adj* virtuous

virulento *adj* virulent
virus *n* virus
viscere *f* bowels
viscido *adj* creepy
visibile *adj* visible
visibilità *f* visibility
visione *f* vision
visita *f* visit
visitare *v* visit
visitatore *m* visitor
visivo *adj* visual
vista *f* view, sight
visualizzare *v* visualize
vita *f* life, waist
vitale *adj* vital
vitalità *f* vitality
vitalizio *adj* lifetime
vitamina *f* vitamin
vitello *m* calf
vittima *f* victim
vittoria *f* victory
vittorioso *adj* victorious
vivace *adj* lively
vivere *v* live
vivido *adj* vivid
vivo *adj* alive, live
viziare *v* spoil

vizioso *adj* vicious
vocabolario *m* vocabulary
vocale *f* vowel
vocazione *f* vocation
voce *f* voice
voga *f* vogue
voi *pro* you
volantino *m* flier
volare *v* fly
volatile *adj* volatile
volentieri *adv* willingly
volere *v* want
volgare *adj* vulgar
volgarità *f* vulgarity
volo *m* flight, fly
volontà *f* will
volontario *m* volunteer
volpe *f* fox
volta *f* time
volubile *adj* fickle
volume *m* volume
voluminoso *adj* bulky
vomitare *v* vomit
vomito *m* vomit
vongola *f* clam
vostro *adj* your
vostro *pro* yours

votare *v* vote
votazione *f* ballot
voto *m* vote
vulcano *m* volcano
vulnerabile *adj* vulnerable
vuotare *v* empty
vuoto *m* emptiness
vuoto *adj* empty, hollow

Z

zaffiro *m* saphire
zaino *m* backpack
zampa *f* paw
zanna *f* fang, tusk
zanzara *f* mosquito
zar *m* czar
zattera *f* raft
zebra *f* zebra
zelante *adj* zealous
zelo *m* zeal
zenzero *m* ginger
zero *m* zero
zia *f* aunt

zigomo *m* cheekbone
zimbello *m* laughing stock
zinco *m* zinc
zingaro *m* gypsy
zio *m* uncle
zitella *f* spinster
zoccolo *m* hoof
zolfo *m* sulphur
zolla *f* sod

zona *f* zone
zoo *m* zoo
zoologia *f* zoology
zoppicamento *m* limp
zoppicare *v* limp
zoppo *adj* lame
zucca *f* pumpkin
zucchero *m* sugar
zuppa *f* soup

Word to Word® Bilingual Dictionary Series

Albanian
ISBN 0-933146-49-3

Arabic
ISBN 0-933146-41-8

Bengali
ISBN 0-933146-30-2

Burmese
ISBN 0-933146-50-7

Cambodian
ISBN 0-933146-40-X

Chinese
ISBN 0-933146-22-1

Farsi
ISBN 0-933146-33-7

French
ISBN 0-933146-36-1

German
ISBN 0-933146-93-0

Gujarati
ISBN 0-933146-98-1

Haitian-Creole
ISBN 0-933146-23-X

Hindi
ISBN 0-933146-31-0

Italian
ISBN 0-933146-51-5

Japanese
ISBN 0-933146-42-6

Korean
ISBN 0-933146-97-3

Pashto
ISBN 0-933146-34-5

Polish
ISBN 0-933146-64-7

Portuguese
ISBN 0-933146-94-9

Punjabi
ISBN 0-933146-32-9

Romanian
ISBN 0-933146-91-4

Russian
ISBN 0-933146-92-2

Spanish
ISBN 0-933146-99-X

Swahili
ISBN 0-933146-55-8

Tagalog
ISBN 0-933146-37-X

Thai
ISBN 0-933146-35-3

Turkish
ISBN 0-933146-95-7

Vietnamese
ISBN 0-933146-96-5

Ukrainian
ISBN 0-933146-25-6

Urdu
ISBN 0-933146-39-6

Order Information

To order our Word to Word® Bilingual Dictionaries or any other products from Bilingual Dictionaries, Inc., please contact us at (951) 461-6893 or visit us at **www.BilingualDictionaries.com**. Visit our website to download our current Catalog/Order Form, view our products, and find information regarding Bilingual Dictionaries, Inc.

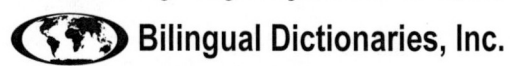

Bilingual Dictionaries, Inc.

PO Box 1154 • Murrieta, CA 92562 • Tel: (951) 461-6893 • Fax: (951) 461-3092
www.BilingualDictionaries.com